A DIVINA EUCARISTIA

– 2013 –

Nota explicativa

No início da terceira edição da presente coleção de uma parte dos Escritos e Sermões de São Pedro Julião Eymard, achamos por bem acrescentar um trecho do Prefácio à segunda edição francesa, feito pelo Reverendíssimo Padre Alberto Tesnière, Sacerdote Sacramentino que organizou esta Obra:

"O Reverendíssimo Padre Eymard deixou numerosas notas manuscritas sobre o Santíssimo Sacramento, notas que eram o fruto de suas orações e que serviam de base às suas pregações. Fazia o que ensinava; pregava como orava e aquilo que dissera a Nosso Senhor na intimidade do coração, repetia-o em alta voz para maior edificação e instrução dos seus auditores.

As notas estão tais quais no-las deixou o Padre Eymard. Apenas lhe acrescentamos, cá e lá, algumas modificações de estilo.

Às vezes, também, mudando a forma, pomos na boca do fiel se dirigindo a Nosso Senhor aquilo que o Padre dizia aos ouvintes.

Às meditações extraídas das notas do Padre Eymard ajuntamos algumas que foram recolhidas enquanto falava. Tal fonte não é nem menos pura, nem menos autêntica que a outra. O Padre Eymard lendo essas notas tomadas sob seu ditado, nelas reconheceu seu pensamento, sua mesma expressão. Eis a origem deste pequeno livro (e desta inteira coleção)."

Nihil obstat
Rio de Janeiro, 30 de maio de 1932

P. Tito Zazza, S.S.S.
Superior dos PP. Sacramentinos

Imprimatur

Por comissão especial do Exmo. e Revmo. Sr. Bispo de Niterói, D. José Pereira Alves

Petrópolis, 31 de maio de 1932

Frei Oswaldo Schlenger, O.F.M.

A DIVINA EUCARISTIA

Extratos dos Escritos e Sermões
de
SÃO PEDRO JULIÃO EYMARD

Fundador da Congregação do Santíssimo Sacramento
e das Servas do Santíssimo Sacramento

Tradução do Francês
de
Mariana Nabuco

3ª edição

Volume 4
(A Eucaristia e a perfeição cristã)

Fons Sapientiae

Distribuidora Loyola de Livros Ltda.
Rua Lopes Coutinho, 74 - Belenzinho
03054-010 São Paulo
Tel.: (11) 3322-0100
www.distribuidoraloyola.com.br

Visite nossas livrarias

Loja Senador
Rua Senador Feijó, 120 - Centro
01006-000 São Paulo, SP
lojasenador03@livrarialoyola.com.br

Loja Quintino
Rua Quintino Bocaiúva, 234 - Centro
01004-010 São Paulo, SP
lojaquintino05@livrarialoyola.com.br

Loja Campinas
Rua Barão de Jaguara, 1389 - Centro
13015-002 Campinas, SP
lojacampinas03@livrarialoyola.com.br

Loja Santos
Rua Padre Visconti, 08 - Embaré
11040-150 Santos, SP
lojasantos04@livrarialoyola.com.br

www.livrarialoyola.com.br

Introdução

Nem sempre é fácil fazer a apresentação de um escrito. Mais difícil se torna tal incumbência, quando, se trata de apresentar uma obra que foi escrita em outro tempo eclesial, uma vez que vivemos hoje a eclesiologia do **Vaticano II e de Santo Domingo**.

Mas os santos (entre eles **São Pedro Julião Eymard**) de ontem, de hoje e de amanhã são vencedores. São testemunhas do cordeiro de Deus e sinais da santidade de Igreja. Eles têm crédito. Ademais a Eucaristia é o Dom dos Dons. É nosso maior tesouro. É raiz e centro da comunidade cristã (cf AG 9; P06). "É fonte de vida da Igreja, penhor de futura glória; meio de chegar ao Pai" (cf UR 15). É preciso redescobrir a importância ímpar da Eucaristia na vida cristã: amá-la, recebe-la e adorá-la. (cf para isso NMI 35).

Felizes os que promovem o culto eucarístico, não só pelos livros, mas principalmente pelo exemplo da vida. Certamente não lhes faltarão as graças divinas.

Parabéns.

In Domino

+Dom Carmo João Rhoden, scj
Bispo Diocesano de Taubaté

11 de dezembro de 1875

Meu bom Padre e amigo.

Agradeço-lhe a sua recente remessa. O *Benjamin* parece valer seus outros irmãos e completar dignamente a família das Obras Eucarísticas do santo Padre Eymard. E não me admira se aqui também Jacó suplante Esaú. Há nestes três retiros uma doutrina certa e elevada; é como que a medula e a coroa de tudo o que precede.

Abençôo mais uma vez esta publicação, assim como a todos os bons Padres e Irmãos dessa nova Congregação a cujas orações, juntamente como às suas, me recomendo.

† P. A., Arcebispo de Chambery.

Prefácio à Primeira edição francesa

Ei-la finalmente esta quarta série das Instruções do Padre Eymard, tão impacientemente esperada pelos leitores dos três volumes precedentes.

Ouviremos mais uma vez sua voz. Não somente são seus pensamentos, mas são quase todas as suas expressões fielmente reproduzidas; demais, as notas de que nos aproveitamos foram tomadas sob o ditado do Padre, e as dos dois primeiros retiros por quem hoje publica este volume. E o Padre Eymard, tendo tido ocasião de folhear o manuscrito do segundo, louvou sua exatidão.

Este volume será muito apreciado, esperamos, pelos membros das Congregações, que ultimamente foram fundadas em tão grande número, para a adoração do Santíssimo Sacramento e que, por conseguinte, devem encontrar na Eucaristia o exemplar, bem como o alimento de sua vida religiosa.

Dirige-se também de modo especial aos Agregados seculares da Congregação dos Padres do Santíssimo Sacramento. E ainda que a maior parte dessas instruções fossem dadas aos religiosos desse Instituto, os Agregados que se devem inspirar no mesmo espírito, senão praticar as mesmas obras, nelas encontrarão os preceitos da perfeição eucarística, isto é, de uma vida cristã cujo princípio centro e fim é a Eucaristia.

Se todos os Mistérios de Jesus Cristo, por estarem marcados pela Graça de uma tão elevada santidade permitem, a quem quiser viver de um deles, receber por este as influências divinas dos demais e chegar a uma perfeição que reflete mui visivelmente, e em que domina soberanamente o espírito, o caráter e a virtude próprios desse mistério; se Belém, Nazaré e sobretudo o Calvário tem cada qual seus discípulos e fazem florescer no paraíso da Igreja santos com beleza, perfume e eficácia diversos, seria possível que o Mistério da Eucaristia não tivesse também seus discípulos e não formasse santos?

Já que em verdade ninguém chega à idade perfeita de Jesus Cristo se não se alimentar fielmente do Sacramento do seu Corpo e do Seu Sangue, todos os eleitos são de fato os frutos dessa árvore de vida. Mas compreende-se facilmente que, se a Eucaristia é objeto de uma devoção dominante, de um amor central e de um estudo constante; se se lhe consagra um trabalho regular, único e exclusivo, ela há de operar nas almas tocadas por essa Graça e fiéis a esse atrativo, uma perfeição especial, cuja nota distintiva será a reprodução, na medida do possível, das virtudes e dos estados de Jesus Cristo neste Mistério.

A Graça da Eucaristia manará nessas almas que se inspirarão na sua conduta nos mesmos motivos que levaram Nosso Senhor a instituir e a perpetuar o Sacramento de sua Presença adorável e o primeiro entre todos é o amor, *in finem dilexit*. A Graça da Eucaristia os impelirá de preferência a adquirir as virtudes mais características do estado sacramental de Jesus-Hóstia e a nenhuma pregará mais que essa humildade profunda, que é seu estado permanente e constitui o último grau a que possa descer o amor.

Finalmente, sendo o alvo supremo de Nosso Senhor dar-se pela Comunhão, todo inteiro e pessoalmente, a cada cristão, para viver nele e apoderar-se de sua alma, do seu coração e de suas potências, a fim de conduzi-los, elevá-los e santificá-los numa unidade divina, a alma fiel à ação da Graça eucarística se dará a Jesus Cristo, entregando-lhe, em toda a pureza e com uma perfeição cada dia maior, seu ser e toda a sua vida, para que Ele, substituindo-a, a possua plenamente e dirija como senhor absoluto sua conduta, seus pensamentos, suas afeições e suas ações. Então o Sacramento preenche seu fim: Jesus Cristo vive em nós, permanece em nós, e como vive por seu Pai, assim também nós vivemos por Ele. Ele é o chefe, e nós somos apenas os membros; Ele é tudo, e nós nada, ou antes, somos Ele.

O Padre Eymard indica por umas palavras, que se nos perdoará considerar sublimes, o alvo do trabalho da perfeição pela Eucaristia: "Não devemos ser – notai-o bem – senão sombras humanas, meras espécies de que o Santíssimo Sacramento é o objeto vivo e real".

Que não é trabalho de um só dia é fácil perceber. Que generosidade, que fidelidade, que trabalhos e que combates exige tão nobre fim! Este volume servirá para guiar as almas que o Padre Eymard sabia enlevar: possa também multiplicar os adoradores em espírito e em verdade do Sacramento de Amor e fazê-los crescer no melhor serviço da Pessoa divina de Jesus Cristo, nosso Rei e nosso Deus na Eucaristia!

8 de Dezembro de 1875.

Retiro pregado aos religiosos da Sociedade do Santíssimo Sacramento

Aviso

As instruções que se seguem foram dadas aos Religiosos do Santíssimo Sacramento na Capela da Casa-mãe, em Paris, no ano de 1867, o que explicará as constantes alusões à Sociedade do Santíssimo Sacramento, ao seu fim, às suas obras e à sua regra.

O Santo falava a sós com seus filhos, podendo, por conseguinte, deixar-se ir e tudo dizer, sem receio de não ser compreendido. A intimidade permite insistir com mais força sobre certas coisas, volver a elas, dizê-las de um modo mais categórico e mais absoluto, a fim de gravá-las nos espíritos com maior solidez.

O retiro que prega, repetirá muitas vezes, é um retiro de conversão, de reforma dos costumes, e não de repouso ou de aperfeiçoamento. Levará sempre na mão a lâmpada ardente dos deveres e das obrigações, para, à sua luz, esclarecer a consciência, descobrir o recôndito da alma, revelar os segredos em que o amor-próprio de boa vontade se envolve e, mostrando a diferença entre o que se é e o que se deveria ser, exorta, roga, insta junto à alma para que não demore em começar, a fim de pôr a vida de acordo com a vocação e a fidelidade em corresponder com a grandeza da Graça.

O Santo não prega o Santíssimo Sacramento, e justifica suas razões. É dizer que não se consagra, como era hábito seu, a pregar a Eucaristia, os Mistérios de sua vida e as maravilhas de seu Amor. "Nosso Senhor, diz ele, vos fará Ele mesmo o vosso retiro eucarístico; quanto a mim, quis apenas ser aqui um João Batista que clama: *Penitência! Penitência!*". Ele quer somente "preparar para a vida de Nosso Senhor, conduzir à porta da santidade" para então se retirar.

O tempo dá para tudo. A vida cristã não pode seguir a marcha dos tratados de perfeição, cujo ponto de partida é uma definição, indo-se por princípios, divisões e subdivisões até o fim, sem jamais se volver ao ponto inicial, nem retomar aquilo que já se teve em mão. Esta é a via lógica.

Quanto à prática, será outra. Será preciso purificar-se por vezes e por vezes excitar-se; ora viver de amor, ora de temor; agora trilhar as profundezas da humildade e depois elevar-se o mais possível na confiança, a fim de não cair no desânimo. Passados anos, volver-se-á a uma virtude que já se julgava adquirida, apegar-se-á a ela, como um principiante, porque o Espírito divino varia constantemente os estados da alma e sopra onde deseja, sem dar a conhecer donde vem, nem para onde vai. Sabe-se apenas uma coisa, é que destruirá sempre todo e qualquer apoio que a alma procurar em si mesma, nas suas virtudes, no seu passado e naquilo que já tiver adquirido, perseguindo-a até o fim.

É bom, portanto, fazer, de quando em quando, um retiro que nos faça volver ao *abc* da conversão, retiro que convém igualmente às pessoas altamente virtuosas, às vocações mais celestes e às comunidades mais retiradas. É então o momento de pôr de lado os motivos triviais da vida, por melhores e por mais que a eles nos habituemos, para nos concentrar na lei e no dever e verificar, com o coração amargurado, as omissões, as fraquezas, as misérias e os pecados.

Numerosas instruções do Santo Fundador da Sociedade do Santíssimo Sacramento, tanto sobre as virtudes eucarísticas como sobre a vida de união e de amor com Nosso Senhor, já são conhecidas. A nós já nos coube publicar diversos retiros eucarísticos em que o Amor, a Bondade de Jesus é toda doutrina, meio e fim. O amor é, com efeito, a atmosfera da Eucaristia. E aí, Nosso Senhor, obrando a consumação de todo o amor, só pode operar segundo a natureza desse Mistério, isto é, por amor. E a Graça essencial da Eucaristia é sustentar e aumentar esse amor fortificando-lhe em nós o hábito, multiplicando suas atrações, numa palavra, fazendo-nos viver de amor.

Neste retiro, o Santo Eymard será conforme a si mesmo: apenas completará a lei de amor.

Com efeito, é ainda o amor de Nosso Senhor que nos mostra, mas então como motivo soberano, e meio verdadeiramente eficaz de todo sacrifício, de toda conversão, de toda mortificação. Ele nos fará ver a única força que nos permite abraçar a Cruz com alegria e carregá-la com perseverança.

Se exorta à purificação, é por ser o amor, antes de tudo, delicado; se mostra a gravidade do pecado, é pela dor que causa a Jesus-Cristo, cujo amor fere; se nos quer ver travar o combate do espírito, do coração e dos sentidos, põe sua força unicamente no amor de Jesus Cristo Nosso Senhor.

Mas, devido à miséria humana, não haverá caminho algum da vida espiritual, por melhor que seja, livre de perigo. A imprudência e a presunção levam o espírito humano a abandonar a vereda trilhada para se lançar nos mares da imaginação.

A via de amor não escapa a esse recife. O perigo está em se tomar a palavra pelo efeito, o sentimento pela realidade, esquecendo que a prova do amor está no sacrifício, na morte a si e ao mundo na Vida de Jesus Crucificado, em Jesus-Hóstia. Está ainda no esquecimento de que essa Vida de Jesus só se exerce pela destruição do pecado – sobretudo do orgulho – pela prática fiel de todos os deveres, pela mortificação de todo apetite sensual, de toda ambição espiritual. Em resumo, o perigo estaria em deixar-se levar pelo *"dilexit-me"* e descuidar-se do *"tradidit semetipsum pro me"*.

O Santo Eymard esforça-se por afastar tal perigo, ou remediá-lo, caso se tenha nele caído. A economia das instruções deste retiro, em número de vinte e uma, pode ser reduzida a dois pontos:

Crer no Amor de Jesus por vós na sua Paixão e na Eucaristia, na vocação e nas Graças que vos concedeu: *"Dilexit!"* E entregar-vos todo a Ele pela morte a vós mesmos, como prova de fé: *"Tradidit!"*.

Ver-se-á também manifesto o desejo do Santo de que se faça a Nosso Senhor o dom da própria personalidade que, ao seu ver, será a virtude característica do religioso do Santíssimo Sacramento.

Ao ler-se o último retiro deste volume, se compreenderá melhor em que consiste esse dom. Desde já, porém, resumindo toda a doutrina espiritual do nosso Fundador, cremos poder dizer que para ele, para o religioso do Santíssimo Sacramento, e para todas as almas que a Graça chama à santificação pela Eucaristia, o motivo dominante da santidade, a alma e a razão final da perfeição, é o amor de Nosso Senhor, o seu amor eucarístico.

O principal meio, o meio essencial, é o dom da própria personalidade, e a virtude prática desse dom é a humildade, a humildade de amor, isto é, não só aquela que se abaixa em virtude de seu nada e dos seus pecados, mas aquela que renuncia a ser, por si, seja em que for, seu princípio ou seu fim, não podendo mais viver senão de Jesus Cristo, por Ele, só para Ele, no aniquilamento total da sua personalidade.

Do fim do retiro: purificar-se

O fim mais importante, o fim essencial deste retiro é examinar o estado de nossa consciência para purificá-la e estudar os motivos, as ocasiões, a freqüência das nossas quedas, para remediá-las.

I

Estamos nós em estado de Graça? Habitualmente? Vivemos? Tudo depende disto. Procurar em que ponto estamos em relação à vida ou à morte; ver se cometemos pecados mortais ou veniais e, em que, por que e como. Verificar sobre que versam em geral nossas imperfeições.

Acompanhar-nos-á sempre a tríplice concupiscência que nos atacará insistentemente para nos levar ao mal. Até o último suspiro ser-nos-á dado sentir a luta entre os dois homens que existem em nós. Nunca o carnal aceitará ser dominado pelo espiritual e este, não se mantendo pela guerra, será necessariamente subjugado por aquele. E, malgrado nosso, essa guerra durará enquanto durar nossa vida. Guerra tanto mais dura quanto se faz em nós e por nós. Arrastamo-la por toda a parte, e o perigo de cairmos nos ameaça a todo o momento.

Oh! como compreendo São Paulo exclamando: "Mais vale a morte que tal vida".

Por outro lado, não nos tenta o demônio, não nos persegue sem trégua, com ódio tanto maior quanto mais pertencemos a Deus? É natural. Os salteadores não atacam os mendigos, e na guerra visam-se aos chefes. A nossa vocação nos coloca mais perto de Jesus; vivemos com Ele, qual íntimos seus, e o demônio, não podendo atacar o Mestre, descarrega contra nós o seu ódio, desejando pelo menos que sirvamos mal ao Senhor, se de todo não nos puder afastar dele.

E daí provém, na vocação eucarística, tentações freqüentes e até então desconhecidas, tentações mais longas, mais terríveis, mais abomináveis, tentações que nos perseguem até os pés do Santíssimo Sacramento.

De modo que, por vós mesmos e pelo demônio que opera contra vós, não vos faltarão tentações, nem tampouco motivos de queda. Não vos acompanha a imaginação, com suas recordações? O homem velho, vendido á iniqüidade?

Respondereis: Mas tenho Fé. É possível, mas o homem velho, esse não a tem. Vosso coração carnal não ama a Deus, ama-se tão-somente a si mesmo. Julgais, então, que o corpo ama a mortificação? É um animal que vê os dois lados do caminho orlados daquilo que cobiça e nele se lança continuamente, voltando sempre, apesar dos golpes repetidos. O corpo é apenas o porco que se deleita em se revolver no lodo. *"Sus lota involutabro luti";* e quão triste é ter tal corpo animal junto a uma alma angélica, feita para Deus! Foi, porém, a condição imposta: somos filhos de Adão pecador.

O mundo oferece outra ocasião de pecar. Já o abandonamos, é verdade, mas embora não o vejamos, infelizmente sempre o vemos demais. Não o mundo do escândalo, mas seja qual for, o mundo oferece sempre os perigos que lhe são próprios. E, digo-vos, se os Anjos se tornassem visíveis, seriam para nós objeto de tentação! Triste resultado de nossa natureza perversa, que a tudo corrompe.

Ah! não se ousa pensar – seria por demais assustador – na facilidade de pecar, mesmo para as mais inocentes criaturas. Não pecaram os Anjos no Céu, em Presença de Deus, e Adão no Paraíso terrestre?

Compreendo bem os santos que se refugiavam no deserto e aqueles que se vão esconder na Trapa para fugir aos perigos do mundo. E, se nossa vocação para lá não nos chama, pelo menos durante o retiro lá nos devemos recolher.

Mas a fuga não remedeia a tudo. A tendência para o mal nos acompanha por toda a parte. E se nos fôssemos enclaustrar nos Cartuxos? Levar-nos-íamos conosco, e o demônio nos seguiria. Não teríamos sempre nossa imaginação, nosso corpo? Vede São Jerônimo, depois de vinte anos de retiro na gruta tão santa de Belém, transportado pelo pensamento no meio das danças romanas! Não a solidão, mas a vontade, faz um santo e o demônio tanto morar nos ermos como nas grandes cidades.

Então que resta fazer? Lutar! Inútil é dizer: Se eu estivesse aqui, ou se estivesse lá! Por toda a parte sereis vosso mais cruel inimigo. Além de que, a paz não consiste em se furtar às tentações, e sim em não ofender a Deus.

Ah! que miséria! Que somos, pois, ó meu Deus? E há quem procure motivos para se humilhar! Quem se queixe de não o encontrar! Humilhai-vos no vosso lodo. Nada, nem os animais mais repugnantes, é mais baixo, mais desprezível que vós; eles, pelos menos, não se aviltam a si mesmos. Procurais, em verdade, motivos para vos humilhar? Mas vossos pecados, vossa natureza pecaminosa, não fornecem matéria de sobra para os castigos eternos? Mereceis ser rechaçados da Presença de Deus e da assembléia dos Santos. Será possível? É, porquanto o pecado é uma lepra, e os leprosos são expulsos da sociedade humana.

II

– Como estarei em relação ao pecado? Eis a questão que nos compete precisar no correr do retiro. Estarei em estado de Graça, isento de todo pecado mortal? Que pecados veniais terei cometido? Quais os que conservo por afeição? A falta de contrição não terá inutilizado minhas confissões?

Só tenho pecados veniais, e esses não matam. É verdade. As feridas leves não matam, mas esperemos a ocasião para então verificarmos se não foram a causa da morte.

Em vão praticareis com regularidade os exercícios, em vão vos apresentareis como os outros à Adoração e ao Ofício, se houver culpa na consciência, haverá forçosamente paralisia e de nada aproveitareis.

Espero, no entanto, não ter chegado a tal ponto e só me resta a respeito ligeira dúvida. Desfazei essa dúvida, esclarecei a situação. Não basta confiar, é preciso certificar-se. A verdade vos será dada a conhecer, primeiro, pelo exame sério à luz da Graça e, depois, pela Confissão e pela decisão de vosso confessor.

Não se evita bastante a familiaridade com os defeitos. Perante Deus todo dever é novo e a nada nos devemos habituar. Sei como é fácil acostumar-se a viver num meio de santidade e tornar-se inútil no estado mais perfeito.

Ah! que vigilância é necessária para não se tornar um sepulcro caiado! É bem mais fácil parecer perfeito aos outros quando no íntimo não se é nada, do que, sendo santo interiormente aparentá-lo exteriormente. Aqueles que muito se aplicam à perfeição interior, pouca importância darão por vezes às pequenas misérias aparentes, que Deus permite a fim de os humilhar. Quanto aos outros, desprezam o íntimo, para se dedicarem às vaidades exteriores.

Estarei eu nessas condições? Talvez. Verificai atentamente se progredis no despojamento de vossos pecados. Cresceis em pureza? Bem. Estacionais? Cuidado. Essas águas estagnadas corrompem-se e geram a morte. Sois menos puros, pecais com maior facilidade? Oh! desgraçado! Vossa consciência dorme o sono da morte!

Toda cautela é pouca. O declive é suave. Ninguém é tão propenso à preguiça e à negligência a respeito da consciência como as pessoas devotas e os religiosos. Quantas há, no Serviço de Deus, que nenhuma vontade têm de se corrigir, ou de progredir, e cujas consciências estão adormecidas! O cristão fiel, livre no meio do mundo, vela sobre as menores coisas e luta sempre por causa dos perigos que o cercam. Quanto aos outros, ao contrário deixam-se levar pela regra de vida que a tudo provê, pelo estado que abraçaram e que por si é mais perfeito, semelhantes ao viajante que seguiria viagem sem indagar o rumo do navio. Mas umas embarcações se destinam aos trabalhos forçados de Caiena, outras às Ilhas Fortunadas. Qual o vosso destino?

Vigiemos, portanto, e reparemos nos pecados, nas suas causas e ocasiões. Não ama a Deus quem não se purifica de seus pecados, pelo menos na vontade. E só será religioso quem for puro e delicado em tudo o que diz respeito à consciência.

Que vem a ser a delicadeza? É o coração do amor. Se não sois delicados para com Deus, não tendes coração, e se só a aparência do pesar, que ides causar a Deus, não vos inspira receio, sois religiosos indignos.

A delicadeza consiste em nada se permitir que possa ofender a Deus; em abster-se até da aparência do mal. É a honra da posição e da vida que se guarda pelo respeito a Deus e pela consideração devida ao seu Serviço. Não sentir essa delicadeza é perder todo sentimento de honra, é arrastar-se pelas ruas do endurecimento ou no entorpecimento do homem embriagado, que nem sequer percebe a vergonha de seu estado. Quem seria capaz de fazê-lo corar? Será que ainda se considera homem?

Estareis reduzido a isso? A não sentir mais os pecados? Ou, sentindo-os, a não procurar eliminá-los? Não, estou sempre a recair nos mesmos, sem lhes dar muita atenção. Não será essa insensibilidade sinal de morte? Ah! nenhum estado é tão assustador quanto essa insensibilidade aos pecados!

Sei que não nos é possível deixar de pecar, mas o mal está em não ver nossas culpas. Os Santos percebiam os átomos e nós nem aos rochedos queremos ver!

Tremo ao ouvir tais palavras e se nelas me demorar terei medo. Tanto melhor; o temor é o princípio da sabedoria. Será possível que, conhecendo vossos pecados, nada faríeis para vos corrigir? Nisto está o mal. Estais mortalmente enfermo e bebeis a iniqüidade como se água fosse.

Refleti e escutai a vossa consciência para descobrir os pecados mortais, veniais ou contra a regra. Se diminuis, fareis como o sol que se deita na névoa densa, para desaparecer, deixando a noite, o frio, a morte. E, porventura, alcançastes, como ele, o cume?

Cuidado. É a perda de vossa vocação, quer sejais noviço, quer professo, e Nosso Senhor vos lançará para longe. Que fazer então? Dar a Nosso Senhor, sem demora, um cordial, dizendo do fundo da alma: não, meu Deus, não quero mais pecar.

Que rigor! É a pura verdade. Bem sei que não engolis pecados do tamanho de um camelo; sei, porém, que um furo, pequeno como uma cabeça de alfinete, basta para submergir o maior dos navios.

Deus nos livre dos religiosos que fazem do seu estado uma arte. Eu lhes prefiro os pecadores que o são abertamente. Em quatro dias, quando voltam a Deus, sobem quatro graus de virtude. Quanto aos outros, apodrecem ao sol, mofam junto ao fogo, até que Nosso Senhor os lance para fora – fim inevitável.

Quantos religiosos, depois de longos anos deixam o divino Mestre a quem se deram, e volvem ao mundo como apóstatas! Não são despedidos, partem espontaneamente, conseqüência lógica de uma negligência que se tornara um hábito inveterado de pecar. Não são os pecados graves, mas sim um estado de rotina e de afeição ao pecado venial.

Não vos desculpeis, alegando ser adorador, vocação sublime dos Anjos e dos Santos, e pertencer à família de Nosso Senhor. É verdade, mas vossos deveres acompanham a altura da vocação. Já pensastes nisto? Ai de nós! Nem sequer lhe damos um pensamento! Está-se sempre na glória, ocupado com o lugar, tão honroso, a que Deus, em sua Bondade, nos chamou para junto do Filho. Mas, então, parece-vos que essa mesma Graça não vos venha a faltar se não lhe corresponderdes? Deus por acaso vos deverá algo?

Somos como aqueles pobres Apóstolos antes da vinda do Espírito Santo, cujo pensamento volvia sempre para a glória de sua vocação. Falavam somente do grande Mestre e do seu reino futuro, onde desejavam ser ministros e conselheiros, desprezando de bom grado os outros. Ai! quando chegou o dia da provação, revelaram bem o seu valor!

E seus pecados eram veniais! Vede no entanto onde isso os levou: fugiram e o chefe ao seu Senhor renegou.

Ah! não falemos tanto do divino Mestre, tão grande, e da nossa vocação, tão sublime, mas falemos um pouco mais no que lhe devemos. Este retiro só visa a tal fim. O ano todo será dedicado a falar de Nosso Senhor e a exaltar o seu Reinado. Hoje, trata-se somente de nós e das nossas obrigações. Urge despertarmos da letargia. Estamos meio paralisados e precisamos de um tratamento caloroso e enérgico. Aproveitemo-nos deste retiro. Que possa consumir tudo o que em vós houver de pecaminoso e de imperfeito. E se vos purificar, terá preenchido o seu fim.

III

Pela pureza, a fim de aumentá-la e defendê-la, praticareis todas as virtudes e sereis adoradores perfeitos. Se vossa consciência estiver pura, puro e digno de Deus será vosso serviço. Vexar-vos-ia vir, com coração maculado, adorar a Nosso Senhor, e pô-lo sobre um trono de lodo. Quem ousa se apresentar ante uma pessoa respeitável com trajes sujos e rotos?

Se fordes puros, desempenhareis dignamente a missão que a Igreja e a Sociedade vos confiaram, enviando-vos à Adoração, pois a ela vindes em nome da Igreja, de vossos irmãos e dos pecadores, para interceder por eles. Mas, se fordes também pecadores, pretenderíeis então insultar a Deus? A qualidade primordial do mediador é agradar à personagem junto à qual vai interceder. Como mostrar ao Pai o carrasco do Filho? Como agradar pelos outros, quando por vós mesmos inspirais horror?

Não se ousa encarar, com receio de vexá-lo, a quem tem um cancro na face, e desejaríeis que Nosso Senhor vos olhasse com prazer, a vós, desfigurado pelo pecado, mal mais repugnante que qualquer cancro?

Deus, porém, conhece nossa miséria, e não a leva a mal. É verdade. Quanto àquela que provém de nossa mísera natureza, esta Ele a conhece e dela se apieda: somos os pobres de Deus. Mas quanto às fraquezas da vontade, as que se cometem por falta de delicadeza e por se preferir a si mesmo, essas Deus não as pode tolerar: inspiram-lhe horror. Ser-lhe-ia preferível enviar-vos um Anjo, como a Heliodoro, para vos rechaçar de sua Presença.

Ser puro para desempenhar corretamente o serviço de Nosso Senhor, é a isso que deveis visar; é a primeira das condições impostas, sem a qual nada mais terá valor. A entrada do Céu será vedada a quem não vestir a alva veste, purificada no Sangue do Cordeiro. Quem não a trouxer, passará pelo Purgatório. Ora, servis a Nosso Senhor no céu terrestre.

Finalmente, vindes à Adoração para glorificar a Deus pelo louvor e pelas homenagens e para rodear seu Trono eucarístico, semelhante aos Anjos e Santos que cantam ao pé do Trono da Glória. Achais possível que lábios impuros glorifiquem a Deus?

Deveis, assim como os Padres, que lhe levantam tronos nos corações dos fiéis, levantar, também, nos vossos, um trono de ouro puro pelo vosso amor. Acreditais, porém, que ele suba com prazer num sólio de lodo? Cumpre, por conseguinte e em primeiro lugar, tornar-vos homens puros, de outro modo sereis servos incapazes de agradar ao Senhor. E peço-vos, à vista disto, a maior concentração para examinar-vos a fundo e, sem confiar no *talvez*, de tudo vos certificar.

Examinai também se as Comunhões, as Adorações e essa vida toda de oração, não vos fazem crescer. Será vida ou agonia? E donde o mal? Da má vontade de não querermos seguir sinceramente nas pisadas de Jesus Cristo, pois só o queremos sob condições, para isto e para aquilo.

Recolhei-vos em vossa alma. No mundo poderíeis vos ter salvo, cumprindo a Lei e gozando dos bens e dos prazeres lícitos. Mas preferistes a vereda estreita e, abandonando pais, família, liberdade, a tudo deixastes para seguir a Cristo. E agora, então, que significaria não proceder melhor que a gente do mundo e não merecer mais do que ela para o Céu? Não seria isto lograr a Deus?

Coro ao pensar que era mais perfeito no mundo que hoje em dia no convento. Pouco a pouco fui-me habituando a Deus. E quão grande é este mal!

Para rematar, examinai-vos sobre esses três pontos: 1.º – Tenho eu certeza de estar em estado de Graça, livre do pecado? 2.º – Desempenho com fidelidade o meu Serviço? 3.º – Procuro eu, e em que medida, a Glória de Nosso Senhor?

Dos benefícios da vida religiosa

"Perguntai-vos muitas vezes", diz a *Imitação*, "por que deixastes o século e abraçastes a vida religiosa. Não foi para servir a Deus e tornar-vos homem espiritual?"

É preciso perceber a grandeza da Graça que Deus fez retirando-nos do mundo para nos colocar na vida religiosa, Graça de Misericórdia Infinita, tanto pelos perigos de que nos livrou, como pelos meios de salvação que nos proporcionou.

I

Ora, abraçamos a vida religiosa, primeiro, para nos abrigar dos perigos do mundo, onde fácil fora perdernos, como acontece a tantos, melhores do que nós. Percebemos, todavia, a nossa fraqueza, e o receio de danarnos nos afastou dele. Estamos sujeitos à lei dos membros; quiçá já naufragamos, e estávamos feridos. Além de que, quem já serviu o mundo, continua dominado por ele e receamos ser subjugados para sempre.

Nenhum princípio é, infelizmente, tão verdadeiro quanto este, a saber; que aquilo que uma vez nos dominou exercerá sempre em nós certo poder, mesmo depois de nos emanciparmos dele. É a lei da força contra a fraqueza, é o castigo que resulta do pecado. Daí é que tantas almas convertidas e purificadas recaem logo à primeira tentação, ao primeiro encontro com o inimigo. São subjugadas novamente pela lei antiga.

O mal possui influência magnética, deixa semente, fachos que se avivam ao primeiro contato, semelhantes à madeira que já ardeu. Existe a simpatia de outrora que nos arrasta. São João disse, e com razão, que quem comete o pecado, dele se torna escravo. Pertencer-lhe-á por longo tempo, mesmo depois de desligar-se de suas correntes. É Deus, vingando-se do pecador que rejeitou o seu jugo para aceitar o do demônio.

Apavorou-nos a idéia de sermos dominados para sempre, como tantos outros, e cuidamos de nos abrigar. Fizemos bem, obedecemos à prudência. Na lei antiga cabia ao chefe do exército dizer: "Quem tem medo, que se retire". Não havia vergonha inerente, era antes uma garantia de segurança, de lado a lado.

Assim também Deus mandou que Abraão deixasse a terra de Ur, porque nela não se devia santificar, e fez sair Ló de Gomorra, embora naquela cidade abominável fosse ele justo. Deus opera prudentemente. E a primeira prudência, a mais louvável, consiste em evitar o perigo.

Quem são esses soldados que vão sempre avançando com arrojo? Quem são esses jovens presunçosos que afrontam, com tanta temeridade, os maiores perigos, e querem converter o mundo? O castigo não se fará esperar, pois acompanha sempre a presunção.

Feridos, ou prevendo que infalivelmente o seríamos, retiramo-nos à fortaleza, junto com aqueles que são incapazes de combater em campo raso, o que torna a vocação, antes do mais, um negócio de prudência e de amor à própria salvação. Não há, portanto, motivo algum para nos orgulharmos de ter deixado o mundo e abraçado o estado religioso. Fizemo-lo para nós mesmos e só tínhamos a lucrar com isso.

Bem sei que há obstáculos a vencer, que praticamos ato meritório, mas nada custa quando se trabalha por interesse próprio. Que preço não se teria pago para comprar um lugar na arca! E quanto mais para adquirir um lugar na vida religiosa, verdadeira arca de salvação, cujo piloto é o próprio Jesus!

Lê-se, no Evangelho, que um homem, tendo encontrado um tesouro, foi enterrá-lo, e, vendendo tudo quanto possuía, comprou a terra em que estava. Pois bem, sendo a vida religiosa um tesouro incomparável, deve-se vender tudo para obtê-lo.

É uma escolha de prudência, cuja vantagem é toda vossa, não vos cabendo, portanto, remuneração alguma. Quem paga ao enfermo por curá-lo, ou ao hóspede por recebê-lo? Sede, pelo contrário, gratíssimos por ser nela tolerados, e que ninguém se considere credor, alegando serviços prestados. Que serviços são esses? Antes, pelo contrário, sois-lhe pesado, porquanto os outros aspiram ao Céu, e vós, pelo vosso exemplo, os retendes na terra.

Baseado nisto, não me surpreende a severidade dos Padres do deserto, ao admitir novos discípulos. Recebiam-nos com desprezo, humilhando-os e fazendo-os esperar e chorar largamente à porta. Durante anos mortificavam-nos, sujeitavam-nos a toda espécie de provação e só então introduziam-nos em seus mosteiros.

Hoje em dia, a pouca fé não permite provações semelhantes. Só se alegam direitos. E direito a quê, por favor? Quereis ser aprendizes? Então humilhai-vos, servi e aprendei. A vida religiosa nada espera de quem tudo espera dela. Ela não vos pede os vossos serviços, e sim a vossa pessoa.

O religioso só tem um direito, o de ser humilhado e desprezado – nada mais. Ser estimado, honrado? Como é possível? Viestes tomar a tudo e a tudo receber da religião! Ela vos dá paz, salvação, perseverança, arranca-vos ao mundo, à perdição, e suspirais ainda pelas honras! Quereis recompensa, gratificação?

Ah! agarrai-vos de preferência a ela, a despeito de todo sofrimento, como à única tábua de salvação. É para vós a graça necessária, indispensável. Se fordes expulso por uma porta, voltai pela outra e prendei-vos à toalha do altar, antes que vos repilam.

Vede quão infelizes são os que saem e pedi diariamente a Deus que nela vos conserve, esforçando-vos por todos os modos para merecer, pois é um favor, uma misericórdia e nunca um direito. Não conteis demais com as Graças, com a vocação, sem lhes juntar uma cooperação mui ativa. Enquanto alguém for levado pela Graça, será generoso e forte; uma vez, porém, entregue a si mesmo, render-se-á ao primeiro encontro de armas, mergulhando-se na ignomínia. Somente uma grande virtude poderá fazer frente aos sentidos. Flores há que só desabrocham nas estufas, bem protegidas: sois uma delas. Se descrerdes da minha afirmação, ponde-a à prova, ou antes não, que Deus vos guarde de semelhante experiência.

II

A vida religiosa não vos preserva somente do perigo de vos perder, mas vos proporciona ainda meios de salvação mais eficazes e abundantes.

Aí é-se cultivado, é-se a flor do jardim privilegiado que a Igreja mantém para o seu Esposo: *"Plantatus in domo Domini";* é-se plantado por Deus e cultivado por Jesus Cristo com multíplices cuidados.

Aí é-se podado, a fim de produzir maiores frutos. A boa árvore é aquela que se poda, porquanto a força nutritiva espalhada por inúmeros galhos insignificantes não produziria belos frutos. Corta-se grande parte dos rebentos e conservam-se apenas os mais viçosos. Assim também na vida religiosa afasta-se tudo o que vos poderia distrair, dividir, enquanto todos os esforços convergem para o único necessário.

Aí se prepara a obra; distribui-se, já ordenada, a tarefa de cada dia, de cada momento. Não se vos pede tecer a veste de Nosso Senhor que devereis trazer. É-vos dada já terminada; cabendo-vos, no entanto, orná-la.

Semelhante ao servo do Evangelho, que recebeu cinco talentos para que os fizesse render, Jesus Cristo fornece-vos os fundos da vida religiosa; a vós cabe fazê-los frutificar do modo mais apropriado.

Nosso Senhor quisera tornar-nos como as árvores do Oriente, sempre verdes, carregadas de botões, de flores e de frutas maduras. Sua Igreja, seus Santos, suas Graças, tudo na vida religiosa se ocupa de nós! E que desgraça será se não nos tornarmos bons, munidos de tão grandes meios! E por quê? O grão é mau, existe um cancro interno, um mal recôndito que arruína a medula da planta.

Se não progredimos, se não conseguimos nos manter, é mister confessar que somos bem ruins para inutilizar tão grandes Graças! Ah! que seria de nós no mundo? Já há muito teríamos naufragado!

Cumpre suprir ao tempo perdido e adquirir com urgência o que nos falta. Sejamos mais fiéis. E, se viéssemos a nos perder, apesar de tão copiosas Graças, seria prova de que já estávamos, de início, minados na raiz por um verme pernicioso que, chupando toda seiva, a tudo inutiliza.

Fazeis com vossos irmãos todos os exercícios sem tirar proveito algum? Existe então um mal secreto, um vício de sangue. Famílias reais há que adotaram órfãos e deram-lhes primorosa educação. Um dia houve, porém, em que apareceram seus instintos grosseiros, e, em vez dos príncipes ideais, resultaram néscios enfatuados ou tiranos cruéis. Jesus Cristo veio para arrancar-nos da nossa baixeza e miséria profunda, formando-nos segundo o seu Coração. Não se terá Ele enganado? Quais leões domados, que pouco a pouco voltam à sua ferocidade natural, mostraremos agora as garras? Não seremos senão jovens lobos, que a Sociedade, qual boa mãe, amamentava, julgando-os filhos, para agora levantarmo-nos a devorá-la? Não a podereis todavia atingir, pois Deus, de que provém, a quem pertence, continuará a protegê-la. O castigo recairá sobre vós e sereis punidos como ingratos e parricidas, que não souberam compreender o infinito Amor de Deus.

Vamos! Vede se vos aproveitais das Graças da vida religiosa. Senão não culpeis a outrem, que não vós mesmos. Não vos destes todo inteiro. Em vez de encerrar-vos no círculo da perfeição e dizer: Não mais me afastarei, custe o que custar, traçais uma linha de fantasia, impondo condições a Deus. E qual o resultado? Encontrareis, na religião, os mesmos perigos do mundo.

Vindes ao porto da salvação para naufragar.

Da vocação eucarística

"Non vos me elegistis, sed ego elegi vos." "Não me elegestes vós, mas Eu é que vos escolhi."

Quem pertence a um estado como o nosso, que exige por parte dos membros tamanha santidade, é na verdade, obrigado a exclamar: Deus me chamou! Certamente não vim espontaneamente, mas foi Ele quem me escolheu e convidou. E, houvesse dúvidas a respeito, a tentação seria abandoná-lo, tão incapazes nos sentimos de lhe corresponder dignamente.

I

Ora, Deus Padre nos escolheu, desde toda eternidade, para nos tornar adoradores, por estado, de seu divino Filho no Santíssimo Sacramento. Predestinou-nos a esse serviço glorioso, a suas graças, a sua recompensa. O Pai criou-nos para nos dar a Jesus Cristo e para nada mais. Todas as criaturas são para Ele, naturalmente, mas existe sempre uma hierarquia nas Graças, e vocações há que são ao mesmo tempo dignidades. Assim temos a vocação sacerdotal, a vocação religiosa, e a nossa própria vocação, que nos aproxima do Rei, e por isso mesmo, nos enobrece.

Deus Pai elegeu-nos por entre milhares e todas as Graças convergiram para fazer de nós adoradores. Dispôs nesse sentido nosso corpo e nossa alma. Forneceu-nos forças, vontade, harmonia e simpatia para tal serviço. Fez-nos, ainda, amar esta vocação, motivo pelo qual todos que, na verdade, são chamados, acham-se tão bem aos pés do Santíssimo Sacramento. É-lhes o centro, o fim e tudo neles visa a esse mesmo alvo. Se os colocardes noutro lugar, sofrerão, por não estarem mais em terra própria, sob os raios solares, para eles tão necessários. Não, nunca estarão bem senão lá. Por toda parte, estarão desorientados, sem aptidões e serão inúteis, porque suas graças, suas qualidades sobrenaturais e suas mesmas disposições naturais, foram preparadas por Deus para a vida de adoração e para o Santíssimo Sacramento.

É fato confirmado pela experiência. Não me refiro àqueles que partem, infiéis a seus compromissos sagrados – só a Deus é dado conhecer a sorte desses pobres desgraçados –, mas falo daqueles, apenas aspirantes, que começavam a receber as influências eucarísticas e que se retiraram para procurar algo de melhor. Esses em parte alguma serão felizes. Seu centro era aos pés do Santíssimo Sacramento. Aí, cabia-lhes viver, aí morrer. Vós mesmos, em viagem, não sabeis mais rezar nas igrejas e todavia lá está Nosso Senhor. Mas não é vosso Jesus, radiante e glorioso, qual a Igreja no-lo dá para honrar pelo culto solene da Exposição.

Afirmo-vos que, ao criar-vos, o Pai disse ao Filho: "Eis que vos mostro um adorador; dar-lhe-ei todas as aptidões, todas as Graças, todas as qualidades, ele vos há de agradar".

II

Examinemos agora as qualidades desta vocação. Não falo do que somos, infelizmente, mas da vocação perante Deus. Quero dizer-vos quão grande e sublime é em si essa Graça. Não a comparo, nem ao que somos, nem às vocações alheias, mas julgo as coisas em si, dados os princípios aceitos, para classificar as virtudes e os diversos estados da vida cristã.

A vocação eucarística é a vocação entre todas excelente. A excelência de uma coisa prende-se ao seu fim e sendo o fim de nossa vocação o serviço de Nosso Senhor Jesus Cristo, no estado mais glorioso que lhe cabe ter na terra, isto é, na Exposição Solene e Perpétua do Santíssimo Sacramento, nenhum pode haver mais excelso, tanto mais que, por esse mesmo serviço, atingimos diretamente a Nosso Senhor, sem intermediário algum. Não é pelo próximo, pelas obras de zelo que vamos a Deus. Não. Servimos a Nosso Senhor mesmo, única e diretamente. Assim como os Anjos, que não largam o trono do Cordeiro, assim também nossa vocação nos prende à Pessoa adorável de Jesus Cristo, e não a seus membros, ou suas obras. Nossa vocação saca, portanto, dele diretamente, sua dignidade e excelência, pois tudo o que serve ao rei é real.

Nada nesta terra é mais excelente que a Eucaristia, porquanto Jesus Cristo não está mais passível como em sua Vida mortal, mas sim ressuscitado, glorioso, reinante.

Demais, servimo-lo pela adoração. E a adoração, sendo a expressão da virtude da religião, é por isso mesmo a virtude por excelência. É ainda o exercício das virtudes teologais da Fé, Esperança e Caridade, que tendo a Deus por fim imediato, destacam-se entre todas e comunicam sua dignidade eminente à virtude da adoração. Ah! se nos fosse dado compreender toda a excelência da vocação que Deus nos concedeu, não ousaríamos decerto atender ao chamado!

Mas tão elevada vocação requer maior perfeição – e quão longe dela estamos! Seria preciso a santidade de Maria, dos Anjos e dos Santos, porque nos cabe, na terra, a mesma função que a eles, no Céu, junto ao Trono de Deus. Ah! tivéssemos pelo menos as virtudes de um simples cristão.

Que diferença entre o que temos e o que deveríamos ter. São dois abismos. Faz tremer!

Mas, por que nos chamou o Pai, sabendo que havíamos de corresponder tão pouco? É porque nos amou demais! Chamou-nos, apesar de nossa indignidade, esperando elevar-nos um dia à altura de nossos deveres.

A honra obriga, dizem. Honrai a vossa vocação pelas vossas virtudes e guardai-vos de macular o manto de honra e de glória, essa bela e alva veste de Jesus Cristo, com que encobre vossa indigência, sem vos relaxar nesse sublime serviço do Rei dos reis!

III

Nossa vocação é santa. Assim como a virtude dos meios está na maior ou menor perfeição com que estes realizam o seu fim, assim também nossa vocação possui uma força imensa de santidade, porque nos torna participantes, de um modo todo especial, do mais alto e mais perfeito estado de amor, o estado eucarístico, onde Nosso Senhor levou o seu Amor à consumação.

É santa, porque nos proporciona os mais poderosos meios de santificação, pondo-nos em relação imediata e vital com Jesus Cristo, que é, não somente, uma Graça, mas o Autor mesmo da Graça em seu Sacramento tão santo.

Ela rende ao Pai celeste grande glória, apresentando-lhe Jesus, seu Filho, no Santíssimo Sacramento, onde goza de um estado mais perfeito que em sua Vida terrestre. Está glorioso, imortal. E é esse estado de glória e de realeza que Ele imola incessantemente na Eucaristia à glória do Pai.

Pois bem! Nossa vocação faz-nos participar desses estados de Nosso Senhor. Ele deseja reproduzi-los em nós e exercê-los por nosso meio. E para isto nos chamou.

A fim de corresponder, porém, dignamente, a esse apelo, deveríamos ser santos. Se Deus, pela sua grande Santidade, encontra máculas até nos Anjos, que será de nós? Imitemo-los, pelo menos, velando a face e exclamando: Senhor, não sou digno de vocação tão santa!

E, no entanto, Deus permite que nos aproximemos dele, conservando-nos ao seu serviço e para nós fica exposto no seu Trono de Amor, contentando-se com nossos poucos préstimos, e concedendo-nos ainda diariamente inúmeras Graças. Não procureis a razão de tudo isso, senão na sua inefável condescendência. Ele espera que um dia havemos de compreender tudo quanto lhe devemos, tornando-nos dignos de sua adorável Santidade.

IV

Nossa vocação é eminentemente apostólica. O apostolado nada é senão a difusão do Reino de Deus nas almas, a propagação do seu conhecimento e de seu Amor, a destruição do pecado, a exaltação de Nosso Senhor e de sua Igreja. Vede quão grande é o poder do apostolado que nos fornece tal vocação.

Se formos julgados pela nossa vida exterior, tomar-nos-ão por entes inúteis: não corremos atrás dos pecadores, não missionamos, não educamos. Mas seria erro pôr todo o apostolado no zelo exterior; as obras são apenas o invólucro e o canal. O apostolado consiste essencialmente na oração que obtém a Graça, no sacrifício que expia o pecado e aplica os méritos e as satisfações de Jesus Cristo. Será mais apostólico quem como São Paulo, apóstolo por excelência, completar e rematar em si o que falta à Paixão de Jesus Cristo para a Igreja, isto é, quem o fizer reviver, merecer, sofrer e resgatar em sua alma e em seu corpo, pois Jesus Cristo revive em nós para nos salvar e pede-nos completá-lo, juntando nossos méritos aos seus. Então continuará seu ofício de Salvador, porque Ele é o Apóstolo dos apóstolos, e só Ele, nos apóstolos, resgata as almas pela graça e pela virtude de seu Sangue.

Ora, fazemos trabalhar a Nosso Senhor na conversão das almas, expondo-o e unindo-nos à sua oração e ao seu apostolado pelas nossas adorações. É privilégio único de nossa vocação expor a Nosso Senhor e colocá-lo no exercício solene de Mediador. Com efeito, se está no seu Trono, é porque estamos a seus pés, porquanto a Igreja não saberia permitir que aí perpetuasse sua Presença, dia e noite, se não houvesse, dia e noite, adoradores que se sucedessem ao seu serviço. E, para poder se manifestar na sua Exposição, não pode prescindir de nós. Ampliamos, por conseguinte, seu poder.

E nesse trono que faz Ele? Apresenta ao Pai suas adorações. Ao orgulho, opõe o aniquilamento; à ingratidão, as ações de graça; ao pecado, o seu Sangue e os seus sofrimentos, rogando incessantemente pela salvação das almas que resgatou. É a Vítima pública. Prostrados a seus pés, unindo-nos às suas intenções, com Ele exercemos as funções de mediador, com Ele salvamos e resgatamos, enquanto participamos de seu apostolado perene.

Julgais então que essas orações de Jesus Cristo não são mais poderosas que qualquer obra apostólica, cuja condição e vida são? Pois bem, nosso apostolado consiste na união às orações, aos sofrimentos, ao Sacrifício de Jesus Cristo.

O missionário só leva uma Graça. Nós abrimos as fonte das Graças. O apostolado é, antes de tudo, um sacrifício. Jesus, não sofrendo mais em si mesmo, deseja sofrer em nós. Ele pede-nos o sacrifício dos nossos gostos, de nossa liberdade, de nossa vida, do todo de nós mesmos na adoração e na imolação, e assim nos revestimos da força magna do apostolado, sem o perigo das infidelidades e do orgulho, que o viciam, sem o risco de transferir para nós parte dos frutos. A vida apostólica tem seus encantos. Quando um pregador goza de saúde, de talento, e vê um auditório, suspenso dos seus lábios, seguir com avidez suas prédicas; quando gera almas à Graça e vê os frutos de seus trabalhos, se sente as alegrias de uma mãe; o labor pode ser rude, mas será entrecortado de grandes gozos, de recompensas suaves.

Quanto a nós, nosso apostolado imola-nos, todo inteiro, no segredo do esquecimento e na morte aos pés da Vítima divina. Não colhemos fruto algum, não provamos nenhuma recompensa. Basta-nos saber que os produzimos.

Evidentemente, aquele que batiza não faz mais que aquele que mereceu o Batismo. Se não fosse a oração, se não houvesse almas que se imolassem com Jesus Cristo para os pecadores, a voz dos missionários seria apenas o eco de um címbalo ressoando em vão. Que podem produzir os ventos, se o sol não fecundar a terra remexida?

Achareis, talvez, que é nobre pregar a Verdade e salvar almas pela Palavra. Mas por Nosso Senhor, pela sua influência direta, haveis de pregar, de salvar. Outros o pregarão pela sua graça, nós por Ele mesmo; outros mostrarão sua verdade, nós a Ele mostraremos, na sua presença amorosa, viva. Por Ele obrareis e muito. Mas pregai só por Ele e vereis que correrão de toda parte ao divino Mestre, pois Ele disse: "Quando Eu for exaltado, atrairei tudo a mim".

Eis a vossa vocação. É belíssima. Amai-a, sem jamais compará-la às outras e compenetrai-vos de que o serviço da Pessoa de Nosso Senhor vale bem o serviço das almas e Jesus tanto quanto São Domingos ou São Francisco.

V

Mas se é uma vocação tão bela, como explicar o nosso pequeno número? Como será que Nosso Senhor tem tão poucos discípulos, quando os santos os têm tão numerosos?

É porque os santos são considerados sobretudo como protetores, como amigos junto a Deus. Chegam-se a eles para, por eles, serem julgados, aproveitarem-se de seu poder, de suas orações, de sua proteção. E isso consola, para maior vantagem nossa.

Mas quem se chega a Nosso Senhor, nada encontra para si. É o Rei e servimo-lo. É o Senhor, e submetemo-nos e adoramos. É a Vítima imolada, e imolamo-nos com Ele.

Mas nos chegamos a Nosso Senhor a fim de armar-nos de seu socorro e de sua proteção, para então entregar-nos, munidos desses meios, às obras santas que nos atraem. Isto é próprio das vocações ativas. Mas aqui Jesus vos diz: "Servi-me, adorai-me por toda a vossa pessoa, sem nada vos reservar, sacrificando-me as atrações, as atividades, os talentos, o zelo, a vida, tudo, enfim. Ponde tudo a meus pés, oferecendo um holocausto completo. A honra que me é feita será a mesma, sacrificando-se-me os dons ou fazendo-os valer pela minha Glória: *"Deus meus es tu, quoniam bonorum meorum non eges"*.

Ao receber-vos aqui, quem vos perguntou: Que trazeis? Qual o vosso dote? Vossos talentos? Não, jamais tais palavras saíram dos meus lábios, jamais estiveram em meu coração.

Perguntamos, pelo contrário: Quereis servir? Então, vinde; nada se pede ao servo, é ele quem recebe; a única remuneração exigida é a dedicação aos interesses do Mestre, a quem se deseja servir. Noutros lugares pedirão outras coisas, e com razão. Aqui só nos cabe servir e adorar pelo dom de nós mesmos.

Quanto às virtudes, foi-vos, por acaso, perguntado se éreis santo, humilde, mortificado ou dado às boas obras? Não. Mas com toda simplicidade: Quem vos envia? Quem vos atrai? Jesus Cristo em seu Sacramento. A quem vindes? A Jesus Cristo. Quais as condições? Nenhuma. Já o desejais há muito tempo? Já pusestes vosso desejo à prova? Já. Tereis a coragem de passar pelo fogo – é uma vocação de fogo? Espero que sim. Então entrai e depressa!

Fostes logo iniciado na Adoração e no Serviço de Nosso Senhor, único necessário à nova vocação. Foi-vos recomendado de modo especial ter um só fim, visar a um só alvo, ao serviço de sua divina Pessoa, desejando agradar tão-somente a Ele e por Ele unicamente trabalhar, Ele que é tudo aqui. A Sociedade não é vosso fim, passa em segundo lugar, depois de Nosso Senhor, de quem é serva conjuntamente com todos os seus membros. E aqueles que a dirigem são apenas os primeiros servos do Mestre, Nosso Senhor. Se lhe agradardes, nada tereis de recear; se o servirdes bem, nada mais vos será exigido, pois em servi-lo está toda a vossa perfeição.

Noutras vocações, é natural, requerem-se dos pretendentes as aptidões necessárias à prática das obras a que se destinam e para as quais são recebidos. Assim quanto ao ensino, às missões. O trabalho da vinha pede ferramenta. Mas nós não nos preocupamos com o que podeis trazer à utilidade comum, pois não é a vinha, mas sim o Senhor da vinha, a quem cultivamos.

Todavia, indagamos da vossa probidade, porquanto não se vem aqui para fazer penitência, após uma vida irregular. Existem outros lugares para isso, mas a corte do Rei não saberia ser um penitenciário. Eis por que, antes de ser alguém admitido a seu serviço, é preciso demonstrar que se levou sempre vida digna.

Foi-vos imposta ainda uma condição: quereis ajoelhar-vos neste genuflexório e nele arder qual círio, deixando-vos consumir sem vestígio de cinzas? Quereis ser servo em toda a acepção da palavra? Então deveis servi-lo pelo dom completo de vós mesmos e visar desaparecer para que Ele apareça. O servo não desejaria certamente dividir as honras com o amo.

Mas é justamente esse serviço, pelo dom de si mesmo, pelo sacrifício da própria personalidade, é isto que custa. Vós, nada; Ele, tudo!

Oh! quão difícil é nunca se constituir a si mesmo, e em nada, como seu próprio fim. Reparai e verificareis que, dez vezes por dia, vos surpreendereis obrando por vós mesmo, para vós mesmo, visando o vosso repouso, contando com as vossas forças, procedendo de modo natural. E será preciso chegar a ser todo dele, todo para Ele, todo por Ele.

VI

Dado isto, lembrai-vos que à Sociedade só cabe uma coisa: apagar-vos o mais possível para, abatendo-vos, exaltar ainda a Nosso Senhor. Ela não se deve dar, nem se personificar em nenhum dos seus membros, fosse santo ou sábio, mas permanecer unicamente a serva de Jesus, referindo-lhe e oferecendo-lhe os frutos excelentes desse membro em que Deus depositou os seus melhores dons.

Só se regozijará de seus êxitos para, com Abel, oferecer ao divino Mestre uma vítima melhor. De modo que, se praticardes as obras mais brilhantes, ninguém vos louvará, ninguém sequer há de notá-las, antes pelo contrário, sereis rebaixado com vossas obras, a fim de honrar ainda mais o Senhor único que em vós operou. Mas quanto a vos exaltar pessoalmente, isto nunca!

Só ao Senhor todo o louvor e toda a glória. Essas grandes obras não passam afinal de uma dívida vossa, e mesmo assim tudo é pouco comparado ao que merece o Rei a quem servis. Louvar-vos, agradecer-vos, seria fazer de vós uma personalidade e considerar-vos como ainda vos pertencendo. Mas vós vos destes para, nada sendo, pertencer integralmente a Nosso Senhor que unicamente merece ser. O louvor, por conseguinte, só a Ele. Na batalha os soldados ganham a vitória e o general leva a glória e o triunfo.

Um dia, seremos amplamente recompensados de tudo quanto tivermos feito. Mas enquanto esperamos, entreguemo-nos somente ao serviço divino. Oh! quantas vezes nos desdizemos – prova de quão difícil é dar-se inteiramente – nas negligências, nas impaciências, na procura da satisfação própria, da aprovação e coisas semelhantes!

Nas outras ordens religiosas, cultivam-se os dons do indivíduo para que produza o máximo. Será um sábio distinto, um grande orador, por-se-á em evidência, seus êxitos serão exaltados, será o porta-bandeira do combate da Verdade e da Religião contra o erro. Servir-se-ão dele para dizer aos ímpios e aos incrédulos: "Vede o que pode fazer a Religião com um homem. Jamais a igualareis".

Está bem. São os grandes homens da Igreja. Nós nunca pretenderemos tanto, jamais cultivaremos um súdito para conseguir uma personalidade ilustre. Querer formar grandes homens em presença do Deus vivo, dizer a alguém que é santo em Presença do Santo dos santos! Que idéia! Não. Que os sábios, os gênios, os santos se humilhem ante Nosso Senhor, que desapareçam, quais estrelas ao apontar do sol, que, apesar de arderem sempre, são absorvidas pela grande luz solar, sendo impossível distingui-las. Pois bem! Façamos o mesmo. Só devemos ver a Nosso Senhor, só a Ele mostrar – nunca a um homem, fosse um prodígio de saber, de eloqüência, de santidade. Que aniquile, em Presença de Cristo, todos esses grandes dotes. Seu sacrifício só lucrará com isto. Mas que nunca se exponha a atrair sobre si os olhares, as atenções, o respeito que só são devidos a seu Senhor e Rei.

Eis a vocação eucarística, a Sociedade do Santíssimo Sacramento, o seu fim, o seu espírito e as suas condições. Aspira exclusivamente ao serviço da Pessoa de Nosso Senhor – nada mais deseja. Consagra-lhe tudo o que é, tudo o que tem, seus filhos e tudo o que são. Nada quer nem para si, nem para os outros, uma vez que tudo é tão pouco em relação ao que merece o seu grande Rei. Possa ela, pelo menos, ouvi-lo dizer: Estou satisfeito. Eis aí almas que me adoram, me amam e me servem unicamente por Mim!

Da renúncia a toda propriedade

"Quem quiser me seguir, que renuncie a si mesmo e venda tudo quanto possui."

I

É assim que Nosso Senhor indica a condição básica da vida religiosa: renunciar a si mesmo, levar a cruz e morrer. Almas há que imaginam, visto ter Ele prometido noutras ocasiões o cêntuplo àqueles que tudo deixarem para segui-lo, ser a vida religiosa uma fonte de felicidade natural e se chegam a ela para encontrar, já nesta vida, o repouso. Pobre gente! É-se, quanto ao ponto de vista natural, bem mais infeliz que no mundo.

No mundo, impunha-se a lei natural; aqui temos os Conselhos. Lá, podia-se gozar da família, constituir-se uma, preparar-se um futuro de acordo com os gostos e distrair-se com prazeres lícitos. Aqui nada disso e nem do bem que se faz se poderá gozar.

A verdade é que quem abraça o estado religioso aceita a cruz e carrega-a toda a vida. Não, não haverá felicidade humana para o religioso. Assim não qualificareis ao recreio, a uma folga que vos será concedida de vez em quando. Apenas avivará o sentimento da privação que tendes de ordinário.

Felicidade na vida religiosa? Celestial, sim; humana não! De modo que alguns partem tristes e desanimados, dizendo que se enganaram, que não imaginavam uma vida tão dura. Desejavam felicidade à moda dos Turcos!...

Jesus prometeu o cêntuplo. É, porém, o júbilo interior, fruto da mortificação e da cruz, e não o cêntuplo da alegria natural. No mundo pode-se gozar de uma felicidade mista, meio celeste, meio humana; na religião não será mais possível. Pelo contrário, só encontraremos a felicidade na destruição de tudo o que constitui a ventura natural. E quantos se iludem a este respeito!

O religioso deverá, continuamente, se arrancar a si mesmo, ao que ama, imolando-se a todo momento. Quereis seguir a Jesus Cristo no seu trono? Segui-o nos seus sofrimentos, cientes de que ides à imolação cotidiana. É duro, mas é fato. E a perseverança se tornará impossível a quem não se compenetrar de tais sentimentos.

É tanto mais exato da nossa vocação, que nos priva até das consolações do zelo, que nos crucifica em holocausto, aos pés de Nosso Senhor.

Os missionários recebem desde já o cêntuplo prometido, gozam de suas conquistas, de suas conversões. A natureza e a Graça moveram-se juntas: aquela forneceu o trabalho, esta o fez florescer e frutificar. Então a recompensa será o reconhecimento das almas. Aqui é a consumação, sem vestígios do lugar por onde passastes.

II

No entanto, Jesus disse aos seus Apóstolos: "Quanto a vós, que comigo perseverastes nas minhas tribulações, eis que vou vos preparar um trono". É o seu Reino eterno, assegurado àqueles que, para obtê-lo, estão dispostos a cumprir com certas condições.

A primeira é deixar a tudo para, de tudo despido, seguir a Jesus. Será preciso, como mais tarde se fará na profissão, deixar os bens e o gozo de tudo quanto possuis. Se tendes fortuna e a quiserdes doar à Sociedade que, por meio dela fará viver a Nosso Senhor, empregando para si os remanescentes, muito bem. Nada, porém, vos será pedido e podeis dispor de tudo como melhor vos parecer.

O importante é nada vos reservar, abandonando tudo ao Mestre que vos concederá o necessário. Custa, não há dúvida. O Padre gosta de ter suas coisinhas, seus livros, receber uns presentes e arranjar como um canto espiritual. Aqui nada disso vos é permitido, nada podeis aceitar, cabendo à Comunidade receber tudo e de tudo dispor. E se apropriardes algo, tomando-o como vosso, reservando-o a vosso exclusivo uso, roubais e pecais contra a pobreza. Tudo o que está à vossa disposição, só o está de passagem. Se vos dissessem: "Parti já", deveríeis obedecer sem demora, abandonando a tudo, sem vos preocupar com o que fica.

Devemos ser pobres no alimento. Verdade é que atualmente tendes todo o necessário, mas talvez um dia, por qualquer motivo, venha a faltar. Se vos queixardes então, direi: "Fizestes, por acaso, voto de comer sempre dois pratos à refeição? Ide, voltai a comer landes (bolotas amargas de carvalho) no mundo".

Não está o pobre exposto a esperar pelo pão cotidiano, que nem sempre lhe chega? Fizestes profissão de pobreza; sede realmente pobre, pelo menos nesses momentos.

Mas ai! tenho certeza de que se isto vos acontecesse, e certamente vos acontecerá, murmuraríeis. Por exemplo, em viagem, numa sexta-feira, apesar do indulto que permite ao viajante comer carne na falta de outra coisa, vós, porém, em homenagem à pobreza, não a comereis – atenção ao que digo – e vos contentareis com o que houver, seja tão-somente pão. Como pobre de Nosso Senhor, o religioso só tem direito a pão e água.

Sei que não faltarão motivos alegados para um tratamento confortável. O enfraquecimento hodierno da saúde, a necessidade de se sustentar para o trabalho, e assim por diante. Mas sei também que o resultado será substituir a pobreza pela sensualidade e pela gula.

Como! Jesus sofreu fome, ficou reduzido, junto com seus Apóstolos a aproveitar-se de espigas para se sustentar um pouco e nós, religiosos, quiséramos gozar um conforto em que nada nos venha a faltar! Que será da pobreza de Nosso Senhor?

Devemos ser pobres no vestuário. Se procurardes o fino, o belo, faltareis à pobreza. Esses religiosos, que rivalizavam com as mulheres pela delicadeza dos tecidos e a brancura das vestes, eram o maior escândalo da pobre Itália.

Examinai-vos bem neste ponto. O tecido fino, dir-se-á, é mais resistente, e por conseguinte mais econômico. Eu, porém, vos digo que isto é tão- somente o orgulho na pobreza. "Mas foi-me dado e a pobreza manda que o aceite." Pedi licença primeiro e depois usai-o com pesar e vergonha. Ide a Argenteuil ver a túnica de Nosso Senhor. Era, por acaso, de linho fino? Se sois religiosos de Cristo, imitai-o no seu hábito.

Não vos iludais. É fácil e agradável dizer: "Sou pobre". Mas examinai-vos para ver se na verdade o sois. Verificai cuidadosamente a que vos apegais para o rejeitar, senão será a causa da vossa queda.

O religioso é semelhante ao homem que levaria em viagem todos os seus bens num navio já provido do necessário. Levanta-se uma tempestade e Jesus Cristo, num barco ligeiramente afastado, estende-lhe uma tábua de salvação, uma simples tábua. Ah! vinde a Ele, mas deixai tudo, porquanto vossa bagagem faria virar a tábua e, com ela, soçobraríeis.

Tende sempre presente esta verdade, de que a tudo deixastes para vos entregar incondicionalmente a Nosso Senhor, sem nada subtrair, nem para o corpo, nem para o espírito. Pois, além da pobreza dos bens exteriores, é mister renunciar a si mesmo, no corpo, no espírito, no coração, para tudo entregar a Jesus Cristo.

III

Ele espera de vós a dupla homenagem do corpo e da alma. Se quiserdes, pois, ser um servo leal e bom, desfazei-vos tanto dos bens de um como de outro.

Ele vos deu inteligência, cujos frutos deseja colher. Que todos os vossos estudos sejam para Ele. Examinai-vos bem a este respeito e vereis que cada dia vos surpreendereis estudando para vós, por inclinação natural. Todavia vossa ciência, vossa única ciência há de ser a do Santíssimo Sacramento.

Tende sempre em vista esta ciência única, a ciência de sua divina Pessoa, do seu melhor serviço? Não. Então ainda não fizestes entrega cabal do espírito.

Já destes vosso coração? Amais unicamente a Deus? Até que ponto? Outras afeições não se cruzarão com esta? Verificai em que pensais habitualmente, se em Nosso Senhor, no seu Amor e na sua adorável Presença. Pois o amor segue o pensamento e este atrairá o coração.

Se amais a Nosso Senhor exclusivamente e sobre todas as coisas, só Nele podereis pensar, a Ele estudar apaixonadamente, acabando por compreendê-lo. É o amor dos Santos, e os mais sábios foram os mais amorosos, que lhes inspirou idéias tão nobres. Deus, por ser Amor, é Luz.

Pois bem, estará o vosso coração todo no Santíssimo Sacramento? Não existirá nada que vá de encontro a seu serviço, nada que lhe seja estranho? Eis a pedra de toque.

Que vosso corpo também se aplique inteiramente ao serviço de Nosso Senhor – ponto essencial se vos quiserdes dar completamente. Enquanto não se entregar a Deus a saúde, dizia Santa Teresa, nada se terá dado. E tinha razão.

Em relação à santidade, por vezes, o que parecer menos perfeito, é o que mais custa, tornando-se, *ipso facto,* mais perfeito. Se disserdes: "Quero primeiro dar o meu espírito", é indolência. Dai primeiro o vosso corpo, e depois dareis o espírito. Será mais custoso por sermos entes essencialmente corporais e imersos nos sentidos.

Na prática, o *eu* é o corpo, o natural, o sensível, muito mais que o espírito que, encerrado na carne, parece também feito de carne. Dai, portanto, primeiro, esse corpo, que vos absorve todo inteiro.

Alguns há, que só querem servir a Nosso Senhor se forem tratados aqui melhor que no mundo. Quantos, da religião só querem as vantagens, só a ela se chegam para assegurar o pão cotidiano, encontrar um retiro, um abrigo confortável. Religiosos nulos! Desses, Garibaldi pode recrutar muitos; eram ladrões no santuário e Deus lhes podia dizer: "Fizestes-me passar depois de vossos corpos!" Examinemo-nos neste sentido e certamente não faltará o que remediar.

Eis o dom total, eis a renúncia a tudo. O voto de pobreza visa à pessoa toda; limitá-lo somente às coisas exteriores, é desconhecer-lhe o espírito, que consagra o religioso todo inteiro. Se não dermos tudo, não provaremos o seu valor intrínseco.

Fácil é dizer: "Meus Deus, dou-vos tudo". Tão fácil não é fazer. Vamos! Refleti e raciocinai. Compenetrai-vos do que fazeis e a que vos obrigastes; dai continuamente corda à marcha da vida, isto é, à boa vontade e à intenção. Que o amor de Deus combata em vós sempre o amor-próprio. Todas as vezes que vos couber mais que a Jesus Cristo, vos desdizeis.

Fizestes voto de progredir sempre. Não recueis, não olheis nem cá nem lá. Atrás estão as baionetas da Justiça Divina; à esquerda e à direita, os precipícios do inferno. Deixar-se levar por princípios é duradouro. Quanto ao sentimento, apenas brilha para logo dissipar-se.

Almas há que se chegam à vida religiosa, radiantes de contentamento, falando sempre da felicidade dessa vida, de sua alegria em nela entrar. Em geral, não contemos muito com elas; são levadas pelo coração, quais crianças. São fogos de palha, sem alimento.

Mas quando alguma se apresenta dizendo: "Venho a fim de me imolar todos os dias pelo despojamento e, tendo até agora deixado a desejar, serei antes do mais vítima de propiciação dos meus próprios pecados", então temos uma verdadeira vocação.

Progredi, portanto, por convicção, persuadido de um modo inabalável e evidente de que isso é dever vosso e Vontade de Deus, convencido de que aí está vossa felicidade.

Não podeis mais recuar. No mundo arrastaríeis os vossos votos como os forçados das galés os seus grilhões. Se quiserdes permanecer tíbios no estado religioso, este se vos tornará um verdadeiro inferno. Fareis tanto quanto os outros, mas sem proveito algum. Fazer o bem exteriormente é condenar-se a viver constrangido dentro da regra, privado de todo contentamento interior; é ser castigado a todo momento pelo remorso, pelo temor, pelas angústias da consciência. Não é possível! É preciso viver em paz com a consciência.

Se custa fazer o bem, custa ainda mais não fazer bem algum e tão-somente aparentá-lo. Impossível é levar vida santa e permanecer internamente um demônio.

Dai-vos por conseguinte, realmente e sem reserva, movidos pela razão e pela convicção. Se o corpo se queixar, mostrai-lhe quanto lucra em proceder bem, uma vez que lhe seria necessário levar a mesma vida, embora não o quisesse.

Quanto ao espírito, mostrai-lhe quanto servir a Nosso Senhor é nobre, bom, grandioso. Fazei-lhe ver quão excelente em si mesmo é esse serviço. Dai-vos e trabalhai, não por interesse, mas por amor.

Do pecado, ofensa a Deus

Aquilo que, nesta terra e em nós, mais desagrada a Deus, é o pecado, verdade esta que se impõe à nossa atenção. Os justos, os Santos não foram dele isentos. E quanto a nós, não temos na consciência muitos pecados, pelo menos veniais? Nunca nos foi dado chorar os mortais?

Neste mundo há um único mal, uma só coisa que devemos recear: é o pecado. Tudo o que foi criado agrada a Deus, até os entes que nos parecem nocivos: nem o verme, nem o lodo ofendem a Vista divina; gozam do seu estado natural. Mas o pecado é uma perversão da Vontade divina, uma degradação de sua obra, uma contradição de sua natureza e do seu Ser divino, e tende, por si, a aniquilar o próprio Deus, negando e atacando seus Atributos. Ora, seus Atributos são sua própria Natureza.

Consideremos, pois, a terrível ofensa a Deus.

I

O pecado é uma ofensa e um insulto à soberana Autoridade de Deus, à sua Majestade e ao seu Império. É um insulto da criatura ao Criador.

Crê-se, facilmente, que o pecado não contraria tanto a Deus, não o toca de tão perto, visto não se irritar e não o castigar imediatamente. E no entanto, haverá algo de mais grave que faltar ao respeito para com o superior? Na sociedade civil, mesmo de igual a igual, causa ódios, duelos e guerras. Numa palavra, é um crime.

Negar a um superior o lugar e as considerações que lhe são devidas equivale a desprezá-lo. Demos toda a nossa atenção, pois as menores falhas não passam despercebidas. Nada as desculpa. Julgamos sempre ter recebido a necessária educação para respeitar o próximo, e, do nosso lado, rejeitamos a companhia de pessoas mal-educadas. Desprezamo-las e ninguém lhes dá importância.

Pois bem, merecerá Deus que se falte à civilidade para com Ele? Não é o Reis dos reis, Aquele a quem tudo está sujeito no Céu e na terra, a quem os elementos obedecem, a quem os Anjos não ousam olhar sem tremer e cujos desejos lhes são ordens?

Os animais, as plantas, os seres inanimados reconhecem o domínio de Deus, e obedecem-lhe: mesmo sendo uma obediência inconsciente, não deixa de ser todavia uma homenagem à autoridade que os governa.

Só o pecador ousa desprezar a Autoridade Divina. Deus dita a lei, ameaça, pune os transgressores; e o pecador zomba de Deus, das ameaças, das punições.

Não vos moveu tal sentimento? É possível; mas vossos atos fazem-lhe às vezes e se não o insultais diretamente, francamente, essa indiferença, esse esquecimento, em si, equivalem ao desprezo – e o mal não é menor.

Atenção. No Juízo Deus saberá mostrar-vos tais atos de desprezo e vos dirá: "Obedecestes aos homens; porventura não valia Eu um homem? Respeitastes a criatura e reservastes os insultos para o Criador? Merecia Eu isso?" E não sabereis como responder a essa Justiça irritada, em cuja luz distinguireis, minuciosamente, todo o horror do pecado, com suas conseqüências incalculáveis, suas intenções mais recônditas.

Mas tantos outros ofendem a Deus. Quereis, então, danar-vos com eles? E ofendereis a Deus porque Ele não pune logo os seus insultadores?

E nós pecamos em Presença de Jesus Cristo no Santíssimo Sacramento, de Jesus vivendo aí sua Vida de Homem-Deus. Imitamos aqueles carrascos abomináveis que o vieram insultar face a face, no Calvário! Pelo menos, no Pretório, não ousaram ultrajá-lo, sem lhe cobrirem o Rosto, e nós, por preguiça, negligência ou coisas semelhantes, cometemos, sob seu Olhar direto, culpas que são verdadeiros sacrilégios veniais, concedo, porém sacrilégios de todo modo.

Ah! tivéssemos um pouco de delicadeza de alma e nunca ofenderíamos a Deus. Não é preciso ser escrupuloso para evitar as mesmas aparências do pecado (escrupuloso é quem vive sempre num meio consentimento), basta ser delicado. Se há estima, não há insulto.

Nós vemos os homens, mas quanto a Deus, por não o alcançar nossa vista, nem sequer nele pensamos.

Não tendes então Fé? A Fé é uma vista genuína que nos faz ver as coisas de Deus com mais certeza que os objetos exteriores. Vemos pelos olhos da Fé como pelos da inteligência. Podeis ver as relações da ciência, as leis do número? Todavia credes nelas. Por que, então, não crer em Deus?

Nosso maior mal é a preguiça, a negligência, o esquecimento, o desânimo, provas da fraqueza da nossa Fé, do nosso respeito, do nosso amor. Queremos tudo o que nos faz prazer e recusamos tudo o que nos contraria.

Quantas vezes também não nos reteve o respeito humano e, transgredindo sua Lei, com receio dos comentários, deixamos a Deus, pelos homens. Que desprezo, ou que indiferença! E é Deus a quem tratamos desse modo!

II

O pecado opõe-se à Santidade de Deus, isto é, à Natureza Divina. Deus é essencialmente Santo. A Santidade é seu primeiro Atributo, e tudo o que há de bom, de belo, de verdadeiro, nela se encontra. E o pecado ataca essa mesma Santidade.

Maculamos em nós a Santidade divina, uma vez que em nós habita. Recebemos no Batismo sua emanação, que nos tornou santos e semelhantes a Deus pela Graça santificante, e maculamos essa imagem divina. Nossa alma pertence a Deus, nosso corpo é o templo do Espírito Santo. E nós, membros de Jesus Cristo, ousamos profanar-lhe o corpo, lançamos a Jesus e à alva veste de santidade e de justiça que nos concedeu, numa cloaca, entregamo-la ao demônio.

O pecado é infecto, sobretudo o pecado de sensualidade. É uma corrupção, uma dissolução podre, que torna nossa alma um cadáver horripilante: e Deus nos vê nesse estado! Que horror não lhe devemos inspirar, a Ele, aos Anjos, aos Santos, cujo olhar nos acompanha!

São Paulo recomenda-nos respirar o suave aroma de Jesus Cristo, e exalamos um cheiro mau. Há santos que reconhecem os pecadores pelo cheiro que deitam. Ah! se nossos pecados exalassem o seu cheiro natural, sensível e que no-lo dissessem, que vergonha! Conta-se que Antíoco, em castigo do seu orgulho, padeceu de uma chaga tão infecta que transmitiu a peste a todo o exército. Eis a exalação dos nossos pecados.

Maculamos, por conseguinte, a Santidade de Deus em nosso corpo e em nossa alma, pelo pecado. Como poderá Deus continuar a visitar a alma em que habita o mal? Como pisar lá os pés? E todavia fazemo-lo descer nessa cloaca impura. Ah! francamente, nem sequer pensamos nisto!

Vá, quanto aos pecados de fraqueza, simples poeira inerente à nossa miséria, e que não inspiram horror a Deus; mas que dizer dos pecados da vontade, da afeição, do hábito?

Melhor seria não receber o Corpo de Nosso Senhor, que o aproximar de um coração repleto de pecados inveterados. Ele só virá com aversão e, por estar preso, violentamo-lo e Ele nos obedece. Na morte, todavia, nos mostrará sua vingança – e terrível será sua voz: "Como ousaste me receber num corpo contaminado pela abominação?"

Ousamos levar nosso lodo corrompido até o Corpo de Jesus Cristo e maculá-lo, pois essas Espécies em que tocamos são o próprio Cristo e lhe estão inseparavelmente unidas. A Igreja quer que lhe seja prestado o mesmo culto de latria que prestamos a seu Corpo visível e nosso contato abominável atinge-o diretamente.

Mas, em nossa alma, o pecado toca a própria Santíssima Trindade, que nela habita, maculando-a com seu mau cheiro. A Santíssima Trindade, Pai, Filho e Espírito Santo, vem a nós substancial e realmente quando comungamos, de sorte que o pecado a tudo ataca, Deus, as Três Pessoas divinas, Jesus Cristo, isto é, o auge da Santidade.

Ah! como tolera Deus tais coisas? Se não adiasse seu castigo, seríamos açoitados constantemente, à porta do templo, como Heliodoro! Sua Bondade nos tolera, mas a bondade dá por acaso direito ao insulto?

Que pensamento nos dirige? De modo algum queremos dizer: "Trato a Deus como trataria ao último dos servos!" Não quereis pensar nisto. Mas sois obrigado a prestar toda a atenção. Não é lícito cometerem-se crimes por distração. Quem chegou a olvidar deveres tão essenciais, como seja o respeito devido à Santidade de Deus, é mais culpado do que quem, deixando-se levar pelas paixões, o ofende.

Oh! a Santidade divina se vingará um dia e armará o braço da Justiça, pois Deus não pode deixar-se profanar desse modo. Terrível é dizê-lo, mas fazemos servir Deus a nossas iniquidades, o que lhe provocará uma queixa: *"Servire me fecisti in peccatis tuis"*. Não podemos fazer um movimento sequer sem a cooperação de Deus, sem que ele nos mova, em virtude da vontade atual, e desviamos assim a força e a vida que nos dera, indo de encontro a seus desígnios. E aquilo que era bom em si, por partir dele, nós o viciamos. É uma violência que lhe fazemos. Mas sua hora de soar, e sua vingança será eterna.

III

Finalmente, o pecado é uma injúria à Bondade de Deus, e uma ingratidão abominável. Será possível que, vivendo de sua Bondade e de sua Misericórdia, ainda o ofendamos?

Deus é tão bom que se lhe fosse possível morrer novamente por nós, fá-lo-ia. E porque é Bom, ofendemo-lo.

Porque não nos castiga logo, aproveitamos para pecar ainda outra vez. Oh! quão natural é exclamar-se ante tanta bondade: "Sou a abominação de quanto existe!" Tendes razão! E como o pecado se mede pelas Graças e favores concedidos pela Bondade divina, podemos avaliar o que sejam nossos próprios pecados.

A frieza do amigo magoa mais que a ofensa do inimigo. E quão pouco delicados somos para com o melhor dos amigos!

Se, pelo menos, nos escondêssemos para ofendê-lo! Mas não, pecamos sob seu Olhar eucarístico e enquanto o adoramos, prostrados aos seus pés, ofendemo-lo. Ah! que fazer? Ter horror a si, ter-se em conta de um desgraçado, de um miserável.

"Deus, no entanto, trata-me como amigo." Prova maior da sua Bondade. Mas quanto a vós, se eu vos dissesse que todos os pecados florescem em vossa alma; se o pudesse revelar e mostrar-vos aos olhos de todos, tal qual sois aos Olhos de Deus, que diríeis então? Rubros de vergonha, desejaríeis desaparecer debaixo da terra. Pois bem, corai então, pois Deus vos vê. Ah! evitemos sobremodo o pecado e não o cometamos mais. Perdoa-se ao filho não ajudar aos pais, nada saber fazer, mas não se lhe perdoa insultá-los.

Parti deste princípio de bom senso, de que não deveis fazer a Deus aquilo que não faríeis ao próximo.

Tenhamos, pelo menos, a mesma dose de honra do soldado que quer passar seu tempo de serviço sem levar castigo, unicamente para poder dizer que não foi castigado. Não teremos então nem esse sentimento trivial de honra? E não poderemos passar um dia sem pecar? Ah! que tristeza!

Por favor, não ofendais mais a Deus. Sede mais ou menos humildes, pacientes, mortificados; praticai – ou não – belos feitos; se não tiverdes virtudes, paciência! mas rogo-vos ao menos não ter pecados!

Dos efeitos do pecado venial

É certo que o amor de Deus a tudo substitui, a tudo supre. Mas enquanto não conseguirmos nos purificar do pecado, esse amor não será genuíno, ou pelo menos bastante forte, pois o primeiro efeito do amor é purificar-nos.

Falta-nos ainda, por conseguinte, examinar o pecado, assim como suas conseqüências funestas, para que nos inspire horror.

Donde vem termos tão pouco ódio ao pecado, até nele permanecermos tranqüilos? Sabemos que habita em nós, pois se dá a conhecer, e não tomamos o devido cuidado para evitá-lo ou emendar-nos. É resultado da má vontade ou da negligência; é falta de delicadeza ou de amor a Deus.

Em breve seríamos santos, se fizéssemos por Deus e pela nossa alma o que se faz no comércio, ou em qualquer estado, para alcançar êxito. Preciso é que Deus nos remunere os serviços que lhe prestamos e os cuidados que tomamos de nossa alma, e mesmo assim será mal servido!

Que é, afinal, o pecado venial? É culpa leve e não mata a alma. Dito o que, não mais nos preocupará tal matéria. Oh! quantas coisas aprenderemos no Purgatório! Desde já, porém, vejamos quais os efeitos do pecado venial, para compreendermos a necessidade de evitá-lo.

Não falo das culpas de fraqueza, de fragilidade, contra as quais nos defendemos, que só cometemos por surpresa, que abandonamos logo em seguida, mas sim da afeição ao pecado venial, que no-lo faz cometer com facilidade, sem percebermos o mal que opera, que nos deixa tranqüilos depois da queda. Falo, numa palavra, do pecado venial que se comete por afeição e em que se permanece por hábito.

I

Ora, o pecado venial entrava a ação divina em nós e quando Deus o encontra nas veredas da alma, seu Poder se paralisa, e Ele nada pode.

No outro mundo a Justiça se faz sem aquiescência do culpado, mas aqui gozamos sempre de liberdade e Deus só poderá operar em nós enquanto houver consentimento da nossa parte, sendo que a vontade perversa do homem em repelir o Poder divino é mais forte que a Vontade divina. É bem verdade! Deus nada pode fazer com aquele cuja consciência está presa ao pecado venial por afeição. Impossível é-lhe unir seu Poder ao nosso, sua ação à nossa. O pecado é, por sua própria natureza, uma aversão a Deus, e constitui uma oposição de Essência a essência, de Natureza a natureza. Que resta a Deus fazer? Derrubar-nos. Mas Ele nos concedeu um tempo determinado para vivermos e gozarmos da nossa liberdade e saberá respeitar o seu decreto.

O pecado venial suspende o curso da Bondade divina, cuja efusão é a Graça. Ora, Deus de modo algum poderá conceder sua Graça àquele cujo ato equivale a recusá-la. Não pode tornar bom um ato mau por natureza. O pecado venial é a recusa oposta à Graça que solicita, anulando-lhe a ação. Deus, não podendo forçar a porta do coração, retira-se. Ele não empregará violência, pedirá tão-somente licença para entrar. As Escrituras o representam tantas vezes presente à alma, qual amigo que pede para penetrar, munido de Graças, suplicando a Israel prestar-lhe ouvidos. Nosso Senhor, também durante sua Vida, pedia que o recebessem de boa vontade, mas, à vista da má vontade, retirava-se forçado.

Refiro-me sempre ao pecado venial, que embora não possa destruir o estado de Graça, paralisa-lhe a ação. Não obsta o hábito de caridade, mas sim a sua eficácia, a sua prática.

O pecado venial está em contradição com a Graça atual, indispensável para obrar sobrenaturalmente. Sem ela, nada, absolutamente nada, poderemos fazer para a salvação. A Graça atual é uma luz, uma inspiração, é a operação de Jesus Cristo e de seu Espírito em nós. Ora, o pecado venial destrói ou impede seus efeitos. Obscurece a alma, encurta-lhe a vista, envolve-a nas trevas. A luz da Graça raia a todo momento para iluminar-nos a inteligência, mostrar-lhe os motivos sobrenaturais, o bem divino; mas se não lhe dermos entrada, desaparecerá. É o sol de amor que ilumina a pedra do nosso túmulo, enquanto permanecemos envoltos na escuridão.

E nisto o pecado venial corresponde a um instinto secreto da nossa natureza decaída. O homem teme mais a Luz de Deus que a sua própria Bondade. A luz permanece, paira. Os judeus não quiseram sequer ouvir a Jesus Cristo quando lhes queria ensinar a Verdade, mas o lapidaram.

Assim também não gostamos de ouvir um pobre narrar-nos suas misérias: damos-lhe, apressados, uma esmola para não presenciar semelhante espetáculo, que talvez nos sensibilizasse. Não gostamos de nos ver a nós mesmos, nem a Deus e sua Vontade naquilo que nos pede. Mas a luz que rejeitamos nos acusa, e com veemência tanto maior, quanto mais forte for. Que será de nós, que vivemos nas trevas do pecado, ante essa claridade radiante da Eucaristia? Bem podemos dizer que pecamos em plena luz, o que agravará nossos pecados e nos merecerá castigo maior.

A Graça é também calor vivificante em virtude do qual Deus deseja tocar nossa vontade e emocioná-la suavemente a fim de inclina-la a fazer aquilo que pede. Quanto ao pecado, é o frio, o próprio gelo do túmulo; impede que o calor divino penetre nos corações, receando despertar-nos do nosso entorpecimento. E, no entanto, o calor que emana do Santíssimo Sacramento é tão poderoso, tão ameno, tão benfazejo! Aí temos o centro do Coração vivo de Jesus Cristo.

Todavia, devido ao pecado, procuramos evitar esse calor e, ao sentirmos que Nosso Senhor nos apresenta o seu Coração para ganhar-nos pela ternura, fugimos. A idéia de que nos poderá dizer *Amo-te* nos amedronta, pois seríamos obrigados a responder: *Eu também, Senhor, vos amo!* Fácil será dizê-lo com os lábios e fugir, para não ser tomado ao pé da letra. Quando um inimigo se deixa abraçar, depõe as armas e torna-se amigo. Dar-se-ia o mesmo conosco, se não receássemos os deveres da amizade.

A Graça é ainda a ação do Espírito Santo, em virtude da qual renova e continua em nós a Vida de Jesus Cristo: "Recebe minha Graça e faz essa boa ação, esse sacrifício; trabalhemos juntos; dar-te-ei os fundos e os meios, e terás o mérito, colherás o fruto". Mas o pecado nos impede de aceitar tão amorosa proposta e rejeitamo-la; esse contrato de sociedade torna-se impossível, pois Nosso Senhor não saberia aliar sua ação ao pecado, que lhe é oposto.

O pecado venial é, pois, a ruína da Graça atual, cujas operações impede, destruindo-as. Prende Jesus Cristo à porta da alma e, pouco a pouco, destrói a Graça santificante. Assemelhamo-nos à água estagnada, que fonte alguma alimenta, que movimento algum purifica.

O pecado venial destrói a glória que deveríamos render a Deus pelas nossas ações. Deus é senhor e dono de nossa vida. Somos seus obreiros, seus servos, a quem confia talentos com que obrar, procurando – e isto é para nós dever indiscutível – a sua glória nesta terra. Lembre-mo-nos do castigo infligido ao servo que escondera o talento.

Pelo pecado deixamos de reconhecê-lo como Senhor nosso, a quem tudo devemos. Tomando o seu lugar, obramos para nós mesmos. Que glória lhe reverterá das ações inspiradas pelo amor-próprio? O pecado destrói tudo o que se poderia elevar até Ele, para glorificá-lo; reduz a nada a Glória de Deus em suas criaturas... Eis aí a guerra que o pecado venial faz a Deus, a seus Atributos Divinos.

II

Considerado nos efeitos que produz em nós, quão triste é o pecado venial!

Vede o que obrou nos Apóstolos. Convivem três anos com Nosso Senhor, vendo-o, ouvindo-o, gozando de seus milagres, das sua lições particulares e íntimas. Aproveitaram-se por acaso de tudo isso? De modo algum. Nem sequer corrigiram os seus defeitos. Ficam-lhes as ambições, as invejas, o amor-próprio. Qual, então, o obstáculo? O pecado venial. Nota o Evangelho os seus pecados, eram culpas leves, defeitos pequenos. Vede, no entanto, até onde isso os conduziu: fê-los fugir no Jardim das Oliveiras e Pedro renegar o seu Mestre. Judas também vivera na intimidade de Nosso Senhor e a sua infidelidade principiou com pecados leves.

Ah! é fácil viver na mais santa das vocações, passar a vida com o Santíssimo Sacramento, sem todavia se tornar santo.

Apiedemo-nos pelo menos de nosso Salvador, não o ofendendo diretamente. Não se repele um mendigo com injúrias, quando nada se lhe pode dar; o que Jesus pede é o nosso coração. A um benfeitor que nos pede um favor, não retribuímos com grosserias. E com quantos benefícios não nos cumula diariamente Nosso Senhor?

E não é tudo. O pecado venial, que paralisa o Poder de Deus, entrega-nos ao demônio e à natureza corrompida, domínio seu. Deixando-nos então mover por instintos naturais, pelo amor-próprio, alegramo-nos dos nossos êxitos, porquanto a natureza é muito hábil em se tratando de si mesma. E qual a parte divina nessas obras?

Com efeito, anulando pelo pecado venial a Graça atual, tudo o que fizermos sob sua influência permanecerá estéril. Deus nos oferece sua Graça: recusamo-la, rejeitando a sua direção – que infidelidade! – para dependermos unicamente de nós.

Sei que nem tudo o que o homem pratica naturalmente é pecado e que, sem a Graça sobrenatural, pode exercer atos bons e honestos de virtudes morais. Mas não sobem muito alto. Para um ato chegar ao Trono de Deus e ser coroado, é mister ser levado pela Graça, única força capaz de lançar seu jato até a Vida eterna.

Aliás, se a teoria é uma, a prática é outra. Descreio, em geral, das virtudes morais dos que não possuem as divinas. Quem recusa a Graça que Deus lhe oferece, para proceder naturalmente, procederá perversamente.

Com quanto mais razão se aplica isto a nós. Não cairemos do pináculo elevado da Graça, sem fraturar os membros.

Privar-nos-emos por conseguinte do mérito. Quem labuta no pecado, cansa-se e nada lucra. Mais, ainda, será castigado daquilo que lhe cabia fazer, para o qual recebeu a Graça necessária e que não fez. Nossas boas obras tornam-se então nossa própria condenação, porque o pecado venial inutiliza tudo o que toca. É o verme que corrói a raiz.

Aquilo que começardes inspirados pela Graça e que acabardes movidos por amor-próprio, não receberá recompensa. Assim também, o pecado venial torna más as coisas boas em si, espreitando-as para pervertê-las no remate. Assemelhamo-nos, então, ao lavrador que vê a geada arruinar de um momento para outro as esperanças e os labores do ano todo. Basta um pecado insignificante de amor-próprio, um olhar a si mesmo.

Finalmente o pecado venial torna-nos infelizes. O religioso tíbio é o mais desgraçado dos homens. Trabalha tanto quanto seus irmãos, mas não recebe, como eles, as consolações celestes que suavizam o trabalho: recusa-as. Deus não lhe pode fazer gozar da paz e da unção, pelos obstáculos do pecado, barreira que entrava a sua Bondade.

Não gozará, tampouco, das delícias da boa consciência, delícias que só florescem nas consciências iluminadas e visitadas por Deus. A sua, pelo contrário, em vez de ser um festim perpétuo, vive nas trevas e aspira o enxofre; o remorso e o temor lhe são uma tortura; tudo o fará tremer e levará em si um castigo contínuo.

O mundo não poderá chegar-lhe com seus prazeres, para lhe fazer participar dos consolos que proporciona a seus servos, e, caso abandone sua vocação para ir em seu encalço, isso só aumentará sua desgraça, pois arrastará por toda parte as cadeias de seus votos e de seus compromissos.

Oh! quão caro se paga o pecado venial! Entra lisonjeando, e permanece mordendo. É um formigueiro que rói o coração. Acabaram-se o prazer e a alegria na oração; não se quer mais ver a Deus. Porventura, já não o provastes pela experiência?

Coragem! Amemos a Nosso Senhor pelo menos bastante para não tornar a ofendê-lo e sobretudo não permaneçamos no pecado. Ergamo-nos logo pelo amor e pela penitência.

Como contristamos a Deus! Seria fácil, no curso do retiro, somar os pecados veniais de um só dia e o resultado seria temível! E se nos fosse possível enumerar os de toda a nossa vida! Os pecados veniais são incalculáveis. Basta-nos um minuto para cometê-los, enquanto os interiores pedem ainda menos tempo.

Crê-se, em geral, que a responsabilidade só existe relativamente aos pecados conhecidos. Digamos, daqueles que se cometem; conhecer e cometer são duas coisas.

Temos de prestar contas até de uma palavra inútil, disse Nosso Senhor. Se uma inutilidade qualquer entra em juízo, contai – se for possível – os pecados de indolência, de sensualidade, de vaidade, de amor-próprio. No Purgatório vê-los-emos e expiá-los-emos, sem exceção alguma.

Sejamos, pois, mui delicados em relação às mínimas culpas, em tudo o que diz respeito à consciência e à regra. Cuidado: aqueles que abandonaram a vocação começaram por bagatelas. Quando uma pedra se desloca da montanha, ninguém sabe onde vai cair. De quanto mais alto vem, tanto mais baixo cai.

Da expiação do pecado em Nosso Senhor

Meditemos no modo pelo qual Jesus Cristo expiou o pecado, pois, além de percebermos sua malícia, encontraremos idéias justas a respeito da reparação e da penitência.

Que mal faz, afinal, a Deus o pecado? Não destrói, não atinge, na verdade, a Essência Divina e nada rouba à sua felicidade. Que podem pigmeus contra um gigante?

Tal o raciocínio do mundo. Empregam-no por vezes também as almas devotas, como atenuante para os seus pecados.

Vamos à resposta! Deus, para nos fazer compreender o que representa a seus Olhos o pecado, entregou o seu próprio Filho para pagar, com todo o rigor, a dívida, e expiar, com toda a exatidão, a ofensa. O pecado merecia tudo quanto Jesus sofreu. Deus apenas satisfez as exigências de sua Justiça, condenando-o à Paixão terrível e à morte no Calvário.

Jesus veio, e, tomando a si nossos pecados, respondendo por nós, sofreu tudo o que nos cabia a nós sofrer. Se quiserdes, portanto, compreender a grandeza do mal, estudai a grandeza da reparação, o pecado e Jesus Cristo Crucificado.

Ora, como todo pecado provém de três fontes – o orgulho, a cobiça e o prazer da carne – vejamos como Jesus Cristo expiou este tríplice mal.

I

Ele tomou a si toda humilhação para reparar todo orgulho. O Verbo rebaixou-se até revestir a forma de escravo: veio para ser aniquilado, e toda a sua Vida não foi senão uma longa humilhação terminada pelo opróbrio do Calvário.

Humilha-se ao nascer. Os homens gabam-se, alegres, de sua origem, do seu sangue nobre, do solar onde nasceram. Para confundir esse orgulho de casta, Jesus nasce num presépio.

Eles referem-se com prazer à sua educação, aos mestres ilustres que a dirigiram; Jesus foge ao Egito e volta a Nazaré, lugar de tal forma difamado que um homem de bem exclamava: "Poderá, por acaso, sair algo que preste de Nazaré?" Aos olhos do público um nazareno era menos que nada.

Agrada-lhes dizer: "Sou oriundo de um belo país, de uma grande cidade, de uma terra rica. Jesus, apesar de pertencer à cidade real de Judá, diz ser de Nazaré. É que tinha um fraco pela humilhação e punha seu orgulho em ser confundido em tudo.

Os homens falam dos seus êxitos, dos seus estudos e gostam de ser tidos por sábios: Jesus era o Verbo de Deus; tudo sabia e, no entanto, durante trinta anos calase, passa por ignorante. É um simples operário, um carpinteiro. Fará mais tarde obras admiráveis, mas mandará que sejam ocultadas, caladas. Quando o forem glorificar, refugiar-se-á no deserto.

Os homens ufanam-se das sua relações com os nobres, os poderosos: "Esse homem ilustre é meu amigo, conhece-me, recebe-me", pensando assim crescer na opinião alheia.

Os grandes da terra não conhecem a Nosso Senhor, nem Ele às pessoas influentes. Pelo contrário, os ricos e graúdos são seus inimigos, por ser Ele pobre e vir da Galiléia. Cercam-no apenas os pobres, os ignorantes, a gente de costumes grosseiros; só o povo o segue e constitui o seu auditório habitual. Quanto aos outros, vêm somente para surpreendê-lo. Se, por acaso, um ou outro for por Ele atraído, tratará logo de se esconder e só virá com Ele à noite: freqüentá-lo é quase vergonha.

Eis como Nosso Senhor, em Vida, satisfez quanto ao orgulho.

Mas como falar nas humilhações de sua Paixão? Não as analisarei, são-vos familiares. Mas segui a Nosso Senhor em casa de Caifás, de Herodes, de Pilatos e vede o preço do orgulho! Vede-o na Cruz, entre dois ladrões, amaldiçoado por todos – e com certa razão, pois quis ser tido como culpado e, tendo-o condenado a justiça do seu país, é natural que os transeuntes exclamem ao vê-lo: "Maldito aquele que pende da Cruz!"

É amaldiçoado de Deus e dos homens, é um verme da terra. Não se ousa fitá-lo, tanto a humilhação, as humilhações de toda espécie, o desfiguraram e envolveram. Jamais um leproso provocou tamanha aversão.

Nosso Senhor abraçou a humildade e de tal maneira a amou e adotou, que só disso se glorifica e só a isso deseja ostentar: *"Discite a me quia humilis corde"*.

Eis o que custou o orgulho, o que o Pai exigiu do Filho para satisfazer sua Justiça e restabelecer os direitos de sua Majestade, ferida pelo pecado. Afirmareis ainda ser-lhe este indiferente?

Ora, cada vez que pecamos por orgulho, renovamos todas as humilhações de Nosso Senhor. Somos essencialmente orgulhosos e nossos pecados todos provém da soberba, quer direta, quer indiretamente. Destruí-la é estancar-lhes a fonte. A própria luxúria é quase sempre um castigo, pois Deus, no dizer de São Paulo, abandonou os homens que se entregaram ao orgulho, aos apetites insanos da carne. A avareza é fruto seu e o egoísmo – o *eu* em detrimento de tudo o mais, o *eu* alvo de todas as coisas – o seu ponto culminante. Todo pecado pode, por conseguinte, estabelecer seu parentesco, sua afinidade, com o orgulho. Por isso Nosso Senhor o expiou mais que a todos os outros e quis sobremaneira ser humilhado em tudo e a todo momento.

Mas existe uma espécie de orgulho mais perniciosa e que devemos evitar de modo particular: é o orgulho espiritual, que consiste em se gloriar das Graças divinas, em se fazer a si o fim dos dons sobrenaturais, em se coroar com os benefícios divinos. Orgulho que provém da nobreza da vocação, do sacerdócio, pelo qual se procura, em virtude de suas prerrogativas, elevar-se no conceito dos homens, atraindo-lhes a estima e a confiança. Tal o orgulho de Lúcifer no Céu, o pior de todos, o orgulho sacrílego.

É o mais sutil e o mais duradouro. Quando nos vangloriamos de certa qualidade natural, quer de fortuna, quer de ciência, será por pouco tempo, pois em breve encontraremos algum mais rico, mais sábio. Deste orgulho satânico, porém, quem lhe descobrirá a profundeza? A vida parece exteriormente confirmar a idéia que se pretende despertar: o mundo vê apenas as nossas Graças, o lugar que nos cabe no Santuário, ignorando a nossa indignidade, e essa soberba vai deitando raízes sempre mais profundas. É um roubo sacrílego; é apropriar-se dos dons de Deus; é arrebatar-lhe o amor das almas, a que só Ele tem direito, e para isso empregamos sua Graça, exercemos suas funções, utilizamo-nos dos dons sublimes que nos confiou.

Procuramos a estima em virtude da dignidade que Deus nos conferiu, como se a possuíssemos por direito, em recompensa devida aos nossos méritos. E sobre esses dons, todo gratuitos, que Deus nos concede para os cultivarmos e transmitirmos à sua família cristã, erguemo-nos um trono, aspirando à honra em lugar de Deus, a quem repelimos! Afirmo que esse orgulho sacrílego é pior que o de Lúcifer e seus anjos no Céu, pois eles não tinham visto a Jesus Sacramentado!

Ostentamos essa soberba em Presença de Nosso Senhor aniquilado e humilhado de um modo inaudito, a esses abatimentos de Cristo darão ainda motivo a que nos elevemos, até fazermos deles nosso escabelo.

Estou convencido, por conseguinte, de que todo castigo que Deus envia a seus eleitos, aos eleitos de seu Santuário, é apenas para puni-los desse orgulho abominável, que tem um fundo de veracidade e aparências tão ilusórias que só Deus o pode castigar. Notai as quedas que dão, os abismos em que se precipitam aqueles que se constituem seu próprio fim e recompensa, coroandose nos seus dons e detendo, em seu favor, as homenagens das almas!

Ao orgulho desses religiosos, com seus privilégios e belos hábitos, nada, na opinião do mundo, se pode comparar. Que nunca se possa dizer isso de nós. Lembraivos sempre de que Jesus Cristo está conosco, oculto, humilhado, privado de toda glória, de toda aparência sequer de glória divina e humana, e envolvei-vos na obscuridade em que Ele encobre sua Divindade, sua Humanidade, sua Glória e todos os seus dons, sem jamais vos apartar desse caminho.

Não vos podeis compenetrar de que, para expiar o orgulho, Nosso Senhor quer continuar, até o fim dos séculos, a ser humilhado na Eucaristia? Dos sofrimentos de sua Vida mortal conservou a humilhação, e nada mais. E podemos vê-lo sempre humilhado, ou antes, nem chegaremos a vê-lo, pois não tem mais ser, tem somente as aparências do ser.

As humilhações da Eucaristia só se perpetuam para contrabalançar os resultados funestos do orgulho espiritual, que assola a própria assembléia dos santos. Deus lhe deve ter muito horror para condenar seu Filho glorioso, que deveria reinar no esplendor e na majestade, a tais excessos de humilhação, até o fim, na Eucaristia.

II

Pouco direi do modo pelo qual Nosso Senhor repara a cobiça dos bens terrenos. A avareza dificilmente se tornaria o pecado de religiosos como vós, que, nada tendo, a nada pretendeis.

Todavia guardai-vos da cobiça, da ambição espiritual. Nada é mais vergonhoso que vir à religião, para nela adquirir posição e encontrar aquilo que não se pode obter no mundo. Alguns há que, não podendo alcançar êxito, por falta de talentos, se chegam à religião para herdar-lhe o nome, a posição, a influência, esperando conseguir de tal instituto, devido à glória que se lhe prende, um púlpito definitivo e personagens ilustres a confessar. É mais freqüente que se pensa, proceder alguém deste modo. Tais pessoas mereciam ser fulminadas pela Cólera Divina!

Se procurássemos a causa dos castigos terríveis que, durante a Revolução, recaíram sobre as Ordens Religiosas, certamente não vos havíamos de enganar se os atribuíssemos aos seus membros, religiosos antes para se satisfazerem a si que a Deus, antes para trabalharem por interesse próprio que pela Glória Divina.

Para expiar os males da cobiça, Nosso Senhor nasceu pobre, de pais pobres; trabalhou para ganhar o seu pão; aceitou o auxílio da caridade e pobre morreu, sem possuir, sequer, uma mortalha para ser sepultado. Viveu sem apoio, sem protetores, sem posição, indo de cá para lá, segundo as atrações do Espírito, sempre pregando, ora acompanhado, ora abandonado, até poder dizer de si mesmo: o Filho do Homem veio para servir, e não para ser servido.

III

Nosso Senhor espiou a concupiscência da carne pela austeridade e pelos sofrimentos de toda a vida, mas sobretudo pelas angústias da sua Paixão. Admira-se a coragem de Deus Pai em condenar o seu Filho a tormentos tão cruéis quanto aqueles por que passou. Era imprescindível, no entanto, para reparar a sensualidade, os pecados da carne. O Pai nada suavizou ao Filho. Não se deixou vencer pela longa oração, repassada de Lágrimas, de Suor e de Sangue, que Jesus Cristo lhe fez durante três horas seguidas no Jardim das Oliveiras. Não! Tudo isso era necessário para expiar os pecados de sensualidade.

Foi na sua Agonia sangrenta que, no dizer de alguns santos, Nosso Senhor reparou sobremodo os pecados de pensamento.

Serão tão graves então esses pecados? Por certo, pois haverá muitas vezes maior sensualidade nos pensamentos que nos atos; sucedem-se sem interrupção, e neles demoramos sempre que quisermos, enquanto que os atos são passageiros. Foi porque Nosso Senhor se sujeitou durante três horas à crucifixão de sua Alma, sofrimento tão grande, tão intenso quanto o da Cruz, pois foi-lhe necessário um auxílio todo especial de sua Divindade para não sucumbir. Sua Alma alquebrada abandonava-o. Oh! quanto o fizeram sofrer nossos maus pensamentos, impondo-lhe, independente do mais, a longa Paixão de Getsêmani.

Agora, quanto à sensualidade da gula. O Salvador, que sempre vivera como pobre, contentado-se, a maior parte do tempo, com pão e água, nada provou no correr da Paixão. Depois de ter suado Sangue e água, de ter sido flagelado com três mil golpes, de percorrer, sob o ardente sol oriental, as ruas de Jerusalém, carregando a Cruz, cai extenuado, atormentado pela sede viva. Todavia esperará o Calvário para manifestá-la e por única resposta lhe oferecerão vinagre.

A sensualidade do leito. Não é o leito da Cruz bastante duro? E o de Getsêmani? E o primeiro não foi a palha do presépio? A terra nua, uma pedra pelo caminho, servir-lhe-ão, no correr de sua Vida, de leito e de travesseiro. A palha, a terra e a Cruz, eis como Jesus satisfaz as imortificações do deitar.

Quanto ao pecado de impureza, não ouso sequer mencioná-lo nem mostrar como o Senhor o expia, tão humilhante fora a Jesus encarregar-se também de tão horrendo pecado.

Ele, a Pureza em Pessoa, é conduzido perante Herodes, incestuoso. E de que se compunha a corte deste impudico? Que olhares se fixavam em Jesus? E Pilatos, e os carrascos, que eram, senão idólatras dos sentidos como todo pagão? Jesus consentiu na vergonha da nudez, do despojamento completo ante esses miseráveis; é na nudez da Cruz que se apresentará até o fim do mundo, exposto ao escárnio dos libertinos tanto quanto às adorações das almas puras. É um verme da terra! Nu estará na expiação e se cobrirá de ignomínia para expiar o pecado que Adão cometeu na nudez inocente, revestido de glória. Não, não existe na criação ente algum tão nu quanto Nosso Senhor em sua Paixão.

E a vaidade da sensualidade, a vaidade do corpo, vede como Nosso Senhor a repara. Adoram-se os cabelos, cobre-se o rosto com pó de arroz: Jesus tem a Cabeça ferida por uma coroa de espinhos e as Faces cobertas de escarros. Os Pés calçados com tanta delicadeza e que nos levam ao mal; as mãos alvas e delicadas que o executa, não estão em Nosso Senhor atravessadas pelos pregos? E por sermos vaidosos e sensuais em todos os membros, não lhe resta em todo o Corpo parte alguma sã.

Eis como se opera uma reparação digna, fazendo exatamente o contrário do mal e reparando-o sob todas as formas. E eis por que os Santos passaram toda a sua vida na mortificação.

O homem resume-se todo em três coisas: o espírito, com seu orgulho; o coração, com sua cobiça; a carne, com sua concupiscência. Jesus expiou estes três males, estes três focos de pecados.

IV

Mas, se o Pai Celeste exigiu do Filho tamanha reparação, que será de nós? Que tormentos nos suscitará, não mais para expiar, e sim para nos punir?

Vemos, por conseguinte, em Nosso Senhor o que vale o pecado. Se fosse de somenos importância, Deus não se armaria de toda a sua Justiça contra seu Filho, por Ele ter aceito a responsabilidade daquilo que nunca cometera. Deus deixaria de ser Deus antes de tolerar o pecado sem o punir. E na hora da morte, apesar de terdes levado vida de santo e operado milagres, se vos restar ainda um único pecado, um pouco de poeira pecaminosa, nada mais, ser-vos-á necessário passar pelas chamas do Purgatório para vos purificar.

Deus não encara o pecado como uma bagatela. Somos filhos seus, e nosso lugar está no Céu. Lá, ele nos espera para nos apertar ao peito. Enquanto tivermos, porém, um só pecado, Ele nos guardará à distância, se preciso for, durante séculos.

Ouvi-me com atenção. Cometestes no correr da vida algum pecado mortal? Então merecestes o inferno e por que não fostes nele lançado? A justiça, ao deixar impunes os culpados, deixa de ser justiça. Será que Deus deixou de ser justo? Não. Ele vê o Filho que lhe implora por vós, Jesus suplicando ao Pai irritado de não ferir e sim esperar mais um pouco. Ele vos aperta contra seu Coração, cobre-vos com seu Corpo: "Quero ressuscitá-lo, dar-lhe meu Sangue para purificá-lo; permiti que o salve".

E o Pai espera ainda! A Justiça suspende seu curso e, em vez do castigo, encontramos um trato honroso, somos cumulados de Graça, de favores. Nesta vida a Bondade domina a Justiça. Assim não será na outra!

Expiai, pois, vossos pecados, lamentando-os sem cessar. São Pedro não permanece por muito tempo no pecado e no entanto chora-o toda a sua vida. Expia sobretudo aqueles que atacam a Nosso Senhor em seu Coração. Nunca nos perdoamos a nós mesmos se ofendemos algum amigo.

Deus, sem dúvida, vos perdoou, mas vós, não vos perdoeis! Sejamos para com Deus tão bom quanto o filho a quem a mãe perdoou e que, apesar disto, volta sempre a lhe pedir novamente desculpas, tal a pena de ter ofendido uma mãe tão amorosa.

Do inferno

Falemos do inferno – que mereceu a atenção dos grandes Santos e lhes forneceu poderoso auxílio e novos motivos para amar ainda mais a Nosso Senhor. O amor constitui a santidade, mas, por vezes, é-lhe necessário apoiar-se no temor, que, em dados momentos, se torna indispensável.

I

Confesso que o assunto me amedronta. De todas as Verdades, a mais difícil de se crer é a do inferno. Todavia é tida por todos, tanto pelos infiéis, pagãos, turcos e hereges, como pelos católicos. Aos incrédulos, no entanto, ou àqueles cuja fé adormece, esta verdade apavora e, se lhes for provada, blasfemarão contra Deus. Países há em que não se pode falar do inferno sem escandalizar e afastar a gente.

O inferno só produz impressão salutar naqueles que amam a Deus. Quanto aos outros, apenas lhes dará motivo a que o insultem cada vez mais, blasfemando ainda a Justiça Divina.

Ora, como será que Deus, tão Bom, possa condenar uma de suas criaturas, criadas no amor, um filho seu tão querido, ao inferno sem fim? É verdade, porém, que, depois da nossa morte, Ele será destituído de misericórdia. Poucos serão os eleitos, é Ele quem no-lo diz. Dos dois caminhos, um que leva à vida e outro à morte, o primeiro é pouco procurado, o segundo está repleto de gente, o que nos leva a crer que os homens, em sua maior parte, serão condenados. Não no-lo insinuasse o Evangelho, o que vemos, infelizmente, no-lo faria recear.

E o mistério torna-se cada vez mais obscuro. Como pode Deus, infinitamente Bom, precipitar no inferno – e por toda a eternidade – um sem-número de almas? Vemos homens que não querem condenar à morte o pior dos celerados, e Deus, impiedoso, condena – e a que morte, a que tormentos! A Misericórdia parece, todavia, se prolongar até a outra vida, pois perdoa às almas do Purgatório. Mas será sem piedade para os danados. Condená-los-á e deles zombará. *Subsannabo!*

No entanto, há almas perdidas que o serviram por largo tempo, que na terra passaram por santos: *Subsannabo!* Deus encontrou nelas uma só culpa mortal e, sem levar em conta serviço algum prestado, lançou-as no abismo ardente.

A eternidade! A eternidade do castigo, da privação de Deus! Só o pensamento arrepia-nos, enche-nos de terror! A eternidade do desespero sobretudo, da vergonha dos suplícios, cuja simples enumeração nos faz tremer. Compreendem-se esses doutores que negavam a eternidade dos castigos, alegando repugnarem por demais à Bondade divina, e diziam não dever o inferno exceder a mil anos – erro condenado pela Igreja. Fácil foi a semelhante doutrina encontrar adeptos, por acalmar o medo do inferno e da eternidade das penas, tranqüilizando o espírito atormentado. Não. É ilusão. A angústia será perene e haverá o ranger dos dentes, o arrancar dos cabelos, o roer do desespero, lei que rege o inferno para todo o sempre.

O desespero, já nesta vida, é o mais cruel dos sofrimentos e só o auxílio especial da Graça no-lo fará vencer. Quem não tem fé, prefere-lhe a morte e livra-se por golpe fatal. Mas no inferno não se pode lançar mão deste meio e vive-se numa agonia perpétua, nas angústias de um desespero sem trégua, sem o apontar do menor raio de consolação, ou o refrescar a alma de uma só gota de água.

Vou narrar-vos uma cena que ficou profundamente gravada em meu espírito e que vos dará uma idéia desse sofrimento de desespero.

Trouxeram-me, em 1852, um possuído do demônio, homem honesto e, nos momentos de folga, excelente cristão. O demônio falava por sua boca, blasfemando contra a duração, sem fim, de seu castigo. Um padre, que estava presente, disse-lhe: "A que condições te sujeitarias para obter, num milhão de anos, um raio de esperança?" E eis que esse demônio, que dizia ter sido no Céu um serafim e chamar-se Astaroth, iluminou sinistramente a face do possesso e disse-nos numa voz dominada pela raiva: "Se houvesse do inferno ao Céu uma coluna coberta de foices, de punhais, de outros instrumentos cortantes e que nos fosse preciso galgá-la todos os dias durante esse milhão de anos, fá-lo-íamos todos para poder ter um raio de esperança! Mas é tudo em vão!" E, blasfemando de raiva e de cólera, lançou imprecações contra Deus: "Oh! como Deus é injusto! Vós, homens, pecastes mil vezes mais que nós. O nosso pecado foi um só, enquanto que vossos crimes são renovados diariamente. Todavia Ele a vós perdoa, dá-vos todo amor e guarda-nos a vingança da justiça!". E, desesperado, arrancava os cabelos, sendo-nos preciso retê-lo para que não se matasse.

Recordai-vos também do rico condenado de que nos fala o Evangelho. Roga ao pai, Abraão, dar-lhe uma gota, uma única gota de água para humidecer-lhe os lábios ardentes. "É impossível, responde o Senhor, existe entre nós um abismo insuperável. Gozastes na terra e agora sofres teu castigo". Ouvistes? Esse homem não cometera nenhum dos grandes crimes que a justiça humana castiga; gozara apenas imoderadamente dos bens terrenos, e é condenado para todo o sempre, sem esperança e sem consolação.

O maior sofrimento dos danados não é o sofrimento físico, mas sim o moral; seu maior suplício está na imaginação, na memória, na inteligência.

E quanto, sobretudo, não devem sofrer aqueles que passaram a maior parte da vida fazendo o bem, ou que, como aquele padre Saprício, de que fala a História da Igreja, foram até sofrer os primeiros tormentos do martírio, e que não souberam ir até o fim! São esses os que mais sofrem. Amaram a Deus e só agora percebem quão fácil lhes teria sido a fidelidade. Tiveram um antegosto da ventura eterna quando serviam a Deus e agora vêem-se afastados para sempre! Para sempre, pois, como disse o Sábio, há três abismos que nunca dizem basta: a avareza, a morte e o inferno!

A conclusão a tirar é um justo temor para trabalharmos receosos e trementes na obra da nossa salvação. Almas há no inferno que certamente pecaram menos que eu! Oh! quão bom foi Deus, não me fulminando, conforme merecia, por ocasião do primeiro pecado. Se me tivesse condenado, nada me cabia dizer: o assassino cala-se ao ouvir a sentença. É a lei de Talião. Ora, um dos meus pecados mortais condenou Jesus Cristo à morte. Sou, portanto, seu carrasco, seu assassino!

Não faltarão, certamente, ao inferno almas tidas em vida por santas. O mesmo se poderá dar comigo, visto terem sido elas mais santas que eu! Que Bondade a de Deus em não me abandonar! Por outro lado, quem sabe se alcançarei a perseverança final – questão magna. Quero, é certo, mas hei de querer sempre?

O pecado não nos inspira bastante horror e, uma vez cometido, falta-nos a necessária coragem para expiá-lo devidamente. Confia-se no futuro e diz-se: "Quando estiver doente, confessar-me-ei; farei um bom ato de contrição, garantindo desse modo a salvação". Quão profundo erro! Nosso Senhor prometeu que há de vir qual ladrão, zombando de nós e frustrando-nos os cálculos.

E quem sabe se não tornarei a pecar mortalmente? Quem sabe se, levado aos tribunais em virtude de minha fé, não apostatarei? Resultado lógico da negligência que pouco a pouco se insinua. Só a dúvida já é cruel. Quem sabe se é digno de amor ou de ódio? Palavras terríveis que ao próprio São Bernardo amedrontavam.

Empreguemos, pois, meios enérgicos e não confiemos somente nos desejos e nas resoluções. Não há descanso em se tratando da eternidade. Quem sabe se já não desço num plano inclinado? Se não me encaminho para o pecado mortal?

Examinai-vos para verificardes quais vossas tentações, vossos pecados veniais: são as cordas frágeis de que se utilizara Dalila para enlaçar a Sansão, antes de lhe conhecer o segredo. Ele as rompia sem dificuldade e levantava-se. Um dia houve, porém, em que se deixou levar completamente e seu fim desgraçado não vos é estranho.

Tais pecados veniais, tais tentações levarão quase sempre ao pecado mortal. Em primeiro lugar, as tentações contra a pureza. No dizer de Santo Afonso de Ligório, só haverá no inferno almas arrastadas em conseqüência da impureza, ou pecados de tal natureza.

Em segundo lugar, as tentações de orgulho, sobretudo do orgulho espiritual e satânico, que leva sempre à apostasia. Cuidado. É o inferno que se aponta. Isto vos fará refletir e talvez vos converta.

Se a vista do inferno, de um lado, e do Amor imenso e infinito que Deus nos tem, do outro, não nos impressionam, caminhamos para a perda eterna! Apresente-se uma ocasião e ai de nós!

Sei que alegareis, para vos desculpar aos vossos olhos, pertencer ao Santíssimo Sacramento, viver com Jesus vosso Salvador, de modo a nada recear. E não vivia Judas também com Jesus? Mas amo a Deus. Judas também amou a Nosso Senhor, mas a tibieza, que se introduziu lentamente, apagou a chama e ele se tornou, então, o sacrílego carrasco do Mestre.

No Calvário havia dois ladrões: um Santo, declarado tal por Nosso Senhor mesmo, e outro réprobo.

Viver com Jesus Cristo, em presença do seu grande Sacramento de Amor, é tudo para quem quer a todo o custo salvar-se, mas só agravará o castigo de quem aí se danar. Cairá do Céu, com os anjos revoltados, e com eles rolará até o fundo do abismo, encontrando suplícios mais cruéis, torturas tremendas. *"Potentes potenter tormenta patientur."*

Da Misericórdia de Jesus

Meditemos na Bondade de Nosso Senhor em nos perdoar.

I

Ofendemo-lo muito e nossos pecados excedem os dias de nossa vida, pois podemos ofendê-lo por cada um dos nossos pensamentos e até entremear o pecado às boas obras. De modo que, se Deus não fosse infinitamente Bom, o natural seria desesperar à vista de tantos pecados e das inclinações que ainda nos levam ao mal.

Se, pelo menos, nossas ofensas proviessem das paixões de nossa natureza corrompida, mas, ao contrário, aproveitamo-nos das Graças, dos dons divinos, do próprio Deus, de tudo enfim, para pecar. Entenda-se, quando nos orgulhamos das Graças da nossa vocação, ou do Sacerdócio. Tais culpas causam-lhe um duplo pesar, porque maior será a malícia quanto mais excelentes forem as graças recebidas. Além de que, Ele nos considerava como amigos seus, e quanto não fazem sofrer as feridas infligidas por um amigo!

A malícia de quem abusa das Graças de escol de Deus é tão grande, e tão digna nos parece de sua vingança, que a maior parte daqueles que caem, depois de terem sido cumulados de bens privilegiados por Deus, permanecem no mal, não tanto por nele se comprazerem, como por desesperarem do perdão para tamanho pecado. Demais, cabe a todo pecador encarar a Deus, tão-somente, em sua Misericórdia. Ao considerar seus outros Atributos, sua Santidade, sua Majestade e, sobretudo, sua Justiça, sentir-se-ia como que esmagado.

Mas quem não olharia com confiança para Jesus Cristo tão Bom, tão Misericordioso, a Misericórdia Encarnada? Os pecadores chegavam-se a Ele sem receio, enumeravam seus crimes, exprimiam seu pesar e recebiam seu perdão.

A acusação de uma culpa feita a um homem, por melhor que seja, nos inspirará medo e nos fará corar, porque em sua santidade lemos nossa condenação. Como ele, poderíamos ter perseverado. Mas a Jesus vamos com confiança. É o Salvador, o médico, Aquele que veio apenas para erguer os que tinham caído. Nele não se vê o olhar do homem, ainda menos o do acusador, do juiz. É a própria Misericórdia.

Jesus é todo compassivo. São Paulo, anunciando-o, dizia com muita razão: "A Bondade e a Misericórdia de nosso Deus manifestaram-se em Jesus Cristo, o Salvador". A compaixão amolda seus pensamentos, sua expressão, todos os seus atos. Ele timbra em se mostrar revestido sempre de clemência, para que os pecadores mais culpados, mais obstinados, a Ele se cheguem. Nas catacumbas, nossos pais que viveram ao seu lado representavam-no sob a efígie de Orfeu, que, pela harmonia de sua lira, seduzia os animais ferozes, atraindo-os, prendendo-os cativos, a seus pés. Assim também Nosso Senhor atraía os pecadores que o cercavam e em cujo meio gostava de se conservar, restituindo-lhes a Vida pelas suas palavras: "Vim apenas para os pecadores e as ovelhas desgarradas".

Velava para que, em circunstância alguma, fosse desfigurado esse caráter de sua missão. Quando os filhos de Zebedeu quiseram castigar uma cidade que se recusou a recebê-lo, Jesus repreendeu-os severamente: "Não sabeis que espírito vos anima".

Afirma-o em alta voz, ante a má vontade e as calúnias dos fariseus: "Não aqueles que gozam de boa saúde, mas sim os enfermos, precisam de médico".

Tal a sua missão: perdoar, salvar, ser compassivo. Diz São Paulo que o Pai o enviou para testemunhar, por todos os séculos, as riquezas superabundantes de sua Bondade e Misericórdia. Tirai a esta do seu caráter e Jesus Cristo não existirá mais.

Na instituição da Igreja e do Sacerdócio, não quer senão perpetuar, para todo o sempre, sua compaixão, não cabendo aos Padres conferir certificados de virtude aos justos, mas, sim, absolver e consolar os pobres pecadores.

II

Ele nos espera. A justiça, a menos de se mostrar fraca, exigirá a punição em seguida à culpa. Mas, Jesus, como o vinhateiro do Evangelho, pede uma delonga.

Pede ao Pai, pronto a exercer vingança, mais um pouco de paciência. "Amo a esse pobre pecador, e quero salvá-lo; tanto hei de fazer que tornará à justiça e à Vida e será um florão na minha coroa de Salvador!" E, abraçando-o, evita os golpes.

Ele nos espera. E ainda quando nadamos em pleno mal, cumula-nos de bens, o que dá a muitos pecadores a ilusão de crer que o pecado não causa pesar a Deus, visto não o castigar. Todavia, o sentimento que se tem ao voltar ao aprisco, olhando para trás, é de surpresa ante a Bondade divina que nos concedeu o tempo de nos converter. A Misericórdia nos aguarda, sobejamente paciente. Mais ainda: Deus dará ao pecador provas de maior Bondade que lhe dava outrora, quando trilhava o bom caminho.

Para muitos é motivo de escândalo: "Deus esquece-se de sua dignidade". Coloquem eles de preferência, em primeiro lugar, a Bondade.

Jesus declarou que deixaria as noventa e nove ovelhas para ir à procura de uma única, desgarrada, e que haveria maior alegria no Céu com a volta de um pecador do que com a perseverança de noventa e nove justos.

É muito natural que Nosso Senhor trate a alma pecadora com maior condescendência que a alma fiel, por ser mais necessitada. Aquela está no abismo; é mister ir em sua procura.

Oh! quanto deseja Jesus a volta do pecador e quanto sofre ao vê-lo retardá-la. Apresenta-se-lhe, roga-lhe e atormenta-lhe o coração até conseguir seu alvo, qual mãe que chora seu filho e o persegue, por entre lágrimas e carinho, para desviá-lo do mau caminho.

Pode-se afirmar que, não fosse Deus Infinito e Incansável nas suas operações, só a busca dos pecadores lhe absorveria a felicidade e o poder. Nosso Senhor dedicava-lhes o seu tempo em Vida, ia-lhes ao encontro e a cisma que sempre o acompanhava entristecia-o. Muitas vezes vertia lágrimas ante dal desgraça e nem toda a bondade dos justos, nem a própria santidade de Maria, o podia consolar. Agora implora por eles, deles cuida e envia seus Anjos em sua procura. Mexe Céu e terra para salvar um único pecador.

Diz-se por vezes – e a julgar pela Paciência divina e em certos casos, de fato, o parece – que basta ser ímpio para viver longamente. E, no dizer do Espírito Santo, o justo morre deixando por acabar suas boas obras, enquanto o ímpio vive muito tempo em sua malícia. Deus espera-o a fim de convertê-lo; deixa-o amontoar crime sobre crime, futuros troféus de sua Misericórdia. Agradam-lhe esses golpes grandiosos da Graça, esses milagres de conversão, dias de festa e de misericórdia, dias de júbilo no Céu.

Deus espera-nos para de nós se apiedar. Cada hora acrescida vale por um novo perdão, por uma nova criação misericordiosa. A Justiça insta pedindo a todo o momento nossa morte, não querendo mais adiá-la, pois cada minuto de nossa vida pertence-lhe e bastaria para causá-la. A compaixão arranca-lhe a sentença e cria-nos assim perpetuamente vida nova. Oh! que ações de graça não devemos à divina Misericórdia!

O que sobremodo sensibiliza os pecadores é tê-los Deus esperado, e a idéia de que lhes conservou a vida toda entregue ao pecado, fá-los verter lágrimas reconhecidas.

Mas que dizer da sua Bondade em nos receber, em nos perdoar? Ah! na verdade, a Misericórdia de Deus é grande demais. Se nos repreendesse asperamente pelas nossas culpas, se nos impusesse penitências públicas, como fazia a Igreja nos séculos primitivos, sua Bondade seria ainda grande demais em nos perdoar a tal preço. Mas não nos censura, não nos fala nem em nossa ingratidão, nem em nossa crueldade e estende um véu sobre sua Justiça, fá-la calar, mostrando-nos apenas o seu Coração. Toma-nos nos braços, aperta-nos ao Coração, como o pai ao filho pródigo, e nos afaga por entre lágrimas de alegria. Nada responde às nossas acusações, ou antes, diz: "Dai-lhe novamente sua veste primitiva, ponde-lhe no dedo o anel de ouro e alegremo-nos porque meu filho morrera e agora revive!"

No mundo, quem solicita graças por elas esperará. Jesus vem ao nosso encontro. Dá-nos até a esperança, com a qual não ousávamos mais contar; anima-nos à confiança, faz-nos renascer à Vida. O momento mais suave, por entre todos, na existência do pecador, o momento mais tocante, aquele que até o fim provocará lágrimas ditosas, é o momento de sua conversão, em que Jesus lhe fez sentir que estava perdoado, e disse-lhe: "Vá em paz".

Sai da agonia, ressuscita do túmulo, renasce à Vida. A Confissão foi custosa, mas já não sente senão a alegria da mãe que pôs no mundo seu primogênito. Pede apenas para pôr-se de joelhos, chorar e dizer: "Senhor, pequei, não sou digno do vosso perdão". Então Deus não resistirá mais, e tudo perdoará.

Vede como Nosso Senhor em vida sabia perdoar. Não repreendeu a mulher adúltera, mas humilhou seus acusadores e fê-los fugir. Não a encara, sequer com receio de fazê-la corar, e despede-a absolvida. E, longe de censurar a Madalena suas desordens, louva-a, defende-a, coroando-a com estas belas palavras: "Ela muito amou".

E agora, herdeiro de sua Misericórdia, só resta ao ministro de Jesus Cristo uma palavra para o pecador arrependido: "Vá em paz; foste perdoado para sempre".

A sua Misericórdia é sem limites. O Senhor afirma que não se lembrará mais dos nossos pecados; que os lançará pelas costas na profundeza do mar, e, fôssemos escarlates de crimes, tornar-nos-ia, em sua compaixão, alvos como a neve.

Em destruir o corpo do pecado está a glória da Misericórdia divina e procede com tanta energia, que apagará para sempre o que apagou uma vez. Opera com tanta força, que cria em nós um coração novo, um espírito novo, um ser novo. Quando um pecador, depois de convertido, reincidir, só será julgado em relação aos pecados ulteriores, e não por aqueles que já foram uma vez remitidos. Maior será sua ingratidão e maior sua culpabilidade, é verdade, e sua punição se medirá nessa ingratidão, mas não se estenderá aos pecados já apagados pela Misericórdia divina.

Poderia Deus fazer mais pelos pecadores? A tentação seria crer que lhes é conivente, tal Bondade que lhes dispensa no trato com eles. Nosso Senhor oculta-os sob seu manto, cobre-os com seu Sangue, fá-los entrar nas suas Chagas, como num abrigo certo contra a Justiça irritada. E assim como a mãe, cujo filho tentasse contra sua vida, o ocultaria às buscas da justiça humana, porque, antes do mais, é mãe, assim também Jesus, antes de tudo é Salvador.

Ao perdão, Nosso Senhor acrescenta Graças de uma doçura inefável. Afasta-nos a lembrança penosa dos nossos pecados, em vez de nos conservar num sentimento de pesar contínuo, diminui a dor, aviva a confiança, distribui paz e alegria, a tal ponto que quem, cheio de vergonha, se confessar por entre lágrimas, se erguerá absolvido e tão feliz, que a si mesmo causará admiração.

No mundo, quem esteve na prisão levará sempre o vexame de um mau nome. Jesus reabilita aqueles a quem perdoa e trata-os como se nunca o tivesse ofendido. Quantas vezes os maiores pecadores não se tornam os maiores Santos!

Assim São Paulo, para glorificar a Misericórdia divina, confessa ter sido um blasfemador, um perseguidor, o primeiro dos pecadores; no entanto Nosso Senhor chama-o seu vaso de eleição.

E São Pedro recebeu, em troca de sua tríplice negação, a tríplice coroa de sua tiara. Jesus Cristo sabe perdoar como Deus.

E quanto a nós, depois de pecarmos, não nos honrou Ele com o sacerdócio, com a vida religiosa, Graças de escol, Graças de honra? Não nos coroa Ele com glória e honra e não nos envolve com o escudo de sua benevolência privilegiada? A tudo esqueceu, até as nossas misérias presentes. E apesar de tamanho Amor, ainda o ofendemos.

Compete-nos a nós não o esquecermos. Vivamos de reconhecimento, de amor para com essa Compaixão. Contemos tão-somente com ela, pois lhe devemos o não ter sido condenados para sempre, como tantos outros: *"Misericórdia Domini quia non sumus consumpti!"*

Da Família do Santíssimo Sacramento

I

Não se incluem mais hoje em dia, os servos na palavra *família,* que designa apenas pessoas ligadas entre si por sangue ou parentesco. A Igreja, todavia, conservou-lhe o mesmo significado e, em Roma, a família pontifícia compreende todos aqueles que servem junto à pessoa do Santo Padre.

Ora, Nosso Senhor chamou-nos para sermos seus servos, seus familiares; viemos, sem mais, para servir sua divina Pessoa. Compreendamos bem esta condição essencial de nossa vocação.

Todo cristão é servo de Deus, mas uns o servem no mundo, segundo a lei dos Mandamentos, senhores quanto ao mais de sua liberdade. Dão a Deus a intenção e reservam-se para si a ação. Contanto que aquela dirija esta a um fim honesto, aprovado por Deus, podem trabalhar de acordo com seus interesses e gostos; seu fim é misto e trabalham para si enquanto trabalham para o Céu. Nada mais natural. Em dados momentos, porém, em se tratando da salvação, quando interesses humanos se opuserem aos eternos, Deus mandará que o prefiram a Ele sobre tudo o mais. Deverão, nesse caso, sacrificar a tudo para permanecer fiéis a Deus.

Mas Nosso Senhor escolhe no mundo outra classe de servos que fazem profissão de só trabalhar pelos seus interesses. São os religiosos, que substituem os setenta e dois discípulos e os doze Apóstolos que, em Vida, Ele escolhera por entre todos.

Ora, nos próprios religiosos, uns são adidos ao seu ministério; outros à sua Pessoa. Àqueles compete espalhar sua Doutrina, a estes servi-lo como se serve ao rei ou aos príncipes. Nosso Senhor continua a viver entre nós, está presente no Santíssimo Sacramento, Deus e Homem, para exercer sua Realeza e seu Sacerdócio. Não exigirá essa Presença um serviço especial, uma corte, uma família, cuja única ocupação seja servir tão excelso Rei?

Pois bem, é este o fim da Sociedade do Santíssimo Sacramento. Nosso Senhor lhe deu, por parte do seu Vigário, este fim próprio e especial, o de servir à Pessoa de Jesus Cristo, de cercá-lo, de compor sua corte e seu séquito; nunca o abandonarão, e Ele nunca aparecerá sem esses servidores, cujo único fim é acompanhá-lo e servi-lo.

Chamou-nos para fazer parte dessa Família de seus servos. Viemos. Preferimos essa servidão nobre e bela a qualquer emprego na sua Igreja a que nos pudéssemos entregar para sua glória. Mas é tudo para Ele, tudo por Ele, tudo Dele; devemos trabalhar só por Ele, deixando aos demais os outros deveres; viver só Dele e não do nosso zelo, das nossas obras. Perdemos nome, personalidade, qual servo que, ao entrar para o serviço do senhor, veste sua libré e se torna sua propriedade. Prometemos, ignorando, talvez, até que ponto nos havia de levar. Agora cabe-nos prestar toda a atenção.

Esse Serviço total e absoluto, imposto como condição de admissão, será a lei de nossa vida. Em servir está a perfeição de nossa santidade. Nossos talentos e nossas virtudes, nossas qualidades e nosso sacerdócio, tudo se deverá identificar com esse Serviço, tornando-se simples atos. Somos apenas um servo, um doméstico, um membro da família de Nosso Senhor no seu real Sacramento.

Direi de bom grado que Nosso Senhor deseja que nos entreguemos a Ele à semelhança dos Apóstolos, que eram, nesta terra, com maior razão que os setenta e dois discípulos, a família de Cristo. Mas, além de o serviço pessoal que lhe prestavam ter acabado com sua morte, porque então se espalharam para anunciar seu Reino e fundar sua Igreja, existem entre seu serviço e o nosso outras diferenças, que convém notar, para compreendermos melhor como Nosso Senhor quer que lhe pertençamos exclusivamente, na vida eucarística – vida que durará enquanto durar o mundo.

II

Aos apóstolos, discípulos de Nosso Senhor, que o seguiram para ser instruídos por Ele na sua doutrina e nos seus exemplos, cabia-lhes compenetrarem-se dessas lições para redizê-las à Igreja e pregá-las por toda a parte.

Nós não viemos para ser instruídos, mas sim para servir a Nosso Senhor, para dar-lhe tão-somente, tudo o que temos, tudo o que somos: viemos para Ele, e não para nós. Naturalmente, Ele nos há de instruir, ensinadonos até a maneira pela qual o devemos servir, pois quem sabe algo que não o tenha aprendido em virtude da Graça de Jesus Cristo? Mas entendo que o fim primeiro e dominante de nossa vocação não é vir para adquirir coisa alguma, e sim gastar-nos no seu serviço.

Os Apóstolos acompanhavam a Nosso Senhor em geral, nas suas missões, tanto em Jerusalém como nas aldeias da Judéia e da Galiléia. Todavia, por vezes, se separavam, enviando-os Ele em missões mais afastadas.

Quanto a nós, nem por um momento nos podemos separar de Nosso Senhor, isto é, a Sociedade, na pessoa de alguns de seus membros, deverá sempre acompanhá-lo, sob pena de faltar ao fim proposto, pois Ele não poderia ser Exposto sem adoradores e os adoradores, por obrigação, somos nós. Assim como no Céu Anjos há que, nunca enviados à terra, estão sempre em redor do Trono divino, assim também devemos sempre cercar o Trono eucarístico. Só existimos para isto e, se a Eucaristia viesse a nos faltar, se a Exposição não mais se pudesse fazer, a Sociedade não teria mais razão de ser, estaria destruído seu fim essencial.

Os Apóstolos eram alimentados e sustentados por Nosso Senhor, mas eles a Ele não sustentavam; o bom Mestre fornecia-lhes o necessário e algumas vezes os servia.

Quanto a nós, nós o alimentamos e mantemos. É privilégio nosso fornecer-lhe um Trono e orná-lo. Essas flores, esses círios que lhe enfeitam sempre o Trono e que são como a rica tapeçaria que Ele pedira no Cenáculo, somos nós que lhos damos. Se possuímos algo, será primeiro para Ele. A nós bastam-nos os restos. Deste modo proporcionamos-lhe os meios de manifestar seu ofício de Mediador entre o Céu e a terra e de Embaixador da Igreja junto ao Pai.

Devemos acrescentar o ornato interior, o alimento espiritual, culto esse que Nosso Senhor ainda prefere ao outro. Ele deseja ser nutrido com atos de amor, de fé, de reparação. Quanto às virtudes, não as praticamos por nós, mas sim por Ele. A Ele oferecemos todos os atos, todos os méritos, pois é Ele senhor e dono das almas, e tudo o que faz um servo é para o amo. Se negarmos a Nosso Senhor essa comida espiritual, privamo-lo daquilo a que mais apego tem, pois, antes do mais, quer as almas.

De nós espera ainda sua glória, e para procurá-la devemos empregar todos os meios ao nosso alcance, sobretudo a fidelidade e o recolhimento no desempenho de seu serviço: o garbo dos servos é a glória do senhor.

Eis em que difere o nosso serviço junto a Nosso Senhor do serviço dos Apóstolos. Mas a nós, se soubermos dele nos aproveitar, oferece maiores vantagens. Vejamos quais são.

III

Os Apóstolos tornaram-se amigos e confidentes de Jesus, cujos segredos conheciam. "Chamo-vos meus amigos e não somente meus servos, porque tudo o que aprendi de meu Pai, vo-lo ensinei". E o Evangelho narra-nos certas confidências que só eles recebiam – nem todas –, pois a muitas guardaram para saboreá-las no íntimo do coração.

Pois bem, não nos revela Nosso Senhor seus segredos na vida de adoração? Vossa familiaridade com Jesus a isto vos dá direito e se não os ouvirdes, a culpa é vossa. Os segredos que nos quer contar são até mais amenos, mais íntimos que aqueles que confiara aos Apóstolos, porque, sem passarem pelos sentidos, vão de Coração a coração. Antes do Pentecostes, os Apóstolos a muitos não compreendiam, mas com a vinda do Espírito Santo que paira sobre a Eucaristia, que habita neste Cenáculo de Amor, nada nos dificultará penetrar em todos os segredos de Nosso Senhor, nada, a não ser nossa própria infidelidade. Fôssemos fiéis, e receberíamos comunicações mais íntimas que os próprios Santos. Com a convivência, junto à constância, seguida e insistente, acaba-se por descobrir os pensamentos alheios. É preciso perseverar na união com Nosso Senhor. Santa Madalena de Pazzi fez-se uma cela na tribuna da Igreja, a fim de nunca o deixar. Munidos de tais meios, os Santos acabaram por penetrar no Coração divino.

Sede interiores, assíduos à conversação com Jesus, e descobrireis seus segredos. A intimidade vencerá qualquer resistência, tanto para o bem como para o mal.

Sansão, durante largo tempo, nada revelou, mas tendo escolhido por mulher uma Filistéia, e a intimidade rompendo, pouco a pouco, o véu, caiu na cilada. Foi sua perda.

Se fôssemos em verdade homens de adoração, tocaríamos quase com o dedo no Coração de Nosso Senhor, havíamos de ler em sua Alma! Não sentis algo de diferente quando vos chegais à Adoração purificados e preparados por alguns bons sacrifícios? Quão depressa passa a hora! É o Tabor onde Jesus se revela à alma silenciosa, enlevada pela alegria e pela felicidade. Dispensareis palavras. Jesus falará bastante e, sem dizer nada, vossa oração será sublime.

Tal a parte que vos cabe enquanto adorador. Por que não a explorar mais amplamente? Eu, inúmeras vezes, vos aconselho rezar por vós mesmos, pela vossa Graça e pelo vosso coração de adorador, pondo um pouco de lado livros de devoção, a menos que o sono ou a preguiça vos impeçam de orar. Aperfeiçoai-vos na vossa arte, utilizai-vos de vosso direito de adorador e ide a Nosso Senhor em virtude de vossa condição e de vosso título de familiar de casa.

Os Apóstolos foram, ainda, os herdeiros de Nosso Senhor. Dele receberam o prêmio da Redenção para espalhá-la pelo mundo, os frutos de seu Sangue, seus Sacramentos, o poder de suas palavras, a infalibilidade de sua Doutrina, a Graça de seus milagres e hoje, no Céu, são os herdeiros de sua Glória. Foram antes, porém, os herdeiros de seus Sofrimentos e de sua Morte.

Digo que Nosso Senhor nos quer dar tudo isso de acordo com nossa vocação. Não nos compete a nós conquistar o mundo à Fé. Nossa missão prende-se ao estado sacramental de Cristo. Devemos ser os Apóstolos, os ministros, os instrumentos da Eucaristia, e assim como aos Apóstolos coube a Graça de pregar a Cruz, a nós, Nosso Senhor concede a Graça de pregar a Eucaristia, que deverá ser o centro da nossa vida, a força das nossas operações, do nosso apostolado. A tal ponto que, se um religioso do Santíssimo Sacramento fosse espremido, sairia uma hóstia! Nossas Graças eucarísticas pertencem-nos primeiro e ao mundo depois, motivo pelo qual o expomos nas cidades a fim de ser visto e adorado.

Devemos pregar a Eucaristia pelas nossas obras, pelos nossos escritos e pelas nossas palavras. Ninguém deve falar da Eucaristia melhor que nós, seus religiosos. Quem falou melhor de Nosso Senhor que seus Evangelistas, que com Ele conviveram?

Pois bem, ninguém deve falar melhor, falar mais da Eucaristia que nós. Não nos será isso um título de glória, pois é próprio do nosso ofício e tenho fé que assim será.

Eu não compreenderia um religioso do Santíssimo Sacramento que quisesse brilhar noutra ciência que não a eucarística. Nosso estado é a Eucaristia e se não a soubermos aplicar a tudo, então não possuímos a ciência que lhe é inerente.

A Eucaristia é desconhecida! Não é pregada! Os fiéis lamentam-se e esperam aqueles que lhes distribuirão essa Palavra de Vida. Se os pregadores a adorassem mais, mais haviam de pregá-la; se não o fazem é porque seu coração a desconhece. E todavia a salvação está em Jesus Cristo, presente entre nós.

Quanto a vós, meus irmãos, que não sois sacerdotes, mas que, no entanto, sois também adoradores, deveis entreter-vos mutuamente do Santíssimo Sacramento e do que lhe diz respeito à honra. Em presença de estranhos, falai dele, pregando-o de certo modo, nas vossas conversações. Qual o artista que não se refere constantemente à sua arte?

Assim como São Paulo que só a Jesus e Jesus Crucificado queria conhecer, assim também só ao Santíssimo Sacramento devemos nós conhecer. Doutro modo não gozamos ainda da plenitude da Graça que nos é própria. Lembrai-vos de que sois chamados para atear o Fogo nas quatro extremidades da terra, com o tição ardente de Jesus Exposto nos Altares.

E quanto aos milagres? Praticareis os espirituais. Em virtude da Eucaristia haveis de sarar as almas. Que Poder o seu, para tocar as almas, convertê-las, por mais afastadas, e reconduzi-las a Deus! Mas sabei aplicá-la, mostrar sua beleza, extrair seu suco salutar e toda a sua virtude para curar as almas. Tendes na Eucaristia o remédio único e soberano, como diz a Igreja, na pós-comunhão da festa de Santa Madalena.

Tendes também a Nosso Senhor para curar o corpo. Ele é o ungüento divino que cicatriza toda ferida. Não lhe escapava da Santa Humanidade uma virtude que sarava toda languidez? Bastava tocar nele, e seu Poder não diminui, seu contato é sempre salutar.

Acrescentarei que esta frágil lâmpada que arde perante Nosso Senhor nunca deixou de sarar aqueles que, em suas enfermidades, foram ungidos com seu óleo, que é fé e amor?

Deus nos preserve daqueles milagres em que aparece a mão humana! Ser-nos-ia então preciso esconder-nos, com receio de que nos adorassem a nós mais que ao divino Mestre. Milagres por Jesus Cristo, pelo seu Sacramento, ah! fá-los-eis se depositardes bastante Fé nele. Cumpre obrigar Nosso Senhor a se manifestar gloriosamente, a fim de que todos saibam quem é Aquele que, devido a um Amor sem par, se oculta sob esses véus.

Deus nos guarde, também, desses pregadores reais e ilustres, capazes de encher o mundo com sua nomeada.

Tais homens permaneceriam estranhos à ciência do Santíssimo Sacramento e, ao falar da Eucaristia, haviam de balbuciar.

Esta ciência bastará sempre às nossas pregações e jamais a esgotaremos. Estudai-a, servi-a bem, amai-a generosamente e tudo encontrareis na Eucaristia: a palavra de fogo, a ciência, os milagres.

Sim, mesmo os milagres. Até hoje ninguém ainda se recomendou ao Santíssimo Sacramento sem receber a Graça implorada. E Nosso Senhor apenas cumpre com sua palavra. O primeiro dia, quando o colocamos no seu Trono, pedimos-lhe que se dignasse conceder a seus Santuários o que concedera a Salomão para o Templo, a fim de torná-lo conhecido e atrair-lhe o mundo inteiro.

E acrescentamos: honrai este lugar pela manifestação de vossa Glória e de vossa Bondade, para que todos se apressem em vir e que ninguém entre para solicitar uma Graça e volte sem ser atendido. Quanto a mim, ainda não conheço uma recusa de Nosso Senhor.

Finalmente, os Apóstolos receberam a promessa que não falha, do Reino dos Céus: a morte pelo martírio. O Santíssimo Sacramento tem-nos dado poucos Mártires como o jovem Tarcísio, nos primeiros séculos, e os de Gorcum, mas espero que os haverá ainda.

Em todo caso, os haverá no amor. Penso que devemos morrer no genuflexório, aos pés de Nosso Senhor. Quem lá cair, será bem acolhido no Céu e trocará apenas o serviço da Graça na Fé num serviço de Glória na posse completa. Quanto nos devemos regozijar de uma vocação tão santa! Substituímos os Apóstolos junto à sua Pessoa e parece-me que recebemos uma parte maior de Graças e maior efusão de Bondade. Não somos ligados a Ele como servos e Ele não faz nada sem nós. Seu Amor quis que Ele dependesse de nossos cuidados, de nossa presença.

São Pedro mostrava aos Judeus o Calvário ainda fumegante com o Sangue de Jesus Cristo: nós mostramos o Santíssimo sacramento cheio de Vida e de Amor pelos homens e damo-lo a todos.

Os Apóstolos não podiam, como nós, mostrar a Eucaristia, que devido às perseguições, era até ocultada: não chegara ainda sua hora. Preciso era conquistar o mundo pela Cruz de Jesus Cristo, antes de lhe levantar um Trono onde reinasse. Mas hoje Ele se quer manifestar. Quer reinar por toda parte; é a idade da Eucaristia que desponta. Ah! Pedi a extensão do Reino de Jesus Cristo no Santíssimo Sacramento. Rogai-lhe conceder-se servos, apóstolos de seu Reino de Amor, para que em breve seja conhecido, amado e servido por todos. *"Adveniat regnum tuum!"*

Do amor, princípio do combate espiritual

Que devemos fazer para ser todo de Nosso Senhor, para progredir no seu Serviço?

Respondo em poucas palavras: é preciso combater por amor a Ele, e em virtude desse mesmo amor, tudo o que se opõe a seu Reino, a sua Vida em nós.

I

O homem topa com duas leis que se fazem uma guerra sem trégua: o amor a Deus e o amor a si. Forçoso é obedecer a um dos dois, escolher um ou outro. O impossível é ficar indiferente.

O hábito de uma vida virtuosa não acaba com o combate. Somos qual balança e quanto mais santos nos tornamos, quanto mais nos elevamos a Deus, tanto mais o amor-próprio nos ataca e rebaixa.

Escolhestes o amor de Jesus Cristo. Pois bem, então é preciso que seja vossa lei, vosso modelo, vosso centro, vossa vida. Para viver para Ele, necessário é viver dele e por Ele.

Equivale a entrar em luta conta o *eu* humano, contra o amor a si. Revistamo-nos da força do amor divino, que triunfa da morte, contra nós mesmos, contra tudo, força esta que será mister regular e dirigir. Combatamos com ânimo e saibamos discernir quais os melhores meios a empregar.

Como conseguir tal força? Por Jesus Cristo: *"Omnia possum in eo qui me confortat"*.

Essa força contínua, que nunca descansa, é-nos necessária a todo momento, pois jamais eliminaremos o homem velho. Poderá ser preso e vencido, nisso ou naquilo, mas não tardará em surgir novamente. É sempre o recomeçar, é a vigilância sempre nova. Quem não parte deste princípio, já foi vencido por uma falsa paz.

A força está no amor de Deus: *"Fortis ut mors dilectio"*. Cumpre amar a Jesus Cristo soberana, universal, absolutamente, e nada colocar acima dele, ou na mesma linha, e isso requer um sacrifício total do amor-próprio, que diz a todo momento: *Eu, para mim!* Respondamos: *Nosso Senhor, que deseja Ele? Que não deseja Ele?* E, uma vez manifesto seu desejo, será o bastante para nos orientar. Sua Vontade, sua Glória, seu bel-prazer, eis nossa lei, nossa senha, que, bem interpretada, assegura-nos a vitória.

II

O primeiro combate a dar pela força de Jesus Cristo é no espírito, querer ou não querer, resolver-se interiormente, colocar a alma na recusa ou na adesão, eis o eixo de tudo. O combate na ação será secundário e dependerá do resultado desse ataque interior inicial. Deus é espírito, e nossa alma imagem da sua, está em primeiro lugar, é o princípio motor e soberano que existe em nós. Os atos que dela emanarem são, portanto, de máxima importância; serão coroados ou punidos, pois as boas obras não movidas pela reta intenção são nulas perante Deus. Ele pede, principalmente, o dom e a submissão de nossa alma à sua Lei, motivo pelo qual o demônio ataca constantemente a vontade interior, tratando de cegá-la ou enfraquecê-la se de todo não a puder corromper.

O orgulho e os sete pecados capitais são sobretudo espirituais. Se não os repelirmos em nosso espírito, estamos perdidos. O espírito dirige a vida, é o ponto de partida de suas ações.

Velai, pois, sobre os pensamentos, sobre a imaginação que os prepara. Velai sobre eles, mesmo sobre aqueles que, apesar do seu fim louvável, deixam a alma em certa inquietação mal definida. Cuidado! Nos combates do espírito, em que só a morosidade, só a demora voluntária já é uma derrota, a queda é fácil, um instante basta para ser vencido, um instante para vencer.

Sabei, portanto, dizer sim ou não. Que não haja nem consideração, nem hesitação. Não sejais como esses espíritos rasteiros, nebulosos, lodosos, que querem ver até onde irão seus maus pensamentos, analisar o mal e que só param ante a gravidade do caso, para só despertarem depois de feridos. As almas delicadas percebem o mal à primeira vista. Quando um pensamento conseguir caminhar lentamente através do vosso espírito, é que já fostes vencido. Deseja-se saber qual o seu desenvolvimento, prová-lo de leve. O mal todo? Nunca! Mas só até o limite extremo, semelhante a uma pessoa que não quer se desacreditar, mas que se deixa adular, curiosa de saber quanto é amada. Ah! já se perdeu!

Divertimo-nos com o mal por meios consentimentos, meias vistas. Surpreende-nos estar nossa consciência sempre inquieta? Lembrai-vos de que os pecados mais freqüentes são os do espírito, da imaginação, do orgulho, da vaidade, da impaciência ou da sensualidade interior. Pouca ocasião nos é dada para pecar materialmente – e não quiséramos ir tão longe!

Se nossas adorações são tão malfeitas, se nenhuma impressão nos causam, é que nosso pobre espírito está gasto por tantos pensamentos naturais, humanos, frívolos ou perversos, que lhe permitimos habitualmente. Não tem mais nem a força nem a coragem de olhar para o Céu.

III

O segundo combate é o do coração, faculdade cega, que se prende facilmente a tudo o que lhe é permitido tocar. Deixa-se atrair pelo bem, que vê, e afeiçoa-se prontamente às almas piedosas, sobretudo quando a piedade for untuosa e a natureza expansiva.

É muito perigoso conversar mesmo com anjos humanos que possuem todos os dotes para conquistar-nos o coração: um mesmo amor, uma mesma piedade, um fundo idêntico de bem que estabelece uma simpatia natural. O demônio aproveita-se para nos levar pela alma aos sentidos, das coisas divinas às humanas. A água e a terra são dois elementos puríssimos, que, misturados formam lodo.

E quem é bom, dedicado de coração a Deus, não desconfia do perigo – pelo menos empregamos este raciocínio – e faz calar os receios da prudência pelas boas intenções. Na tristeza sobretudo, nas penas interiores, nos sofrimentos, procura palavras bondosas, consolações de amigo, gosta de ser animado e de ouvir dizer que tudo vai bem, que tem zelo, virtude, que logrará êxito. O reconhecimento pelo bem que na verdade se obrou, é agradável, e aí está o perigo.

Habituados a arder no amor divino, não mais o sentindo, não se lhe pode suportar a ausência. Necessário é ao coração expandir-se, que a isto se habituou. O seio divino não nos dá entrada, abrimo-nos com a criatura. Tudo é repassado de santidade, sem pretensão alguma ao mal, sem mesmo o discernir claramente, ou pelo menos sem o querer admitir. E como isso é freqüente! Como é fácil ir-se de Deus à criatura, do amor sobrenatural ao amor natural!

Urge reagir energicamente contra essa inclinação, essas simpatias que brotam do coração. Tomai-o em vossas mãos, guardai-o e que ninguém, que nenhum pensamento o ocupe de modo natural. Dai-o todo inteiro a Deus, e só a Deus, e que pessoa alguma nele penetre, nem sequer por um momento. De outro modo as tempestades, as trovoadas serão de todo dia, e correreis risco de soçobrar.

Deus vos pede vosso coração, exige-o de modo absoluto; se o recusardes, a tudo recusais e vossa união com Deus se tornará de todo impossível. O coração somos nós: as alegrias, as tristezas, as afeições, e Deus quer ou tudo ou nada. Quando se trata do amor final, não há meio de repartir com o próximo. Deus deseja nosso coração integral, não consente em dividi-lo com pessoa alguma. O coração, na verdade, não é tão grande: dai-o todo! Se o repartirdes, sabei que à criatura caberá parte maior que ao Criador.

Não deveis mais amar a ninguém com amor pessoal; não lhe dar um prazer por fins naturais; não dedicar à criatura nem simpatia, nem afeição para nela descansar, ou então não sois todo de Deus, sois em religião apenas um pagão, pois o pagão é quem adora a criatura.

Não amarei então a meu próximo? Sobrenaturalmente, sim; com um amor que não se fixa nele, mas vai a Deus nele, e nunca com um amor final que se dá. Ao próximo dareis os atos e os frutos da caridade, mas a árvore, que os produz, o coração, Nosso Senhor o quer possuir sem repartir. Sereis sempre filhos e dareis aos pais, aos amigos, as chamas: o âmago será só para Deus.

Vede quão longe nos leva isto. Se alguém vos amar em virtude de vossas qualidades, dizei-lhe: Não vos conheço! Iludi-vos afeiçoando-vos a mim, que já não existo naturalmente. Dei a Jesus Cristo minha personalidade e meu coração e só Ele vive em mim. Desejaríeis porventura, fazer reviver o homem de outrora? Nunca! Não quero mais ser eu mesmo, e vós, vós amais a este *eu*; não quero mais ser tratado como alguém que se pertence, que possa dar e receber. Não procureis em mim senão Jeus Cristo pois a Ele escolhi para senhor de tudo quanto sou, de tudo quanto tenho. Sou apenas um membro de que Ele é chefe, um servo que não tem mais nem nome, nem vida independente, e que nada pode receber senão para seu senhor; não quero mais, por conseguinte, ser estimado, nem querido pessoalmente, não quero mais ser o fim de coisa alguma!

Guardai o que vos acabo de dizer, porquanto sereis perseguidos pela estima, pela admiração, pelo amor das almas puras, dos anjos desta terra por causa de vossa vocação sublime, do vosso ministério glorioso junto ao

Santíssimo Sacramento. Elas quererão, pelo menos, vervos, esperando tirar grande proveito do vosso contato e procurarão falar-vos, ouvir-vos, recolhendo com emoção as menores palavras: se vos prestardes a isto, sereis infiéis a vosso Senhor, a quem substituireis.

Vós, adoradores e servos de Jesus Cristo aniquilado, apropriar-vos de sua glória, dessa glória e desse amor que Ele esperava em troca dos magníficos favores que vos concedeu, até querer coroar-vos neles? Recebeis as homenagens a que só Ele tem direito? Sois ladrões do santuário e profanais a dignidade da vocação eucarística e religiosa. Quereis ser deuses, aproveitando-vos de Nosso Senhor para vos elevar à sua custa! Ai de vós!

Se não compreenderdes tudo o que digo, experimentá-lo-eis quando logrardes êxitos no bem. Mas escrutai-vos para verificar se já não vos procuram, se não vos cercam demais. Cuidado em não vos deixar como Dagão no lugar da Arca. A cólera do Senhor vos havia de destruir, como ao ídolo.

III

Resta-nos ainda o combate da vontade prática, da vontade que opera.

Cumpre mortificar essa vontade do homem velho. Há de procurar sempre aparecer: esmagai-o. Há de repetir sempre: Basta, ou daqui a pouco. Tomai essa vontade, imolai-a continuamente e sem dó, fazendo sempre o contrário do que deseja fazer. É então que será preciso odiar sua alma para possuí-la, perdê-la para ganhá-la. É o homem que se imola todo inteiro.

Isto requer uma vontade sobrenatural, cheia de força, de graça, abrasada de amor por Nosso Senhor; requer a força divina. Será preciso amá-lo a Ele mais que a si mesmo, mais que tudo, sem o que jamais se alcançará êxito.

Em si, não se encontrará um amor maior que a si mesmo. É contrário à razão ser o efeito mais poderoso que a causa. Procuremos, pois, um amor que nos venha do alto, de Jesus Cristo, que só pode nos armar para a luta contra nós mesmos.

Esse tríplice combate contra o espírito, o coração e a vontade naturais, durará enquanto durar nossa vida, tanto quanto nós e nele havemos de morrer.

É duro, mas consegui-lo-emos pelo amor de Nosso Senhor e o primeiro golpe será forte. Será o golpe da agonia, mas também o golpe da vitória. Se o derdes, sereis felizes, porque no momento em que vos esquecerdes a vós mesmos, encontrareis a Deus.

Do espírito da penitência

"Durus est hic sermo, et quis potest eum audire?"
"Dura é esta palavra e quem a poderá ouvir?" Assim disseram os Fariseus quando Nosso Senhor lhes propôs o Mistério da Eucaristia, que pedia a submissão de suas repugnâncias judaicas à Fé em Jesus Cristo.

Direis também, possivelmente: se a mortificação contínua é a condição da vida religiosa, é por demais duro.

É duro, indiscutivelmente. Assim, poucos são os que perseveram e se tornam santos. Mortificar-se-ão durante certo tempo; uma vez, porém, adormecidas as paixões, gozando da paz, cessarão tal mortificação. Daí resultam tantas virtudes medíocres e um nível vulgar, conseqüência da preguiça. Cuidado! Agora invade-vos o ardor, porém o retiro não constitui hábito e volvereis ao nível anterior.

I

Como evitar esse perigo? Pedindo a Deus o espírito de penitência indispensável para fazerdes algo de durável, assim como para não recairdes na tibieza, o que vos tornaria mais infelizes depois do retiro que antes, pelo desperdício de Graças incalculáveis.

Em que consiste esse espírito de penitência? Na vontade constante de se mortificar sempre que se apresente ocasião, de procurá-la quando tarda em vir. Há momentos para a mortificação corporal; não os há para o espírito de mortificação. Aquela se exercerá sobremodo nos tempos de tentações, nos perigos da sedução, ou para expiar uma culpa ou satisfazer um desejo ardente de agradar a Deus. Mas o espírito de penitência a tudo se deverá estender, ser levado por toda parte, aplicado sempre, por ser uma vontade que a tudo abraça. E nisto está a perfeição da mortificação.

Pedi-o a Deus, instantemente, sempre. Praticai-o nas Adorações e Comunhões, formai-vos nesse sentido uma vontade geral que alcance toda vida e que seja como que o cunho de todas as resoluções, junto a uma vontade particular em virtude da qual fixareis certos atos no correr do dia, nos quais o aplicareis especialmente. Não receeis, tampouco, o emprego de penitências corporais para obter este espírito, que faria de toda a vossa vida um holocausto à glória de Deus, como a própria Vida de Nosso Senhor.

Para praticá-lo, oferecei a Deus todo sofrimento, toda contrariedade, que Ele vos quiser infligir, e sede fiéis a essas privações corporais recomendadas pelos santos e que constituem como que parte integrante de santidade: no refeitório, no deitar, na oração, no trabalho, no silêncio da cela.

Mas o ramalhete se completará se vos acostumardes a fazer, por amor a Nosso Senhor, o sacrifício das alegrias, mesmo das alegrias espirituais, o que será a verdadeira mortificação de amor, o mais perfeito espírito de penitência.

Existem dois meios de honrar a Nosso Senhor pela penitência. Um se inspira no amor negativo, outro se realiza pelo amor positivo. Quanto ao primeiro, consiste em evitar o mal, ou em corrigi-lo; penitência necessária, porém que só nos fará cumprir com o estrito dever da justiça cristã. Para praticá-lo basta ter consciência e saber-se pecador. É a rigorosa reparação, e quão lastimável seria não ter nem o amor indispensável para tal mortificação.

Mas a penitência que ambiciono para vós, que vos aconselho, é a que brota do amor positivo. É mais nobre. Não se contenta em pagar as dívidas, quer ainda dar do que é seu. Animada por esse amor, a mortificação não visará evitar o inferno, mas sim agradar a Deus. Privamo-nos daquilo que nos poderia caber legitimamente; é o sacrifício do amor filial que se aplica a tudo e em tudo encontra matéria para escolher uma privação que oferecerá sem demora ao divino Mestre.

Para essa mortificação de amor, não nos constituímos em coisa alguma nosso próprio fim; devolvemos a Deus todo louvor, embora justo, e nada queremos para nós. Não é falsa modéstia mundana que parece recusar todo elogio que lhe é feito, quando na realidade só deseja provocar maior insistência. Não; em dadas circunstâncias saberá aceitar o louvor e calar-se. Será então um grande sacrifício de humildade.

Sabeis que, pedindo licença para determinada coisa do vosso agrado, essa vos será logo concedida, e preferis adiar o pedido para mortificar vossa vontade tão desejosa de progredir, e aí temos a mortificação do amor.

Mais ainda: Estais em adoração e a alegria invade-vos a alma; ser-vos-ia lícito gozar dela, mas preferis sacrificá-la a Nosso Senhor, meditando na sua Paixão. E nada lhe pode ser mais agradável, pois existe algo de mais suave, de mais justo, que os gozos espirituais da oração?

Ou então, caminhais na aridez e apesar de fazerdes o possível para afastar as causas, esta perdura, conseqüência de alguma culpa, até se tornar um sofrimento. Fácil seria aproveitar-vos dum livro para afastá-la e distrair vosso espírito desse peso que o acabrunha; mas aceitais com resignação essa aflição. Oh! que prazer lhe fará, a Ele e também a vós, no fundo da alma, ainda que não se faça sentir.

Se tiverdes esse espírito da mortificação de amor, a falta de outras virtudes não vos deverá perturbar, pois esta abrange a todas, é a própria perfeição que age, acompanhando-vos por toda a parte, imolando-vos a vós mesmos em tudo, segundo o bel-prazer divino.

Quem se mortifica por espírito de justiça, alcança a paz; quem lhe acrescenta a mortificação de amor, obtém a alegria e a expansão da felicidade. Ninguém é mais feliz, mais jubiloso, que o mais mortificado dos religiosos.

É sinal certo do verdadeiro amor de Deus, do amor que ama a Deus por si mesmo sobre todas as coisas. A mortificação da simples penitência de justiça não prova que se ama a Deus mais que a si, pelo menos é possível amar-se a si nela; não penetra no interior, contenta-se com o estrito necessário, o que torna possível ser-se muito obediente a tudo o que for imposto e, ao mesmo tempo, muito desobediente interiormente.

A mortificação do amor imola o interior, atinge Deus diretamente, sacrifica-se somente para lhe agradar, para vingar em si seus direitos e realizar em si a obra da justiça por amor a Ele e pela sua glória. Será seu próprio purgatório. Não espera o castigo que lhe foi imposto, mas vai-lhe ao encontro. Só deseja a Deus por Ele mesmo, e nunca lhe pede nada para si, a não ser amá-lo cada vez mais.

Ah! que meio esse de se chegar a Deus. Temos sempre à mão o fogo do amor para destruir e consumir tudo o que se opõe à Vida de Deus e a seu desígnio em nós. Desaparecemos para que Ele possa crescer e mostrar-se cada vez mais, tornando-se o fim único a que tudo sacrificamos. É um tesouro que tereis nas mãos: sabei dele vos aproveitar.

Pela manhã, calculai as mortificações do dia. À noite, se fostes fiéis, agradecei a Deus; se não, pedi-lhe perdão da covardia que vos impediu praticá-las. Medirá a tudo por essa mesma medida, eis o verdadeiro segredo do progresso espiritual.

Se, ao ouvir-me, duvidardes de sua maravilhosa virtude, experimentai-a, pelo menos por algum tempo, e quando a tiverdes provado, ah! não mais a deixareis. É mister tornar-se convencido, e entusiasta, pois para fazer bem uma coisa ou ser senhor de uma virtude, cumpre primeiro estimá-la para depois admirá-la e amá-la apaixonadamente. A vontade e o corpo executarão facilmente aquilo que o espírito julgar bom e o coração desejar.

Adquiri, por conseguinte, o espírito de penitência. Mortificai-vos em tudo, por toda a parte, no corpo e na alma, no espírito e no coração, por amor a Nosso Senhor Jesus Cristo. Ah! quisera que estas palavras fossem ardentes e gravadas a ferro e fogo nos vossos corações. Não vejais a pena, e sim a unção. A cruz é antes um consolo que um suplício; assim o entenderam os Santos, ao abraçarem-na com tanto amor, com tanta a alegria!

Da mortificação dos sentidos

Já falamos na necessidade de dar inteiramente a Deus o espírito. Já dissemos que os combates mais perigosos são os do espírito, cuja preguiça e indecisão em se pronunciar por Deus e afastar o mal constituem a fonte da tibieza da vida; que era preciso repelir logo, sem hesitação, os pensamentos cuja simples aparência fosse má.

Deus, como já vimos, exige todo o nosso coração e nós lho devemos dar. Mas, para assegurar a continuidade desse dom do coração, é indispensável uma vontade constante em nos oferecer, e que será movida pelo amor de generosidade e de sacrifício. Esse amor é o espírito de penitência, a mortificação do amor. É o verdadeiro caminho da perfeição, e sem este, todos os outros meios são joguetes, veredas mais ou menos floridas feitas para divertir, bagatelas infantis ao Serviço divino.

Não se trata disto, trata-se da seriedade. Livre-nos Deus da gente leviana, que nada pode produzir. A leviandade e como um óleo que se lhe estende por sobre o espírito e o coração, impedindo à Graça de penetrar. Tende em vista um pensamento e um fim determinados e empregai meios comprovados, capazes de a ele vos conduzir.

I

Ora, para poder ser todo de Nosso Senhor é mister entregar-lhe o corpo e os sentidos, que deveremos, portanto, dominar. Custe o que custar, torna-se necessário ser senhor do interior e manter o corpo sob o jugo do dever, da vontade e da Graça divina.

O corpo não tem nem inteligência, nem fé. A vontade, por conseguinte, o dominará e conduzirá; é um animal levado unicamente pela pancada. Ignora o que seja sobriedade e honra; a virtude lhe é desconhecida, é desregrado por natureza e deseja obstinadamente satisfazer seus caprichos. Procura o bem sensível, o bem que escolheu e ao qual tende para dele gozar com todas as forças da concupiscência.

Opondo-se à razão, procurará preveni-la e conseguir, apesar desta, o objeto de sua cobiça. O combate é rude e se, por desgraça, o espírito for cúmplice, será um caso perdido. Eis por que a mortificação interior não basta.

Mortifiquemos, pois, esse corpo que nos pode trair. Talvez, auxiliado por uma vontade enérgica e um grande amor, vos fosse possível dispensar tal mortificação sem prejuízo, mas, em regra geral, é preferível ter boas defesas e portas cerradas.

O homem mau deverá ser sempre refreado, abatido e mortificado, devido a seus instintos bestiais. O espírito será digirido e elevado a Deus, o corpo reprimido e mortificado. O espírito não será comprimido para não ser abafado, mas será encaminhado constantemente a Deus. Assim é que a oração, função espiritual por essência, chama-se elevação da alma a Deus. O espírito requer luz, o coração alimento, o corpo repressão. Urge dominá-lo, acorrentá-lo.

A vontade, o sim ou o não, que é a realeza do homem, deve visar unicamente à Vontade de Deus, pela união e submissão de todo momento. O espírito vê, o coração trabalha, a vontade remata. A esta compete ser a senhora do espírito e do coração: por ser soberana, tudo pode com a Graça divina. Quão admirável é essa vontade cristã que, revestida da mesma Força divina, vence todo obstáculo. Deus estará sempre com ela para vencer, quando ela estiver com Deus para lhe ser submissa.

Deverá também dominar o corpo e os sentidos, e quão difícil, quão incerta é essa tarefa. O contato com o mundo oferece dificuldades desesperadoras, e raríssimo é dominar-se radicalmente os sentidos. Por certo tempo, sim, mas a surpresa espreita-nos a cada momento e agarra-nos quando menos pensamos. As ocasiões, as atrações são tão numerosas, tão sutis, que nos prendem por todos os lados. E assim virá um dia, surgirá uma ocasião, em que a fraqueza de outrora reaparecerá. E então será semelhante ao animal doméstico, manso de ordinário, que, dominado pela paixão, ao próprio dono desafia.

E isso desespera os pecadores que, uma vez convertidos, permanecem fiéis por largo tempo, até que, um dia, subitamente, são atacados com violência e caem, às vezes, com todo o seu peso. O coração e a alma se haviam convertido, mas o corpo não mudara.

Amar a Deus, rezar, tomar resoluções, é bom, é necessário, mas não basta; é preciso ainda subjugar vosso escravo. Enquanto o homem não domar o corpo, não será nem santo, nem verdadeiramente devoto; não produzirá atos bons, e sua piedade não será nem sólida nem duradoura.

Que árdua tarefa é matar o corpo! Consentiremos em sacrificar o espírito e o coração, mas quanto ao corpo já não será tão fácil. Examinai vossa vida e vereis que pecados provêm dos sentidos. Atacam, é verdade, a alma, mas pelo corpo. É natural. Nossa alma está de tal forma unida e ligada aos sentidos, que sem o auxílio desses, nada fará. Esses, por sua vez, aproveitar-se-ão para traí-la sempre que estiver em seu poder, e prejudicá-la em vez de servi-la, empregando todos os meios ao seu alcance para seduzi-la. De modo que o corpo é inimigo irreconciliável da Graça, que deseja santificar nossa alma, uni-la a Deus, separá-la das coisas terrenas, para afeiçoá-la às celestes. O corpo empregará todos os meios de vigilância, e quebrará todos os laços. Conhece sua força e sabe que existem alianças na própria alma, no espírito e no coração, pois, desde o pecado, todo homem interior e exterior foi corrompido e inclinado ao mal.

A razão é, apenas, por entre os sentidos, um clarão enfraquecido pela queda original e entorpecido ainda pelo mau emprego que porventura lhe demos. Desaparecerá de todo ante esse foco dos sentidos que dois terços dos homens possuem. Se não começardes a obra da santificação pessoal, mortificando-os a fim de reduzi-los, será tão-somente um divertimento, uma perda de tempo.

Lembrai-vos do que dissemos sobre a mortificação do amor: a primeira vítima sacrificada a Deus é o corpo. São Paulo prega em todas as suas epístolas a crucifixão da carne, dos sentidos, do homem velho. É preciso reduzi-lo à escravidão, e quem não conseguir domá-lo por completo, jamais será virtuoso. Nisso consiste o exercício exterior e a prova da virtude da mortificação.

II

Propagou-se pelo mundo uma heresia que assola profundamente os costumes. Dizem que não há pecado original, que o corpo, bem como o espírito, goza de sua retidão natural e que todos os seus instintos, sendo portanto bons, devem ser satisfeitos. Assim justificam-se os mais deploráveis excessos. Se não houve culpa, por que reparação? E, baseado neste princípio, nega-se a necessidade da mortificação cristã, e mesmo da simples mortificação moral.

Este erro se insinuou até na piedade. Invadiu disfarçado, é claro, a direção das almas, sem confessar abertamente seus princípios, que fariam recuar. Já o encontrastes nos livros; ouvistes certos confessores negarem a necessidade da mortificação exterior, afirmando que, se convém aos religiosos, não convém à gente do mundo; que os jejuns, as macerações são bons para os claustros e que mais vale levar as almas pela doçura.

E eu respondo que a doçura é o quinhão de Deus, que a concederá à alma para animá-la e recompensá-la. Mas a parte que cabe ao homem, sua cooperação, é a mortificação, a crucificação própria. Ele foi condenado a comer o pão com o suor do rosto e amaldiçoada foi a terra por sua causa. As criaturas oferecem-lhe uma ocasião contínua de pecar, e para não descansar nelas, preferindo-as a Deus, ser-lhe-á necessário separar-se, afastá-las. E como conseguir tal fim, senão pela mortificação dos sentidos?

Notai como o corpo nos atrai, como os vícios da alma encarnam-se nos sentidos, tornando-se aí mais tenazes, mais culpados. Fossem privados dessa vida exterior e não tardariam em morrer.

O orgulho, que não se puder manifestar pela vaidade, pelos primeiros lugares e pelas honras não durará. Ao rejeitarem-se os elogios e as marcas exteriores de vaidade, abafa-se a soberba no berço.

O fim do avarento é também seu corpo. Acumula apenas para gozar um dia, quando julgar ter adquirido o bastante. Quanta gente só vive para comer, desfigurando desse modo em si a imagem de Jesus Cristo, que trocam pela de um porco!

Que dizer dos outros vícios, da cólera, da indolência e, sobretudo, do vício vergonhoso? Não procuram todos seu centro nos sentidos? O corpo é o campo de suas delícias, é seu alimento, além de fazê-lo viver de suas sensações. Tudo tem nele raízes profundas.

Ouvi, portanto, a São Paulo pedindo o castigo dos membros; vede-o castigar seu corpo, esse corpo de morte, e dar ao cristão esta bela definição: "É um homem crucificado em sua carne vivendo da virtude do amor de Deus". E isto é a mortificação corporal, que a todos se estende!

Era o eco do Precursor, em cujos lábios Nosso Senhor pusera, primeiro, estas palavras: "Fazei penitência e abandonai as veredas da iniqüidade". Fazei dignos frutos de penitência, isto é, expiai pela humilhação, pelo jejum e pelas cinzas, os pecados dos sentidos e que esses frutos sejam tão visíveis quanto o foram os crimes.

A Igreja, instruída por Nosso Senhor, exige a penitência corporal: os jejuns, as preces públicas, as expiações solenes, enquanto as autoridades eclesiásticas condenam em alta voz os doutores de uma piedade sensualista.

III

A mortificação corporal é justa, é necessária. É de todos os tempos, é para todos. Praticai-a, dela careceis. Dar-vos-ei agora outros motivos que a recomendam.

Nosso corpo é mau, infestado de pecados, cheio de instintos perversos; só os golpes, semelhantes à tempestade, o purificarão e o farão recuperar a saúde. É qual um doente, que se purga para eliminar os maus humores que o incomodam.

Pecamos não somente em nossa origem, mas voluntariamente, pelas ações e pelos sentidos; cumpre retemperá-los na mortificação de Cristo, pois corrompemos uma natureza já por si viciada.

Todo pecado merece castigo, conforme a sua malícia. A reparação voluntária devia, portanto, estar de acordo com a punição que pede a justiça. Se cometemos um só pecado mortal, já por isso merecemos o inferno: e como satisfazer tal dívida? Uma vez que só tivéssemos pecados veniais, como compensar as chamas do Purgatório?

Deus vos perdoou, é verdade, e vós vos regozijastes logo com os Anjos, como se o pecado nunca existira. E a satisfação, quem a dará? Lembremo-nos dos nossos pecados, a fim de repará-los. A verdadeira conversão consiste nisto, e não apenas em evitar o mal. Purifiquemo-nos, ou então Deus, castigando-nos, nos há de purificar nesta vida ou na outra.

Visto não o fazermos, Ele o fará muitas vezes. "Vede tal pessoa como sofre, como é perseguida, sem no entanto o merecer". É possível que seja somente uma provação do amor, mas freqüentemente será uma expiação do pecado. Deus impõe-lhe penitência por vê-la esquecer-se de suas dívidas.

As tentações assaltam-vos, fazem-vos sofrer, são longas e fatigantes, são, ao vosso ver, um verdadeiro suplício. Nunca, porém, consentistes nelas até pecar? Expiai agora! Deus vos inflige o castigo, já que vos falta a coragem de vo-lo impor vós mesmos.

Então as tentações têm seu lado bom? Sim, porque satisfazem quanto ao passado e mantêm a alma na humildade, além de nos obrigar à penitência e à luta, quando a vontade quisera repousar.

As perseguições, as calúnias das almas devotas, são outra fonte de sofrimento. Nada causa tanto pesar, pois sua virtude faz crer que elas têm razão e que Deus mesmo está irritado contra vós. Deus permitirá, por vezes, que as almas mais virtuosas vejam as coisas por um prisma turvo. Elas vos perseguirão, apesar de vossa inocência, a fim de vos purificar cada vez mais.

Deus vos imporá ainda as enfermidades e os sofrimentos físicos, qual outra expiação corporal. Não os procurareis, nem às tentações e perseguições, mas se os encontrardes, aceitai-os, agradecendo à Misericórdia divina, que vos obriga desde já à penitência, para mais tarde vos poupar.

Finalmente, abraçar as obras de mortificação corporal em virtude do pecado cometido, é de simples justiça e não é suficiente. Para isso, por que então se fazer religioso? Essa simples penitência é toda em nosso proveito: far-nos-á evitar as penas futuras, facilitando-nos a salvação.

Precisamos também da mortificação de Jesus Cristo. Ele escolheu o sofrimento, não por necessidade, mas por amor, para patentear, com maior força, o seu Amor para com o Pai, para conosco. Cabe-nos considerar essa mortificação como uma virtude a adquirir e dizer: Ainda que não tivéssemos pecado a expiar, quiséramos mortificar-nos para seguir o exemplo de Jesus Cristo quando foi flagelado e crucificado, quando sofreu fome e sede, frio e nudez, com alegria, por Amor a Deus, seu Pai.

Eis o belo, o verdadeiro motivo da mortificação. Abracemo-lo, revestindo-nos das vestes de Jesus Cristo. Só assim poderemos agradar ao Pai celeste pela mortificação e pela Cruz.

IV

Como praticar esta virtude? Nunca nos deliciando em nada; suprimindo tudo o que poderia causar prazer ao corpo; não procurando nosso próprio contentamento – quer em nós, quer nas coisas – nem tampouco a satisfação e o aplauso humanos.

Mortificando-nos no comer, não tanto na quantidade como na qualidade. Abraçando, com a devida licença, as mortificações corporais e as humilhações tão queridas aos Santos. Tudo isso é possível, sem que se adoeça!

Começai! Senão todos os vossos protestos de amor a Deus são meras ilusões – seriam insolências, se Deus desconhecesse nossa ignorância.

Alega-se que a mortificação contínua é difícil. Concordo. É mister carregar diariamente a cruz, ter sempre a espada à mão. Mas sentimentos e palavras de amor não pagam dívidas; a estas só a penitência satisfará. É a moeda do Calvário.

É preciso, primeiro, cumprir com todas as mortificações do nosso estado, que obrigam de modo absoluto e antes do mais. Seria erro desprezá-las em favor de outras. Depois, então, procuremos mais algumas. Sejamos engenhosos em castigar o corpo e imolá-lo a Deus pelos sacrifícios incessantemente renovados.

Não tivéssemos amor à mortificação e haveria motivo para desanimar. Procuramos antes do mais a comodidade: ao tocar do sino, não atendemos de pronto; ante uma obediência prescrita, temos sempre muito trabalho; pela manhã adiamos por alguns minutos o levantar. Que lucramos com isso? Chegamos depois do Ofício começado e o demônio, que nos conduz e apresenta a Nosso Senhor, diz zombando de nós: "Eis um escravo que deseja ser alimentado, motivo pelo qual vem ao Ofício, mas já o privei de todo mérito que pudesse ter em vos oferecer". Ah! que vergonha faltar à exatidão para com Nosso Senhor, para com nosso Rei!

Em conversa no locutório, ficamos uns minutos após o soar do sino, para não parecer faltar à civilidade, ou dar prova de consideração. Mas é Deus quem nos chama! Então há de esperar? Será possível? Ah! quão incríveis parecem as paixões ao serem analisadas. Digo apenas a verdade, e nem toda.

Quiséreis ser tratados como príncipes, a quem nada falta, cujo serviço é pontual e completo. A vida religiosa é um Calvário, é a escola do sofrimento, e procura-se nela um leito de preguiça. Ao faltar qualquer coisa, há impaciências, murmúrios; alegam-se direitos que, qual escudo protetor, estão sempre à mão. Pois bem, sabei que, como religiosos, só tendes direito a pão e água, e cama de campanha. Sois pecadores e merecestes passar pelo banco do réu da Justiça Divina. E a regra, se mitigar algo, é por ser mãe; de direito só a isso merecemos.

Com efeito, antes de entrar para a vida religiosa, nunca nos aconteceu faltar o necessário? Aqui, uns são filhos de operários, outros foram pastores. Na infância tiveram de trabalhar para ganhar o pão paterno. Viestes porventura à vida religiosa para ser tratados melhor que em casa? Mil vezes, então, seria melhor ter ficado lá mesmo.

Urge pôr-se à obra. É negócio sério. Não repareis a forma, mas no fundo de minhas palavras. São coisas que não se dizem todos os dias, nem a todos, porque quem fala, começa por se examinar a si mesmo. Não deixa no entanto de ser verdade.

Coragem! A vida religiosa é uma morte, mas morte que leva à Vida. Encaremo-la deste modo e que o amor que crucificou a Nosso Senhor nos pregue à Cruz com Ele.

Do dom de si mesmo

I

Para alcançar a virtude da força e da mortificação cristã, há um meio, o mais eficaz de todos, o único apto a aperfeiçoar os outros: é o amor de Nosso Senhor.

A virtude exigirá prudência para coordenar os meios da sua prática, mas só o amor a arrebatará. São Paulo, de súbito, atingiu a perfeição de Jesus Cristo pelo amor da cruz. Deus aterrou-o, apareceu-lhe, patenteando seu Amor e dizendo apenas: "Sou Jesus, a quem persegues", revelou-lhe todo o Amor da Redenção, do Calvário e de sua Morte. Paulo tudo compreendeu e foi-se repetindo a grande palavra: "Amou-me e entregou-se por mim". *"Dilexit et tradidit semetipsum pro me."*

Então os maiores sacrifícios tornaram-se-lhes insignificantes e ele a tudo aceitou, entregando-se livremente a Jesus Cristo, exclamando que já não vivia, mas que só Jesus, vivia nele, não mais existindo para ele nem pais, nem amigos, nem judeus, nem gentios, nem vida, nem morte, mas em todas as coisas, Jesus Cristo: *"Omnia et in omnibus Christus"*.

Ouvi-o: "Desde que Jesus Cristo me amou, eu o amarei, apesar de tudo, e nada me poderá impedir de amá-lo. As coisas terrenas, os poderes espirituais, a fome, a nudez, a espada, a morte, nada me separará da Caridade de Jesus Cristo, por quem triunfamos de tudo: *Sed in his omnibus superamus propter eum, qui dilexit nos*".

Mas para conseguir tal fim, ele considera o Amor de Jesus Cristo como lhe sendo próprio e pessoal. Faz-se o fim desse Amor. "Ele me amou a mim, Paulo, e amou-me até se entregar à morte por mim. *Dilexit me!* Amá-lo-ei também e não conhecerei senão a Ele, e Ele crucificado".

Jesus Cristo amou-nos também a nós, e como prova temos que nos chamou ao Sacerdócio e à Vida Religiosa: concedeu-nos essa Graça de escol, renovando-a diariamente e acrescentou-lhe outras. Depois de morrer na Cruz por nós individualmente, morre ainda cada dia nesse Sacramento, sempre movido pelo mesmo Amor. Se não tivesse morrido, galgaria o monte Calvário para nos salvar, e se já não tivesse instituído o Santíssimo Sacramento, instituí-lo-ia para cada um cada um de nós. Não nos diz São Paulo: "Ele me amou", concentrando em si todo o Amor de Nosso Senhor? E tem razão. A nós cumpre imitá-lo.

Para que o Amor divino arda em nossa alma, é mister concentrá-lo todo em nós como numa faísca poderosa. A Redenção é para todos, mas cada qual em particular goza dela por inteiro. É semelhante ao sol que resplandece de uma só vez sobre todas as criaturas, sem, por isso, nos privar de sua luz e do seu calor, como se estivesse a brilhar só para nós.

Um homem não vale Jesus Cristo, é certo, para merecer esse Dom pessoal e individual do Filho de Deus; mas se Jesus Cristo o quiser amar mais ao que merece, se quiser praticar excessos de Amor – a Cruz e a Eucaristia que são senão excessos? – para conquistar seu coração, quem o há de impedir? É Infinito no seu Amor e nos seus Dons, e o infinito, ao dar-se, não se divide nem diminui.

Agora, quanto à vossa vocação, não é a Eucaristia toda e integralmente vossa? A Exposição do Santíssimo Sacramento não se faz para vós? A Igreja vo-la concedeu como propriedade e, enquanto houver um religioso do Santíssimo Sacramento capaz de se conservar no genuflexório, a Exposição solene e a adoração serão para ele e dele. Jesus ama-vos, pois, em particular e todos os dias dá-se todo a vós, só para vós.

II

Como responder a esse Amor pessoal, individual, que faz com que Jesus Cristo se dê a todos cabalmente? O dom ao dom pede, e desde que Nosso Senhor se dá a Si mesmo, com suas Graças, por que não vos dar também a Ele e não somente às vossas obras?

Para compreender como deveis ofertar esse dom, vede vosso modelo, Jesus Cristo em Pessoa, dando-se a seu Pai, para ser seu Servo.

O Verbo Eterno baixou à terra para oferecer ao Pai um Sacrifício perfeito. Ora, começa por lhe sacrificar a Humanidade, que reveste e adota privando-a de sua personalidade natural e humana, reduzindo-a a um estado de dependência, de escravidão, de absoluto sacrifício.

Mas a Alma humana de Jesus, essa Humanidade santa, aceita com amor, por toda a Vida, essa provação em que se encontra e timbra em manifestá-la pelas suas palavras e pelos seus atos. Com efeito, abri o Evangelho, e vereis Nosso Senhor recusar enquanto Homem, de se dirigir a si mesmo, de proceder e de julgar por si, e, sobretudo, de aceitar a glória e a honra que lhe queriam dar.

É, enquanto Homem, pertencendo à Pessoa do Verbo, que dirá: "O Filho do homem nada pode fazer sem o Pai". "Faço tudo o que apraz a meu Pai. Não procuro minha glória, e sim a glória daquele que me enviou". E ainda: "Por que me chamais de bom? Só Deus é Bom".

Donde essa insistência em nada se atribuir, em nada querer para si? É que dirigir, conduzir, receber glória e afeição é próprio da personalidade do homem, é o direito inerente ao *eu* humano. Ora, tendo Nosso Senhor sacrificado sua personalidade para depender unicamente da Pessoa divina do Verbo, e não viver senão por ela, quer ser fiel a seu sacrifício e mostrar claramente que só ela é seu princípio e fim. E, à vista disso, Nosso Senhor quando sacrificou, enquanto Homem, aquilo que constitui sobremaneira o orgulho e a glória naturais, o eu humano a personalidade humana, tornou-se Servo, Vítima, Holocausto.

Daí em diante, seus sofrimentos e sua Paixão são apenas a execução e realização do sacrifício primitivo que fez de si mesmo ao Pai quando nasceu: "Não quisestes mais vítimas; eis-me para a todas substituir".

O que admira, porém, é que esse estado de dependência absoluta permanece em Nosso Senhor e permanecerá eternamente. No Santíssimo Sacramento como no Céu, por toda a parte em que está Jesus Cristo, o Pai o vê sacrificado em si mesmo, dependendo sempre da Personalidade do Verbo e oferecendo-se em sacrifício à Majestade infinita.

Na Eucaristia, Nosso Senhor deseja ainda manifestar esse sacrifício interior, obedecendo a todos os sacerdotes, dependendo de todos eles, e mesmo dos fiéis em geral; aniquilando-se exteriormente.

Eis como Nosso Senhor foi servo de seu Pai, como se entregou a Ele para nos salvar e para glorificá-lo dignamente.

Pois bem, podeis imitá-lo nesse dom que fez de si mesmo; digo mais, é a Graça própria da vossa vocação. E as seguintes palavras da nossa regra, que constam do capítulo mais importante, aquele que trata da adoração, estas palavras: *Eles servirão pelo dom de si mesmo*, obrigam-nos a imitar a Nosso Senhor no sacrifício que faz de sua personalidade.

É verdade que não vos será dado destruir-vos e sacrificar, na realidade, a personalidade humana. Só o Verbo, por ser Deus, tinha este poder sobre a humanidade, a que se unira, para sacrificá-la como vítima; mas podeis e deveis imitar, pela Graça e pela virtude, aquilo que Ele fez pela Força Divina.

Como? Doando, sem reserva e incondicionalmente, vossa personalidade a Deus, a quem aceitareis, em virtude dessa consagração, por Senhor absoluto, não em certos atos passageiros, mas em tudo e sempre.

Necessário vos será outorgar-lhe o direito de vos dirigir e, renunciando ao princípio motor, trabalhar somente por Ele, submetendo-vos à sua Vontade no que diz respeito à vossa pessoa e a tudo o que vos pertence na alma e no corpo, agora e no futuro. E, não mais vos pertencendo, não mais vos governando a vós mesmos, sereis um servo, um membro e um instrumento levado unicamente por Nosso Senhor, que manifestará sua Vontade pela lei de vosso estado, pela obediência aos superiores, pelos movimentos de sua Graça e os acontecimentos de cada instante.

Ele será também vosso fim único. Tende sempre em vista sua Vontade e sua Glória, visando-o unicamente, nos vossos dons, virtudes, estudos, trabalhos. As ações, os sofrimentos, os méritos, tudo lhe deve ser confiado como Aquele a quem pertenceis e que vos permite obrar. Aos mesmos bens da Graça e da Glória, só os deveis desejar enquanto meios para amá-lo e glorificá-lo mais. É o dom do perfeito amor, que ama a Deus por si mesmo, porque o merece, mesmo que não houvesse outra razão para isso. E, sem excluirdes os outros motivos de amá-lo, proponde-vos o mais perfeito.

A vocação vos concede a bela Graça de vos colocar na obrigação de fazer a Deus o sacrifício da personalidade, sacrifício análogo ao de Jesus Cristo, o Verbo Encarnado. Digo que é a Graça própria e característica da nossa vocação. Assim como o franciscano se distingue, entre todos, pela pobreza e abdicação de toda propriedade; assim como cada Ordem tem sua virtude própria e dominante, assim também o dom da própria personalidade, pela renúncia não somente ao que se tem, mas ao que se é, é característico da nossa vocação.

O estado religioso não exige esse dom formal, exige apenas, em virtude dos três votos, a vontade, os bens e o corpo. A nossa vocação requer ainda o dom da nossa personalidade. Não devemos ser – notai-o bem – senão sombras humanas, meras espécies de que o Santíssimo Sacramento é o objeto vivo e pessoal. Este dom não é, em si, coisa nova. São Paulo já dizia: "Não sou mais eu quem vive, mas Jesus é quem vive em mim". Alguns Santos o ensinaram e todos o praticaram. Como alcançar a santidade sem esse dom incondicional a Jesus Cristo, para ser absorvido nele?

É coisa nova enquanto virtude dominante de uma sociedade toda. Este dom, praticado por aqueles a quem atrai sobremaneira, nunca fora proposto como lei geral e universal, como ponto de partida e base de perfeição religiosa para um corpo todo. Era tido como a consumação da santidade e o quinhão de um pequeno número. A *Imitação*, todavia, diz-nos: "Se desejardes alcançar a Graça e a verdadeira liberdade, a oblação espontânea e total de vós mesmos deverá preceder a toda obra" (Liv. IV, cap. VIII n. 2).

É por que o indicamos como o meio elementar de santidade para todos, como a mesma chave da perfeição eucarística, cujo trabalho será tornar esse dom cada vez mais completo e mais puro.

Fazemo-lo porque vemos que é o melhor modo de participar do estado de adoração de Nosso Senhor no Santíssimo Sacramento, onde Ele adora o Pai pelo aniquilamento pessoal. Adoremo-lo, portanto, a Ele, e como Ele ao Pai, pelo aniquilamento de nossa personalidade.

Eis vossa Graça, vossa virtude. Pertence-vos, assim como às almas no mundo a quem o Santíssimo Sacramento atrair. Estudai-a, e se a compreenderdes bem, abrireis na piedade uma vereda nova, não em si, mas na prática. É a Graça da Santidade pela Eucaristia.

III

Mas, assim como Nosso Senhor manifestou o dom que fizera de si mesmo a seu Pai, pela Vida de contínuo sacrifício que levou, assim também, uma vez entregues a Ele, deveis, com Ele, abraçar a cruz e a morte da cruz, por amor e com alegria. E como só o amor torna possível tal dom, pelo amor vos sacrificareis para efetuá-lo.

Nosso Senhor nunca se permitiu um prazer natural, mas em tudo procurou agradar ao Pai. Eis o verdadeiro amor. E digo que se não amardes a Nosso Senhor, não amareis a sua Cruz. Poderéis fazer, de passagem, atos cruciantes, mas não vivereis como um crucificado e não perseverareis. Fareis o estrito necessário para a salvação, mas não servireis a Deus, não o glorificareis na medida em que vo-lo pediu.

Amai-o, pois, e sofrei por Ele, porque Ele vos ama. Quando se apresentar algo a fazer, vede como o fez Nosso Senhor, penetrai nas suas intenções para fazer como Ele fez. Sua Vida vos é familiar.

Quando se tratar duma ação que não figura nos Evangelhos, perguntai-vos como a terá feito Nosso Senhor. Consultai vossa Graça e a Vontade divina e procedei de acordo, tereis assim um modelo a reproduzir. Ser-lhe-eis unido na ação como o instrumento na mão que o maneja, associar-vos-eis a Ele. Ele será a cabeça, o chefe, e vós o membro, o servo. Sereis um.

Procurai sempre agradar-lhe a todo o custo. Imitar é bom, dar prazer é mais perfeito. Não vos contenteis com aquilo que for exigido, mas, ao verdes algo que lhe agrade, fazei-o.

Amai-o, cada qual segundo a Graça e o estado que lhe for próprio. Os jovens amam mais pelo coração, por virtude generosa; os homens feitos, por virtude positiva e pela razão; os velhos, pelo sacrifício de resignação, pois tudo os abandona. Amai-o, por conseguinte, segundo a Graça e a idade, mas amai-o acima de tudo, de todos. A recompensa dos sacrifícios, a única a que devemos aspirar, será um amor sempre maior. A Ele compete dar-nos outras.

Mas se crescermos no seu amor, Ele nos fará provar, em maior abundância, a suavidade desse mesmo amor, a doçura do seu Coração, as delícias das suas conversações. Amamo-lo tão pouco, que raras vezes gozamos dessas delícias inefáveis. Não vos humilha essa indiferença no genuflexório? Pedi com instância a Deus, por sacrifícios sempre renovados, um acréscimo de amor, para que seu Coração se vos torne sensível. Ide ao encontro desse Coração tão terno, e quando vos for dado descansar sobre seu Peito, ah! não vos aparteis nem um momento, e bebei nas fontes do Amor.

O amor vos fará crescer na força e no poder da mortificação, que se vos tornará uma necessidade; mas se esse amor for insignificante, quão insignificantes serão vossas mortificações. O amor se mede no sacrifício, pedra de toque da santidade. E se vos fosse dado proferir belos sermões, e converter o mundo, sem essa virtude sereis qual água batismal, que purifica o neófito e vai se perder na lama.

Que essa mortificação de amor se torne a alma de vossa alma.

Amai, e em presença do sacrifício, exclamai: "Ó meu Deus, que tanto me amastes, farei isto para vos pagar com um pouco de amor". Depois deste ato de amor, o sacrifício já não custa – está feito na vontade e no coração.

Do fazer bem cada coisa

Nestas práticas falei-vos sobretudo de Nosso Senhor e do Santíssimo Sacramento. Mas há tempo para tudo, e trata-se agora não dele, mas de vós. Este retiro visa tornar-vos servos fiéis, dedicados à sua divina Pessoa, purificando-vos dos erros inerentes ao serviço e adquirindo as virtudes que lhe serão necessárias.

I

Falemos hoje da necessidade de fazer bem cada coisa. É preciso que Deus possa dizer de nós o que se dizia de Nosso Senhor: Fez bem todas as coisas. *"Bene omnia fecit."* Todas e cada uma em particular. *"Age quod agis"*, faze bem o que fazes, diz a *Imitação*. É preciso estar todo entregue à ocupação do momento.

Toda ação tem direito a ser bem-feita. O dia do religioso do Santíssimo Sacramento é uma cadeia, cujo primeiro anel é preso pela manhã na Eucaristia e o último à noite. Essa cadeia não deverá sofrer nem interrupção nem variedade, semelhante aos anéis de metal cuja forma não varia. Serão todos eucarísticos, feitos de graça e de amor eucarísticos e modelados na Eucaristia. Qualquer trabalho manual deverá ser tão bem-feito quanto a Adoração ou a Comunhão, porque vossas ações tiram seu mérito do divino Mestre, que vo-las impõe, e para quem as fazeis.

Todos os atos de Nosso Senhor eram divinos, de infinito valor, porque Divina era a Pessoa do Verbo que os dirigia, apropriando-os. Todas as vossas ações devem ser religiosas e eucarísticas, feitas segundo vossa Graça de religioso do Santíssimo Sacramento, de onde extraireis seu respectivo valor.

Tudo o que vos compete fazer aqui, pertence ao serviço eucarístico e se vos inspirardes neste princípio, não preferireis isso a aquilo. Em si tudo é indiferente, e o mérito provém apenas da Vontade de Nosso Senhor, que vo-lo ordena pela regra. E, se praticastes um ato heróico, por impulso natural, de preferência a um ato simples e de todo dia, que prescrevia a obediência, será obra morta reprovada por Deus. Nada há de bom senão aquilo que Ele vos impõe para servi-lo. Certas ações, naturalmente, fazem-se sob seu Olhar e aproximam-vos mais ainda de sua Pessoa adorável e, por isso mesmo, são mais consoladoras, mais honrosas. Deixar, por exemplo, um dever para ir à adoração, aos pés de Nosso Senhor, seria malfeito. O selo de sua Vontade não estaria nessa obra. Ele não a aceitaria.

II

Uma coisa, para ser bem-feita, exige certas condições que lhe são próprias.

Em primeiro lugar, que Deus a deseje. Todos os nossos atos, em si, são indiferentes. Esta verdade se aplica sobremaneira àqueles que vivem sob a obediência. A gente do mundo, que goza de sua liberdade, deve-se aplicar antes a isso que àquilo, segundo as circunstâncias; pode dispor de sua vida dentro dos limites da Lei divina. Mas quanto a nós, a obediência coloca tudo no mesmo plano; forçoso é, por conseguinte, proceder de acordo com as suas indicações. A Regra determina o emprego ordinário da vida; a autoridade viva – o Superior – fixa o restante e, finalmente, a necessidade vos mostra, em dadas ocasiões, o que cumpre fazer.

Deveis deixar a tudo, incluindo as comunicações com Deus, para obedecer à Regra e ao Superior. E se, porventura, recebêsseis uma comunicação contrária à lei, sede fiel a esta e crede na ilusão do sobrenatural: Deus não saberia falar contra a Regra.

Alguns há que preferem de bom grado seu sentimento interior ao que lhes prescreve a autoridade, sua inspiração pessoal à da obediência. São protestantes na vida espiritual, e hoje em dia são em número maior que outrora. Ao diminuir a fé, aumenta a ilusão.

Ouvi com paciência a quem, para desculpar sua tenacidade, seu modo de ver e sua desobediência, alegar estar nas alturas e no sobrenatural e ser o próprio Deus quem lhe manda assim proceder, e, sem replicar aos seus argumentos, dizei-lhe simplesmente estas palavras: *"Discite a me quia mitis sum et humilis corde"*, deixando-o entregue ao pretenso sobrenatural.

Estivesse Nosso Senhor convosco na cela, competiria deixá-lo e obedecer ao sinal do sino.

Todavia, há certas inspirações interiores que levam a fazer tal ou qual obra: umas são verdadeiras, outras falsas. Para saber se são de Deus, consultai a Regra. Cala-se? Consultai-lhe o espírito. E se quiserdes ser perfeitos, ide ao Superior tomar conselho e pedir licença. A única exceção que concedo é a oração na cela; a essa vos podeis entregar sempre que a obediência particular vos conceder momentos livres.

III

Para julgar do grau de bondade nas nossas ações, lembremo-nos ainda deste axioma: *"Bonum ex integra causa; malum ex quocumque defectu!"*, uma ação, para ser boa, precisa que o seja integralmente, e um só defeito, num só ponto, basta para viciá-la, motivo pelo qual cada ação deve ser feita segundo a natureza que lhe é própria. A adoração, pelo método que vos é ensinado; o estudo, segundo as regras; cada exercício, conforme manda a praxe.

Precisa ser feita no tempo determinado e a mudança de hora, por vontade própria, a viciará. A Graça de Deus a ela se prende; é um correio divino que nada espera. O Anjo de Deus, o Anjo da Oração distribui, ao começar, por exemplo, a cada qual a Graça do recolhimento, e a ausência nesse momento, vo-la fará recitar mal. Todavia, se a obediência vos reteve, ou se a demora foi involuntária, Nosso Senhor responderá por vós e vos reservará sua Graça. Lembremo-nos de que fazer esperar a Nosso Senhor é um insulto, e sejamos ciosos do cumprimento exato do nosso dever.

Cada ação deve ser feita no lugar competente, pois a Graça a isso também se prende. Onde a Regra vos quiser, lá estará a Graça, a Glória de Deus. A Igreja concede indulgências aos lugares, enquanto a obediência os santifica.

As ações obedecerão também às circunstâncias particulares, ao seu modo de ser. Não se faz magnificamente uma ação simples em si. Atendei à forma exterior e aceita de cada coisa. O Serviço de Nosso Senhor só se compõe de atos cuja forma já está prescrita. Sede-lhe fiel e será o quadro de vossa obediência.

As nossas ações exigem ainda alma, e esta será a pureza de intenção. Não desempenheis as obrigações nem por orgulho, se logrardes êxito, nem por despeito, no caso contrário. São vermes roedores que, deixando às ações uma aparência sadia, as corrompem interiormente. Que vossa intenção seja sempre sobrenatural, fazendo tudo por amor a Nosso Senhor. Não que seja necessário para o mérito, pois um motivo virtuoso qualquer bastará, mas por ser a ação ditada pelo amor mais precioso e agradável aos Olhos de Deus.

Sede fiéis neste particular, e que sejam todas feitas integralmente sem nada desprezar, pois é uma parcela do dom de Deus que não convém perder. As migalhas são pérolas ao serviço de Nosso Senhor.

Finalmente, dai-lhes a humildade como remate e veste; que terminem sempre naquela Humildade em que Nosso Senhor as envolve no Santíssimo Sacramento e que vos há de preservar da vaidade e do desânimo. Diz São Bernardo que Deus não pede nem nota o êxito, mas sim o cuidado no desempenho de sua Vontade. Lograr ou não êxito é secundário.

Guardai estas palavras. Estendem-se a todos os dias e a todas as ações da vida religiosa.

Da santidade pela Regra

I

Na observação da Regra encontramos a norma da santidade, a condição exigida para glorificarmos a Nosso Senhor, assim como o poder de estabilidade e ação. E embora possa haver santidade sem regra religiosa, essa não poderá ser a vossa.

É mister distinguir regulamento de regra. O regulamento é a regra material, a nomenclatura de suas prescrições positivas, é a senha, a ordem que dita cada ação. A Regra é o espírito das ações, a lei interior, a fórmula da santidade, a educação espiritual.

Só a prática perfeita da regra vos poderá santificar. Deus vos criou tão-somente para serdes religiosos do Santíssimo Sacramento e tudo em vós converge para essa Graça, essa vida. A Regra é o Evangelho aplicado ao vosso temperamento e às vossas necessidades. O Evangelho é a lei geral; a Regra, a lei particular. Se todos os corpos religiosos são idênticos, enquanto discípulos de Jesus Cristo, pela prática dos conselhos, há entre todos diversidade nessa mesma prática quanto ao espírito e ao fim.

A todo homem compete conhecer e praticar o Evangelho, mas o Evangelho do religioso será o conhecimento e a prática da Regra.

Alegareis talvez não ser a nossa aprovada pela Santa Sé. É verdade. Todavia a aprovação da Sociedade pela Santa Sé é uma aprovação indireta da Regra. Esta já foi examinada em Roma e julgada apta a formar religiosos com um fim especial e útil à Igreja, capaz de glorificar a Deus e santificar as almas, e foi louvada no seu conjunto. O Santo Padre indicou certas modificações, que foram feitas, de modo que não devemos menosprezá-la sob o pretexto de não ter recebido aprovação canônica.[1] Se a Igreja ainda não o fez foi por benevolência; sua aprovação dá à Regra caráter definitivo, e então nenhuma emenda se poderá introduzir sem a devida licença. Ainda nos é facultado modificá-la, pois isto se torna necessário no princípio.

Enquanto não solicitamos essa aprovação definitiva, é vossa conduta que a deverá aprovar. A Igreja deseja saber se é praticável. Se não a praticardes vós, de que servirá a aprovação?

A Sociedade vos pede a vós, seus filhos, a observância da Regra que vos deu e a prática das virtudes que vos ensina, para verificar se na verdade são essas as virtudes exigidas pela nossa vocação. Como e por que quereis que Nosso Senhor inspire a seu Vigário o aprová-la, se não encontrar almas bastante santas para praticá-la?

---

1. O Padre Eymard assim falava em 1867, mas em 1875 as Constituições por ele redigidas, e nas quais trabalhara constantemente, e até a última hora, como no *seu único livro*, foram aprovadas por um decreto da Santa Congregação dos Bispos e Regulares. Deixamos seu argumento na sua forma primitiva – só lhe poderá dar maior relevo.

Observai-a, pois, e guardai-a com amor e respeito. Para vós, é respeitável – não porque a compomos, que nada somos senão miséria. Tampouco dizemos que emana do Céu em virtude de uma revelação particular, ou por um milagre da assistência direta do Espírito Santo. Não possui nenhum desses caracteres extraordinários de tantas Ordens santas.

O pensamento que a concebeu, a pena que a redigiu, inspiraram-se apenas no seguinte: servir a Nosso Senhor no seu Sacramento de Amor por meio de uma sociedade de homens que se dediquem de corpo e alma a esse Serviço.

Deus ainda não lhe deu, nas pessoas de seus membros, dessas sanções brilhantes que consagram uma Regra; não temos santos ilustres, nem vivos, nem mortos, que a preguem e recomendem. Dos seus filhos, portanto, não recebe ela glória.

Em que consiste então sua glória? Consiste em não a ter perante os homens. É uma coordenadora, uma governante que deseja formar-vos para vos dar a Jesus Cristo na Eucaristia. E que glória há nisso?

Mas, possuísse a Sociedade um taumaturgo e todos viriam ouvir-lhe a doutrina, ver-lhe os milagres, sem nem sequer chegar-se ao Mestre. Haviam de procurar o espírito desse homem, para depois ir gloriar-se disto. E quem permaneceria na sombra com Nosso Senhor?

A glória da Regra – e por conseguinte da Sociedade – está no seu fim, isto é, no Serviço tão nobre, tão glorioso de Nosso Senhor reinando e triunfando no seu Trono de Amor; sua glória consiste, ainda, em formar-vos para Ele, e se conseguir bons servos, ignorados do mundo, mas agradáveis ao divino Mestre, nada mais ambicionará.

Louvemos a Deus pela obscuridade em que deixa a Sociedade e que nos torna a Regra ainda mais preciosa pelo pouco brilho que reveste, pois essa obscuridade coloca-nos com maior perfeição na nossa virtude de adoradores, que é a humildade. Se a compreenderdes, se a praticardes, sereis santos.

Ela é oculta e misteriosa como Nosso Senhor no seu Sacramento, e o mundo nunca a poderá compreender. Compreenderá, por acaso, a Nosso Senhor e seu Mistério de Amor? Mas quem tem vocação a compreenderá e ela o levará à perfeição.

Nossa Regra nos coloca no Santíssimo Sacramento e nos reduz a nada. Outras há que, muito acertadamente, aperfeiçoam o indivíduo a fim de torná-lo apto, indivíduo esse que se oporá às glórias humanas para atestar as da religião. A vossa subtrai-vos, aniquila-vos para perder-vos em Nosso Senhor, pois não vos compete aparecer e combater, mas sim adorar.

II

Praticai-a e amai-a, pois só ela vos poderá santificar. Primeiro, por vos colocar na vereda da santidade e constituir uma atmosfera de Graças. Segundo, por vos indicar pelo regulamento o que vos cabe fazer a cada hora do dia, dando-vos a conhecer a Vontade atual de Deus a vosso respeito, ponto esse importantíssimo. O que mata a devoção dos leigos piedosos e dos Padres seculares é a liberdade de que dispõem, ignoram o que devem fazer, ou se já fizeram tudo quanto Deus lhes pedia; a regra vos poupa tal perigo e quando vos concede horas livres, mostra-vos o superior que vos poderá determinar qualquer tarefa.

Ela vos dá ainda uma Graça particular e adaptada a vosso temperamento espiritual. Aos vossos olhos é a expressão resumida de toda verdade. É a Graça que vos é própria, aquela que Deus vos destinara ao conceber-vos no seu Pensamento, aquela que deverá ganhar a coroa que desde então vos reservara.

Todo homem tem uma Graça própria e deve ser conduzido dum modo particular. A Regra é vossa Graça de vida, é a luz apropriada a vosso espírito e aos vossos olhos. Ela vos há de mostrar a Nosso Senhor em tudo e por toda a parte e vos fixará nele, e só nele, prendendo toda a vossa atenção, porque só Ele é vosso fim e vosso tudo.

Quero morrer, dizia um Santo, com a Regra que foi minha direção, com o Crucifixo que foi minha força, e com o Terço que foi minha perseverança. Trocai a Cruz pelo Santíssimo Sacramento e pedi a mesma Graça.

Deveis, ainda, além dessa santidade pessoal, praticar a Regra pela Sociedade, vossa mãe. Sua vida está na Regra observada e santificada pela prática de seus filhos.

Não será o número que há de alimentar e fortificar a Sociedade, fazendo-a viver por largo tempo, mas sim a prática da Regra, sua alma, sua vida. Toda sociedade funda-se na autoridade, que lhe constitui a força e o centro, e quem não obedecer à Regra, desarma a autoridade e mata a sociedade.

A Regra é ainda sua força motriz. A Sociedade não vos pode conduzir às virtudes de Nosso Senhor se não seguirdes o caminho que vos traçou. A não-obediência à Regra paralisa a Sociedade.

Se, pelo contrário, tiverdes amor e zelo à Regra, esta será vossa glória. Então as vocações se multiplicarão, a Sociedade se estenderá noutras plagas.

A primeira coisa que se procura é a Regra, e o melhor meio de conhecê-la está naqueles cuja conduta equivale a um comentário prático. A Sociedade precisa ser luminosa como um sol, e vós sois seus raios. Quando alguém deseja abraçar a vida religiosa, não procura nem os edifícios nem os hábitos, mas sim as obras e a santidade dos membros. E onde a Regra for bem praticada, entrará em confiança, exclamando: Santificar-me-ei aí porque o caminho é garantido.

A Regra violada pode se lamentar e, como Deus, amaldiçoar seus transgressores: "Quem me despreza, será desprezado". *"Qui spernunt me, erunt ignobiles"*. Sim, Nosso Senhor os desprezará.

Os que abandonam sua vocação, notai-o bem, fazem-no porque não a estimam. Queriam acrescentar isso, suprimir aquilo, mas Nosso Senhor, que não tolera duas leis, nem vontade contrária à sua, manifesta ao superior, rejeitou-os.

Não me cabe a mim, seu débil instrumento, sancionar ou recomendar a Regra. Quanto mais fraco o instrumento, tanto mais forte se mostrará Nosso Senhor para defendê-lo, e quanto mais hábil, tanto mais severo será Ele. Nunca ninguém é excluído ou parte espontaneamente, mas é sempre Nosso Senhor que expulsa quem foi infiel à Regra.

Praticai-a, se quiserdes glorificar a Nosso Senhor. Do momento em que entrastes em religião, vossa individualidade, por melhor que fosse, não lhe é mais agradável. Ao tornar-vos membros de um corpo, deixastes de ser um indivíduo independente, e nada podereis fazer senão unido à alma e ao corpo a que vos ligastes; as virtudes que vos são próprias, praticadas sem espírito da Regra, não honrarão mais a Nosso Senhor.

O maior sofrimento, indo de encontro à Regra, será nulo aos Olhos de Nosso Senhor. E não vos seria possível perseverar, nem galgar alturas, por falta da Graça necessária. Como exemplo tomemos um religioso de talentos medíocres, mas compenetrado do espírito da Regra, estimando-a e empregando fielmente os meios de apostolado de que dispõe, e outro, superior em ciência e em talento, mas pouco se aproveitando desses mesmos meios, e vereis o primeiro dar passos de gigante e o segundo ficar sempre aquém.

Coragem! A Regra, eis vosso grande livro de ascese, vossa virtude, vossa Graça. A ela, antes e acima de tudo, compete tornar-vos santos. A ela, ser vosso critério nos estudos e trabalhos; por ela, segundo seu ponto de vista, a tudo julgareis. Nisto, por ser o vínculo de vossa união, está o segredo de vossa força, o futuro da Sociedade e a glorificação do reinado eucarístico de Nosso Senhor.

Amai-a, pois, fielmente, se amais a Sociedade. A Regra e a Sociedade são uma só e mesma coisa, esta não vivendo senão daquela, que é sua alma.

Ora, não deveis à Sociedade, vossa mãe, um amor dedicado? Pode-se dizer dela o que dizia de Maria, Mãe do Salvador, uma pobre mulher: "Benditas as entranhas que vos trouxeram e os peitos que vos amamentaram!"

Sim, bendizei a Sociedade, respeitai-a e cercai-a de vossa estima, pois ela é digna de honra por ser filha da Igreja, Esposa de Jesus Cristo, glorioso e reinante no Santíssimo Sacramento, e aprovada por um grande e santo Papa.

Dai-lhe um amor verdadeiramente filial, como filhos bem-nascidos, pois ela vos deu a vida por entre dores.

Submetei-lhe vossa inteligência e vossas obras, porquanto ela é vossa mestra em doutrina e a ela compete fazer vossa educação espiritual. Vivei, portanto, de seu espírito, de suas máximas e de seus meios, se quiserdes conseguir seu fim que é também o fim de vossa vocação, de vossa vida e de vossa felicidade neste mundo e no outro: O Reino da Eucaristia em vós e por toda a parte.

Da oração, meio de nossa santidade

Fazer bem nossas ações é nosso comércio espiritual; fazê-las segundo a Regra é nossa santidade; fazê-las no espírito de oração é toda a nossa perfeição.

I

Esse espírito de oração é-vos, por diversos motivos, de todo indispensável. Em primeiro lugar, a Graça divina, uma Graça superabundante, vos é necessária em virtude da vocação contemplativa de adoradores, que vos obriga a levar vida toda celeste, sempre animada por motivos sobrenaturais. Só a oração vos obterá tal Graça. E como esta vos é necessária a todo o momento, necessário também vos é o hábito de oração, que vos tornará homens de oração.

Parto do princípio de que a Graça da Sociedade é uma Graça de oração, de que o espírito de oração é uma de suas virtudes características e distintivas. Essa Graça é o penhor de quem Nosso Senhor chama a esta casa, porquanto Ele confere a Graça ao fazer sentir a vocação. Esse espírito de oração vos deve ser natural e como que instintivo, por fazer parte de vosso estado de religioso adorador. E como toda criatura preenche com alegria e toda naturalidade o fim para o qual foi criada, alheia ao mais, assim também deveis praticar a vida de oração com facilidade e com o júbilo do ser que age segundo seu fim.

Temos, pela Regra, oito horas por dia de prece pública, incluindo o Ofício coral, na capela. Como viver, se não souberdes vos ocupar durante todo esse tempo?

Eu vos digo que, se Deus vos chamou, se aqui permanecestes e se fazeis essas oito horas de oração, tendes mais ou menos esse espírito de oração. Mas, se essas nos forem impostas, se de bom grado somos dispensados, então não temos vocação, ou a deixamos ir.

II

A oração deve ser não somente a Graça de vossa santidade, mas seu exercício principal e a virtude das virtudes. Ela vos facilitará a prática das virtudes de estado, pois, visando diretamente à Deus, atrairá a si outras mais, delas se aproveitando para exercer-se.

Tudo correrá bem enquanto vossa alma se tiver alimentado com apetite. Tereis então a força do sacrifício e a vigilância do combate. Ah! por que não pôr toda a nossa perfeição na oração? Por que não dirigir nossos estudos e nossas virtudes de modo a aumentar em nós o estado e a facilidade da oração? Empregamos o tempo e a Graça que nos são dados em corrigir certos defeitos, mas embora não nos restasse nenhum, não nos deveríamos dar por satisfeitos. O fim que nos propomos é servir a Nosso

Senhor pela adoração e devemos corrigir nossos defeitos e adquirir as virtudes a fim de fazê-la com maior perfeição. A santidade é apenas um meio para melhor servir, meio necessário indispensável, pois Nosso Senhor não saberá acolher senão servos santos. Mas quem a possui, precisa ainda que o espírito de oração lhe venha dar a forma do serviço de Nosso Senhor, que é a adoração.

Tudo está, por conseguinte, em prestardes do melhor modo esse real Serviço. Constituí-vos uma ciência de adoração; fazei de tudo quanto lerdes um manual, um reservatório de materiais para a adoração. Ao percorrerdes um livro de piedade, que seja para encontrar novo alimento à vossa oração. Tudo o mais virá depois da prece, será um acréscimo.

Se rezardes mal, porém, tende por certo que não podereis praticar a virtude, o que só seria possível à santidade consumada. Mas, para vós, a virtude é um combate e nunca vos aconselharei de nela descansar. Demorar-vos nela equivale a perder-vos, semelhante ao pássaro que cai quando as asas não mais se movem. Deveis atingir à perfeição do Pai que está nos Céus e nunca podereis, portanto, dizer: Basta, descansemos.

Nem o estudo, nem a ciência vos proporcionarão tampouco uma felicidade repousada. Afinal, que sabemos nós? A felicidade, frisai-o bem, só vos será dado encontrar nas comunicações com Deus, nas adorações, nas ações de graça, mas sobretudo nas adorações, pois muitas vezes a ação de graça é militante e penosa, porque Nosso Senhor nos quer tornar participantes de sua Cruz e de sua humildade, vindo a nós como o divino Crucificado.

Mas na adoração é preciso ser feliz, gozar de Deus, e se assim não for, vossa vocação corre perigo. Todo estado em que Deus nos coloca deve constituir nossa felicidade, a menos que sejamos infiéis. E notai que se o desânimo vos invadir, se não vos entregardes de coração, é que vossas adorações são más. Quem ama não sofre, ou antes, pondo os gozos acima dos sofrimentos, só respira felicidade.

Mas, para gozar da adoração, é preciso fazê-la, entregar-se a ela, prepará-la, trabalhá-la; deveria ser o fim de tudo quanto nos propomos.

Os Israelitas, no deserto, causam-nos inveja recolhendo sem mais o Maná que lhes caía pela manhã. Mas isto foi um milagre de admirável condescendência, e que não devia durar. A lei, tanto da terra prometida como do próprio paraíso é o trabalho.

Alegramo-nos num festim delicioso, sem pensar nem nas despesas, nem no trabalho daqueles que o prepararam. Quereis fruir das delícias da prece no banquete da adoração? Preparai-o, pois só se colhe o que se semeia.

III

É preciso fazer a adoração segundo o método da Sociedade, segundo o método próprio da vocação.

Cada corpo religioso emprega o sistema que mais convém às suas necessidades e a seu fim. Quanto a nós, adotamos o método dos quatro fins do sacrifício, como capaz de nos unir, melhor que qualquer outro, a Jesus Cristo, primeiro Adorador, cujas adorações e orações devemos reproduzir para a Glória de seu Pai e a salvação das almas. O Sacrifício de Jesus Cristo é sua oração por excelência, é também a oração por excelência da Igreja, e reúne em si todos os deveres da criatura para com o Criador, enquanto exprime tudo o que devemos pedir.

Adorar, agradecer, pedir perdão e rezar em união com o Sacrifício de adoração, de ação de graças, de propiciação e de oração de Nosso Senhor no Santíssimo Sacramento, eis o método da Sociedade, método este que vos deve bastar. Os outros não foram feitos para vós, não correspondem à vossa Graça; não sabereis empregá-los; sois quais enfermos, ou crianças, que não sabem manejar seus utensílios. Mas a Graça radical vos é dada: cabe-vos aplicá-la.

Este método é, por assim dizer, o quadro de vossas adorações – três por dia – que deverão ser variadas de modo a dar a cada qual um caráter distinto, para evitar a rotina e perca de tempo. Ora, a primeira será uma adoração de virtude, cuja principal ocupação será o trabalho interior, a instrução da alma e a reforma dos defeitos; é uma adoração de perfeição e de santidade, é a escola de aprendizagem da Vida passada e da Vida eucarística de Jesus, cujos Mistérios e virtudes meditais, esforçando-vos primeiro por praticá-los na adoração, para depois tomar as resoluções necessárias, a fim de conformar-lhes a vida.

A segunda será uma adoração de sofrimento, e no sofrimento está a perfeição das virtudes, na qual vos unireis à Paixão de Nosso Senhor, meditando nos seus padecimentos exteriores e interiores.

Mas a terceira será toda de recolhimento e de repouso, regozijando-vos na Bondade de Nosso Senhor junto ao seu Coração, ou aos seus pés. Aí meditareis nos Mistérios gloriosos e gozosos de sua Vida e Ele vos mostrará seu Amor, vos dará provas de sua ternura, não no trabalho, mas no silêncio e no repouso.

Não vos digo de procurar somente a alegria, mas Nosso Senhor vo-la dará, pois sabe que vos é necessária, como também necessário a Ele é vo-la comunicar. É-lhe tão agradável irradiar felicidade. Nas suas aparições aos Apóstolos, derrama sempre paz, alegria, júbilo; se não vos souberdes aproveitar, a culpa é vossa.

Insisto quanto à alegria, por vos dar ânimo na oração e ser o óleo que faz correr as rodas. Se não gozardes dessa felicidade, direis: Não sou fiel, nada faço que preste, e isso forçosamente vos há de desanimar. "Não faço nada que preste." É bem possível; não deveis, todavia, permanecer inerte, mas, sim, humilhar-vos e recomeçar, empregando os meios indicados para vos desenredar.

Talvez seja uma provação divina. Os Santos foram assim longamente provados, mas vós ainda não alcançastes essa santidade. Falando de modo geral, a ausência dessa felicidade na oração vos deverá ser atribuída. Humilhai-vos, portanto, e tratai de reaver em breve, levando vida melhor as boas graças de Nosso Senhor.

Tenho muita pena de quem entre vós não conseguir alcançar a alegria na oração. Nenhuma outra consolação lhe será dada, nem por parte dos homens, nem à mesa, nem no repouso – o trabalho não falta. E que consolações seriam essas? O religioso não tem preocupações, dizem. Que insulto! A felicidade só se firma no contentamento da alma. O ministério exterior tampouco vos trará consolações: só vos será dado exercê-lo à medida que o permitir o espírito de oração e a regularidade das adorações.

O mundo não virá a vós, e se obtiverdes êxito junto às almas, essa alegria vos será retirada. Vosso papel é o de João Batista, que, tendo revelado Nosso Senhor aos seus, acha natural que esses o abandonem para procurar Aquele a quem aponta.

Acreditai no que digo. Ninguém, nada neste mundo poderá vos tornar verdadeiramente felizes. Isso está reservado a Nosso Senhor. E sempre que puserdes o coração em contato com algo que não aquilo a que é sensível, a oração e Deus, ficará paralisado. Ele vos deu um coração semelhante à mimosa sensitiva, que só tolera o contato do sol e do orvalho celeste, subtraindo-se ao mais.

Sede homens de adoração; adquiri o espírito de oração; amai a adoração e chegai-vos a ela como a um banquete celestial, regozijando-vos, e então sereis felizes e servireis ao Senhor com alegria de coração. Que Deus vos saiba contentar!

Da caridade fraterna

Permanecei em Deus para conhecer sua Bondade; permanecei recolhido para conhecer vossa miséria e vos desprezar, são as duas fontes da caridade fraterna, o segredo para amar os irmãos.

A caridade fraterna é a virtude querida de Nosso Senhor, que nela firmou o caráter de seus verdadeiros discípulos: "Se vos amardes uns aos outros, reconhecer-vos-ão por meus discípulos".

É, no dizer de São João, toda a nossa lei: quem a praticar será um bom religioso, e a caridade só por si bastará, por ser preceito divino. Quem ama seu irmão, ama a Deus. Nosso Senhor outorga ao próximo os direitos que tem ao nosso amor, e se não amarmos o próximo, a quem vemos, como amar a Deus, a quem não vemos?

Jesus Cristo chama a caridade um preceito novo. E os homens, embora já amassem ao próximo antes da vinda de Nosso Senhor, não conhecendo o Amor do Salvador, não sabiam o que era amarem-se uns aos outros sobrenaturalmente.

Mas, desde que Ele se tornou nosso irmão, e que por nós morreu, sabemos o que devemos a todos os homens que nele se tornaram nossos irmãos.

Todavia essa caridade fraterna se impõe sobremaneira a nós, que vivemos no Santíssimo Sacramento, pois é o código da Ceia e a virtude da Eucaristia.

Quais são, por conseguinte, os caracteres dessa caridade fraterna? Os mesmos de que Nosso Senhor deu provas no Amor que teve para conosco.

Em primeiro lugar, Ele nos amou por nós e não por Ele, e o amor que ama aos outros por si é simples egoísmo. É preciso amar a nossos irmãos pelo seu bem espiritual, e mesmo temporal segundo pede a caridade; é o amor puro e sobrenatural.

Amemos, mais que a qualquer pessoa, aos nossos irmãos com quem vivemos. "Quem não ama aos seus, é pior que um infiel." Nossa caridade se deverá estender ao corpo e à alma do nosso irmão, porque se deu, corpo e alma, à Sociedade. Quanto à alma, tem direito a nossas orações e devemos, sempre que nos for possível, evitar-lhe cair numa culpa. Amar as almas, impedir a ofensa a Nosso Senhor, é a fonte de zelo para os apóstolos e os bons Padres. Depois do serviço de sua Pessoa, nada glorifica tanto a Nosso Senhor quanto a caridade espiritual pelos irmãos. Para sua Glória resultarão dois frutos: o que provém do ato que praticais e o do irmão, cuja queda obstais.

A caridade fraterna tem um poder admirável: nunca trabalha em vão, embora não consiga seu fim, pois o mérito recai sobre aquele que se esforçou por praticar o bem e não logrou êxito. No Céu, os Santos são recompensados até do bem que fizeram às almas que, apesar dos seus socorros, se perderam. E, por isso, o mérito do Superior que zelar pela prática da Regra, será o mesmo, quer seus religiosos a observem, quer não. Dar uma esmola em si é bom, ainda que o infeliz a empregue para o mal.

Tende, pois, caridade para com vossos irmãos e dai-lhes as primícias do vosso amor! Que desgraça ter maior caridade para com estranhos do que para com pessoas da família! Vossa dedicação ao próximo se medirá na missão que vos cabe e não em toda a extensão da caridade.

Nas vossas preces, então sim, sede universal, mas na ação ficai nos limites da obediência. E mesmo nas preces, a família eucarística terá primazia sobre os pais, porquanto pertenceis mais à família da Graça que à carnal. Pelo sacrifício desta vos destes aquela. Sei que no coração ficará enraizado um sentimento natural pela mãe que vos deu à luz, mas à Sociedade, vossa mãe adotiva, devem se dirigir os primeiros sentimentos da Graça, o primeiro amor sobrenatural. E onde estiveram vossas relações e vossa vida, lá estará vosso coração. "O homem deixará pai e mãe para aderir à esposa", disse o Senhor. E vós, tendo desposado a Sociedade, deveis colocar a tudo o mais em segundo lugar.

Rezar pelo bem espiritual dos pais, a gratidão no-lo manda; quanto ao temporal, não vos deveis mais preocupar, e, em caso de necessidade, a obediência vos indicará o que compete fazer.

Renunciastes também à caridade individual para com os pobres e só vos resta lembrar-vos dos desgraçados em Presença de Deus. Será um grande sacrifício, sensível sobretudo aos que estavam no hábito de fazê-lo, não poder mais dar esmolas. Deixai gritar contra vós, e vosso coração e o mundo; sois pobres e não podeis dispor de um óbulo. O Superior, para cumprir com o preceito, dará a esmola em vosso nome.

Quanto a vós, lembrai-vos que todo bem que Deus não pedir é um mal e que vosso voto se opõe a toda liberalidade. Portanto, ponde sempre em primeiro lugar vossos irmãos.

Amai-os por puro amor de Deus e deles mesmos em Deus, e não para angariar reconhecimento e gratidão. Prestai-lhes todo serviço ao vosso alcance, inspirados sempre só nesse motivo. Então, não vos queixareis se não receberdes o devido agradecimento. Foi, porventura, para isso que o fizestes? E se foi por Deus, por que procurar o obrigado humano? Cumpristes com o dever e seria destruir vossa caridade e privar Deus de sua Glória, querer receber um reconhecimento pessoal. Digo mais, se vos testemunharem uma gratidão demasiada, mostrai-vos ofendido, pois cumpristes apenas com vosso dever ao prestar tal serviço.

Que essa caridade se estenda, sem distinção a todos de casa, pois todos são vossos irmãos e têm os mesmos direitos à vossa afeição, sem todavia lhes dever as mesmas provas exteriores de consideração. Os sacerdotes, em virtude do Sacramento da Ordem, têm direito à maior honra, a maior respeito, eles representam o Padre soberano, Jesus Cristo; deveis-lhes, pois, um mui profundo respeito. Eles vos tratam com bondade e condescendência. Que um leigo, porém, jamais trate ao Padre com familiaridade, de igual a igual. Não vejais neles camaradas, e sim superiores. Guardai o lugar que vos compete e se alguém se dignar descer até vós, então aproveitai-vos para abaixar-vos ainda mais.

Outro caráter da caridade de Cristo é a humildade. Ele se considerava como servo de seus apóstolos. Nunca nos coloquemos acima dos outros, nunca nos consideremos como superiores pela ciência ou pelas virtudes.

A caridade é sempre respeitosa. A familiaridade gera o orgulho e o desprezo. Nosso Senhor tratava a seus Apóstolos com respeito e quando os repreendia, por julgá-lo necessário, dava-lhes os conselhos de que careciam, mas não os rebaixava. Ensinava-lhes a se respeitarem mutuamente, e se lhes dizia e redizia que os amava, era para que vissem uns nos outros os amigos que escolhera, os objetos de seu Amor. Repito, a caridade que não honra, é o orgulho que se ergue um trono, humilhando ao próximo.

Talvez vosso irmão possua, em grau menor, qualidades, ciência, virtudes, e nesse caso vos deve respeito. Mas a vós, não vos cabe desejar um lugar superior ao dele, nem o tratar com altivez. É próprio do natural, do mundano, querer se ilustrar, mas então será preciso lançar mão da vossa superioridade e não será mais o amor que vos conduzirá, mas sim uma questão de honra humana. Ora, aqui não se trata disto.

Deve-se, de fato, observar o direito de precedência, mas não em virtude das pessoas, e sim da dignidade e da manutenção da ordem. É a hierarquia estabelecida pelo próprio Deus no Céu e por Nosso Senhor na Igreja. Fora disso, rogo-vos não ter dessas suscetibilidades que cheiram a ambição e a vaidade do mundo. Que a honra seja dada e recebida reciprocamente com alegria, mas que ninguém a procure. Honrai ao menor dos vossos irmãos com um amor simples e cordial que não se prenda a suas qualidades, nem à simpatia natural, o que seria apenas humano.

Honrai nele a Graça que Jesus Cristo infundiu em sua alma, sua vocação ao serviço do mesmo Rei. É Jesus Cristo mesmo que habita nele e a ele se dá na Comunhão. Nosso Senhor honra a vosso irmão: fazei o mesmo. Ao vosso lado, ele também serve ao Mestre e a consciência vos impõe, como dever de justiça, crer que ele possui em verdade as virtudes que aparenta ter. Quem sabe se esse pobre irmão, esse ignorante não será colocado muito acima de vós na Glória? E mesmo que fosse tão-somente o relicário de Jesus Cristo que veio em seu coração, não seria o bastante para cercá-lo de estima, de respeito e honrar nele o futuro príncipe da Glória de Deus?

A caridade será também dedicada. Honrar não basta, é preciso ainda socorrer, ser dedicado à alma do irmão, rezar pela sua santificação, pelo seu aperfeiçoamento. Se Deus nos fizer ver um seu defeito, é para o corrigirmos, pelo menos, pela prece, e se não o fizermos na medida das nossas forças, faltaremos à caridade.

Quanto à caridade exterior, o regulamento indica-vos os deveres, e se vos couber tratar do próximo, assisti-lhe, instruí-lo, fazei-o com dedicação; se fordes adjunto de algum irmão num cargo que correr por sua conta, vós vos tornais seu inferior e lhes deveis submissão em tudo o que diz respeito a tal cargo.

Sede dedicado, mas na oração, àqueles que não fazem parte da Sociedade. Que o coração seja universal e ame as almas pela sua salvação sobretudo pelo apostolado da oração e da mortificação, apostolado esse mais fértil que o da palavra, por ser o princípio do martírio e da caridade perfeita. Pessoas há que se fazem religiosas para serem vítimas pelas almas, e essas hão de converter pela sua imolação mais que todos os pregadores. São as medianeiras da salvação.

Praticai, pois, a caridade, sempre e em tudo. As ocasiões são sem número. Se não se apresentarem, ide-lhes ao encontro. A escolher entre duas boas obras, uma pessoal, outra de caridade, preferi a esta, pois o mérito será duplo.

Mas, e insisto sobre este ponto, que vossa caridade seja sobretudo humilde; a caridade orgulhosa é egoísmo ou caridade forçada. Examinai-vos sobre isto: Sou eu sobrenaturalmente caridoso? Honro a meus irmãos pela minha caridade? Sou-lhes eu dedicado?

Quantos pecados contra a caridade! Por pensamentos, por juízos temerários! Aquilo que, na hora da morte, nos causa maior pesar, depois dos pensamentos contra a pureza, é a lembrança dos pensamentos contra a caridade! Quem vos nomeou juiz de vossos irmãos? Esse desassossego nos últimos momentos é a pena que atinge, já neste mundo, segundo São Vicente Ferrer, essa espécie de pecado. Os primeiros movimentos do juízo temerário têm importância, mas neles se demorar, neles consentir, é ser homicida, no coração, do próprio irmão.

Agora quanto às palavras. Ah! de quantas culpas não se devem acusar as almas devotas e religiosas!

Há ainda os pecados contra a caridade por ação, por omissão. Examinemo-nos bem neste ponto e empreguemos os meios de nos corrigir.

Quem não peca contra o próximo, pouco peca contra Deus, porque o amor é um, embora tenha um duplo objeto e como que dois canais.

Da simplicidade

O justo andará em simplicidade e o ímpio na fraude.

Aconselho-vos sobremodo a simplicidade como norma e fundo de vida. Esta virtude foi louvada por Nosso Senhor: "Se não vos tornardes de uma simplicidade infantil, não penetrareis no Reino de Deus". É a forma da humildade e sua veste; é a pobreza de espírito abençoada pelo divino Mestre.

Se vos entregastes a Nosso Senhor, abdicando de vossa personalidade, deveis ser simples como a criança que se deixa carregar, levar pela mão, tudo fazendo por meio da mãe; assim também por Nosso Senhor sereis sagazes e prudentes.

Um dos caracteres da santidade é a simplicidade; um dos sinais da decadência espiritual é a duplicidade. Se nos quisermos santificar e tornar felizes na vida de oração e de regra, que abraçamos, precisamos ser simples.

I

Em primeiro lugar, sejamos simples para com Deus. "Quem anda em simplicidade, anda em confiança", diz o Espírito Santo. Esta simplicidade para com Deus é precisamente a confiança que leva a alma a se abandonar a Deus, por conhecer-lhe a Bondade. Entrega-se, sem se preocupar de modo absoluto com o que lhe poderá advir. Só vê a Vontade divina nas pessoas e nos acontecimentos mais diversos e essa unidade de vista já é por si uma grande santidade, porque vê tudo num relance, sem que nada a surpreenda.

Quando a alma se perturba, desanima, é porque deixou de ser simples, olhou para baixo e não para o alto. Sejamos como a criança, simples e cândida. Nada oculta, faz tudo quanto deseja a mãe, só porque o deseja, sem cuidar que seja bom ou prejudicial. Assim também lembrai-vos que Deus é Bom, que quer nosso bem e que o melhor meio de glorificá-lo é cumprir com sua Vontade.

De posse dessa simplicidade, tudo parece possível, nada mais custa; basta que Deus o queira.

II

Sede simples para com vossos Superiores, para que não levem sua carga suspirando, o que não vos seria de vantagem.

O Superior é pastor e cuida das almas. É responsável pela vossa vida, pela vossa alma. Aliviai-lhe esse peso; que lhe seja possível chegar-se a vós sem receio de ver suas ordens ou suas admoestações mal recebidas, dissimuladas ou capazes de produzir, desde já, mais mal do que bem.

Já notei que quando os membros duma comunidade faltam em simplicidade para com seu Superior, Deus não a abençoa. Ele abençoa – notai-o bem – ao Superior acima de todos os religiosos, e nele a estes. É a cabeça, o depositário de todas as Graças, que depois se derramarão nos membros, qual óleo de unção que passou da cabeça de Aarão até a orla de sua veste. Mas Deus não saberá abençoar os religiosos que forem de encontro ao seu Superior, em se tratando do dever e daquilo que têm a cargo. É-vos fácil compreender que Deus será um com ele e que não poderá desprestigiar a quem nomeou como seu representante.

Duro é, meus irmãos, ser Superior! Só Deus nos pode pregar nessa cruz, porquanto, a menos que se seja um soberbo, devorado do desejo de aparecer, ou um avarento que quer a todo o custo administrar alguns vinténs, nunca se ousaria desejar tal cargo. Visto de longe, talvez brilhe, mas de perto, é outra coisa. Se existe um ser infeliz, é o Superior, que nunca dispõe de um momento para fruir da felicidade, fruto da paz. É necessário imolar-se nessa rude cruz, ser de todos e de ninguém.

Há honras inerentes! Quais serão? Se soubésseis a pouca importância que lhes dão os Superiores Gerais que governam as grandes Ordens, que mandam em legiões de religiosos e cuja posição em Roma e na Igreja é tão eminente! Não. Lá só contemplam misérias, só recebem coroas de espinhos. E sobre quem descarregar tantas preocupações, tantas aflições? Ah! só se poderá abafá-las no coração e rezar a Deus.

Nunca invejeis a sorte dos Superiores, mas antes vos condoais deles. Tornaram-se responsáveis por vós e no dia do juízo por vós responderão. Desejar um superiorato é um desatino.

Honrai a vossos Superiores simplesmente, sem os lisonjear. O lisonjeador despreza ou insulta a quem adula. Sede todos – seja quem for – simples com ele. O gênio é simples, a falsa ciência se enfatua. Acreditai no que vos digo e praticai essa simplicidade infantil. Talvez vossa ciência, em muita coisa, exceda a do Superior, mas no que diz respeito a seu cargo, nunca. Os Superiores recebem de Deus dons que lhes são próprios, e sobretudo o dom de penetrar nos corações. Parece que Deus lhes dá esse privilégio de amor materno que adivinha o coração do filho. Assim é que, em geral, conheço vossos pensamentos, vosso estado presente, vossos desejos antes de mos dizerdes.

Sede simples com eles no trato de todo dia quais filhos com o pai. Muitos faltam em simplicidade e não ousam falar nas suas necessidades, nas suas aflições, encobrindo-as total ou parcialmente. Mas Deus ao Superior tudo diz, e lhe dá Graças gerais para toda a sua família. Os membros só as receberão segundo a confiança que depositaram no seu representante. Pedi, pois, com simplicidade, verificando de antemão se o Superior vos poderá satisfazer sem lesar os direitos da Regra, sem abrir exceção em vosso proveito, sem se inspirar num sentimento pessoal. Neste caso perguntai a Nosso Senhor se vosso desejo é conforme ao seu Coração, rezai e se persistir o desejo então vinde em confiança expô-lo simplesmente. Se hesitardes, se receardes, sois um estranho, e não um filho de casa. O desejo natural do Superior, por ser pai, seria sempre dizer sim, e custa-lhe recusar, mas não poderá fazer de outro modo quando pedirdes algo de fantasia que vos seria prejudicial, a vós ou ao bem geral. Concedê-lo em tais circunstâncias seria cometer um erro que ele iria expiar no Purgatório.

Durante o recreio, quando o Superior se aproximar, depois de cumprimentá-lo, continuai a conversa que certamente o há de interessar. É pai, e deseja participar da alegria dos filhos. Interrompê-la, mudar de assunto, faria crer que melhor fora ele não ouvir.

Vamos! Vedes que a simplicidade com os Superiores traz alegria. Cada família tem seu centro. A solidez do diamante provém da coesão das suas moléculas. A comunidade em que os inferiores estão unidos aos Superiores, resistirá a toda tentativa diabólica para dissolvê-la.

Prestai atenção ao que eu digo e nunca critiqueis nem tolereis críticas aos atos de vossos Superiores, sejam quais forem. Tivessem eles todos os defeitos do mundo, a vós não caberia julgá-los, mas sim rezar e sofrer. Deus tomará sempre o seu partido, enquanto vós atacaríeis o âmago da vida de obediência.

Infelizmente há sempre, nas casas religiosas, quem lance a discórdia, criticando os Superiores. Sede vós quem fordes, se alguém fizer em vossa presença alguma crítica, protestai e reduzi-o ao silêncio, seja sacerdote ou sábio, eminente pelas qualidades. Não permitais que uma sociedade pereça toda – resultado inevitável – devido ao descontentamento e orgulho de uma só pessoa. Deus trata as criaturas como essas aos seus Superiores. Tal inferior, tal Superior. E se vos der um mau Superior, é porque o merecestes, porquanto Ele só dá o que se merece. Convertei-vos, sede humildes e submissos e Deus vos dará um pai.

Rogo-vos nunca permitir em vossa presença a menor crítica. Recordo-vos a conduta de Constantino, recusando-se a julgar os bispos acusados em sua presença. Quem estudar curiosamente a Majestade, será esmagado pelo seu peso, isto é, quem descobre e põe a nu os defeitos da autoridade, amaldiçoará a Deus como Noé amaldiçoou a Cam.

E, fato que não se discute, Deus jamais abençoou ao religioso que não fosse simples para com seu Superior. E quanto mais secundário for, quanto menos sábio, menos notável pelas suas qualidades naturais, maior será a ofensa, mais terrível a vingança, pois Deus protege antes os fracos que os fortes.

III

Sede simples para com vossos irmãos, simples para com vós mesmos. A caridade decorre da verdade. Nunca mintais, nem por pilhéria, lembrando-vos de que Nosso Senhor tem horror tanto à mentira como ao fingimento.

Amai-vos e respeitai-vos como irmãos, que a crítica da vida alheia não penetre nas vossas conversações; que vossos olhos sejam simples e não vejam somente os defeitos; a Deus e ao Superior compete vê-los e distinguir bodes e ovelhas. Que a simplicidade reine sempre entre vós. Exprimi vossas idéias em toda singeleza, em presença de todos, sem artifícios nem apartes. A simplicidade da pomba é o vínculo da paz.

Abro exceção quanto às relações com estranhos, que exigem a prudência da serpente. Nunca conteis a esses o que se passa em casa; é intrigante que repete a todos os segredos de família. A discrição é necessária, a indiscrição imperdoável, pois não se tem o direito de trair a autoridade. Quem não sabe ser discreto é um vaidoso, cujos vermes são extraídos pela bajulação. Ouvi, falai pouco, edificai exteriormente pelo silêncio. Sede honestos e polidos, nobres na conduta, como nobre, em virtude de vossa vocação, é vosso estado. Honrai pelos vossos modos e fazei com que honrem vosso caráter, sem afetação nem melindres, mas com a verdadeira caridade sobrenatural que produz a cortesia e a probidade nas relações.

Sede humildes e afáveis para com todos, e deixai falar o mundo. Procurais outra coisa que não seja Deus? Que importa o resto!

Bem-aventurados os simples, porque possuem a Deus, a sua Graça e o seu poder de ação.

Da seriedade da vida

Se este retiro tivesse como resultado único o que vos proponho, isto é, tornar-vos homens sérios, já seria por isso mesmo um bom retiro.

Tivesse eu começado por estas palavras, como tudo parece indicar que deveria ter feito, teria faltado ao meu fim. Todos se teriam entregado ao recolhimento e dele não pretendo falar. É apenas a flor e o fruto, mas eu desejaria que o próprio caráter se tornasse sério. O recolhimento varia segundo as idéias e os estados da alma, ora capaz de mais, ora de menos. O que vos desejo é um fundo de caráter, sempre e em tudo sério. Aquele cujo caráter não for naturalmente sério, de nada é capaz, é um homem leviano, um espírito irrefletido. Não vos fieis nas suas palavras; fala sem pensar, por acaso; é uma série de incoerências, que patenteia absoluta falta de critério. Quem no fundo for assim, de tudo falando a torto e a direito, será tido por fátuo. Quem não reflete, formará necessariamente juízo falso, pois o juízo resulta das idéias comparadas entre si, e o homem leviano não estará disposto a tanto.

Terá memória e, possivelmente, imaginação, sendo levado pela impressão do momento. Por uma coisa que deve fazer, dez começará; suas promessas não têm valor. É o coração que nele domina, aproveitai-vos do momento próprio, sem o que, passados os sentimentos e o impulso, nada mais lhe restará. Que fazer de semelhante personagem na vida religiosa?

Não vos esforceis por lhe dar educação; seria mera perda de tempo. Ocupai-o exteriormente, porquanto nunca se há de aplicar a estudos sérios.

Quando essa gente leviana possui fortuna, que desgraça para o mundo! É a leviandade que domina o mundo e o submerge no escândalo. Na religião, porém, é um vício radical; um homem irrefletido será sempre um mau religioso. A Graça das virtudes é-nos infusa, mas sua prática só se adquirirá pelo trabalho junto ao espírito sério. Urge cultivá-las, o que nunca fará o homem leviano.

A virtude e um enxerto do Calvário que Nosso Senhor nos confia a cultivar pelo sangue e pelas lágrimas; sua força está na raiz, que se firma no solo da alma. Descobri-la pela leviandade, seria matar o arbusto.

A virtude exige sabedoria, habilidade, vigilância nas lutas. O inimigo é sempre novo, suas manobras variam infinitamente. Se lhe opuserdes apenas a piedade e o sentimento, não conseguireis frustrar suas astúcias, nem as perceber a tempo. Mil vezes vos surpreenderá e, quando pensardes em resistir, já estará aberta a ferida.

Levar vida interior requer inteligência e uma compreensão exata das necessidades da alma. Para cumprir as obrigações comuns da obediência, não é mister muito espírito. Uma vida de oração, a nossa vida de adoração, exige grande aplicação, tanto do espírito como do coração.

É indispensável estudar-vos a vós mesmos, estudar a Nosso Senhor. Vossos olhos se deverão volver continuamente para o vosso modelo, para lhe contemplar a perfeição; considerando-vos depois com todas as vossas obrigações, vereis o que vos falta; deveis entregar-vos a observações constantes e estudos inteligentes, e isto exige um espírito sério.

Os livros não nos bastam; precisamos trabalhar por nós mesmos, estudar, examinar detidamente com o espírito a nossa Graça particular, a Pessoa de Nosso Senhor, seus Mistérios, as finalidades da sua Vida eucarística e os desígnios que tem sobre as almas. Quem for incapaz de refletir, nunca há de perseverar em nossa vocação, ou, então, se condenará a rezar míriades de terços. Para passar diariamente três horas no genuflexório, é mister ser sábio e eloquente, instruído e mui inteligente, não da inteligência natural, mas daquela que vem da Graça e que Nosso Senhor comunica aos espíritos sérios, empenhados em viver de vida interior.

O que acabo de dizer é confirmado pela experiência. As almas devotas no mundo, os próprios sacerdotes, colocados como nós, durante três horas, no genuflexório, não saberiam como as empregar. Esta Graça vos é própria, sabei corresponder-lhe pela seriedade da vida, refletindo e raciocinando.

Todos os que saíram do Instituto, queixavam-se da adoração, onde se aborreciam, não sabendo o que fazer. Tomai, pois, cuidado!

Corrigi essa leviandade, que vos arrastará ou pelo menos vos impedirá de gozar de Nosso Senhor na adoração, de compreendê-lo e de descobrir as maravilhas e doçuras do seu Amor.

O espírito sério é aquele que vive da Verdade de Deus e das coisas; permanece na verdade, na realidade, e não no sentimento. O homem sério é cumpridor de seu dever; não faz isso ou aquilo por lhe agradar, mas por lho impor o dever. Ele procura a razão de ser das suas obrigações e ações, para cumpri-las segundo o espírito que lhes é próprio; não que queira compreender a ordem antes de executá-la: obedecerá logo ao primeiro sinal, pois é dever seu. Em vez de obedecer maquinalmente, ele fixa o seu espírito na glória que sua ação dará a Deus, na vantagem que proporcionará tanto à Sociedade como à sua alma; aplicado inteiramente ao que faz, fá-lo-á melhor. Não recuará ante a dificuldade, mas a encarará com atenção para dela triunfar ou desviá-la. O homem leviano, pelo contrário, caminhará, enquanto lhe agradar, para cessar o trabalho ante o menor obstáculo, ou quando passar o entusiasmo.

O homem sério disseca as virtudes. Dirá, por exemplo: "Quero ser humilde". Mas por quê? "Porque, pecador, devo reparar meu orgulho; porque Jesus foi humilde e porque esta virtude abre os Céus e é a medida da glória". Examinará as razões e os motivos e convencerá ao espírito, acabando por se entusiasmar pela humildade.

Se obrardes por impressão, por sentimento, passados estes – e duram pouco – nada mais vos restará.

Comparai um homem piedoso, mas leviano, e um pecador que acaba de se converter, mas que é sério; ponde a ambos no caminho da perfeição e vereis que este em breve deixará aquele para traz. Quem, diz a *Imitação*, trabalhar com zelo, mais aproveitará, conquanto tenha maiores paixões a vencer, que o homem de índole boa que se aplicar com menor diligência na aquisição das virtudes.

A seriedade é indispensável a quem quiser dedicar utilmente todo o seu tempo a Deus e à sua alma. A Regra não pode tudo determinar e mesmo no que impõe, deixa muito à iniciativa particular. Ela dará forma e método, mas o modo de os aplicar varia muito e esta é a obra que vos é própria. Que fazer dessa liberdade de ação, se formos irrefletidos? Será tempo perdido; tudo passará e esse desgraçado defeito a tudo destruirá. Não sabereis conversar com Nosso Senhor; não ouvireis sua voz, não compreendereis seu espírito e Ele nenhum poder exercerá sobre vós.

Demais, que Graças vos poderia Ele confiar? Quereis, porventura, que todas elas sejam como o grão que, caindo na estrada larga, ou nos espinhos, apareceu para logo ser esmagado e abafado? A leviandade é essa estrada larga, varrida pelos ventos, pisada pelos transeuntes, onde nada permanece.

Certos casos, para serem solvidos, quando não há a quem consultar, exigem um espírito sério. Talvez vos sejam confiados cargos importantes, cuja responsabilidade assumireis. Os acidentes não tardarão em aparecer e ser-vos-á necessário tomar uma resolução. Sois leviano? Então a tudo comprometereis e vos mostrareis, por isso mesmo, de todo incapaz de servir à Sociedade.

Trabalhai, pois, e seguidamente na aquisição das virtudes, observando-vos cuidadosamente fielmente, obedecendo sempre a princípios. Deus, quando deseja conduzir a alma à santidade, lhe dará primeiro um espírito sério, e antes de lhe manifestar sua Graça de escol, fá-la-á refletir. Quando se dirigia aos profetas, o Senhor começava por ganhar-lhes a atenção e eles, por sua vez, ao transmitirem as ordens do povo, diziam: Ouvi, ó Israel, ouvi!

No Monte Sinai, Nosso Senhor multiplicara os prodígios para impressionar o espírito desse povo inconstante, o mais leviano de todos em suas resoluções. E ao formar Apóstolos, os atrairá ao deserto com Ele, para que nada os possa distrair. Quem quiser construir um reservatório, deverá cavar a terra, para que a água se acumule e permaneça.

O homem irrefletido nunca sabe o que fazer e está numa penúria perpétua, enquanto o homem sério encontra sempre ocupação.

Ao formar uma alma contemplativa, Deus lhe dará a faculdade de sondar seu coração e de concentrar-se em si mesma. Mais tarde, fá-la-á compreender os desígnios de sua Providência e escrutar suas Veredas: *"Maria conservabat omnia verba hoec in corde suo".*

Adquiri essa seriedade de caráter, no ponto de vista da fé, da consciência e da vida religiosa, Graça essa que deveis pedir e sem a qual nada conseguireis.

A leviandade é a causa primordial, uma vez que indireta, de todo pecado, de todo defeito e sobremaneira da falta do espírito de oração. As más adorações, os esquecimentos da Presença Divina, a familiaridade confiada, a sem-cerimônia com Nosso Senhor, não provém doutra fonte.

As disposições do vosso coração eram, talvez, boas, mas a leviandade de espírito as inutilizou; a Graça, ao chegar, não vos encontrou!

Essa leviandade nos coloca a todo momento em dificuldades. Assim é que o demônio tenta lançar as almas levianas, cujo coração é bondoso e cheio de zelo, em mil obras insignificantes, boas em si, não resta dúvida, mas sem seguimento a fim de lhes turvar o olhar introspectivo. Ele será sempre senhor do terreno quando conseguir, pela multiplicidade das ocupações, lançar a alma na rede das distrações e das preocupações.

É fato que os negócios tolhem a necessária calma à vida de adoração. As saídas e as ausências, sobretudo, fazem-nos perder a facilidade de conversarmos com Nosso Senhor. Eis por que a Sociedade veda as predicações das estações e dificilmente permite as ausências, a fim de conservar sempre a seriedade da vida de adoração junto à liberdade de servir sempre de pronto a Nosso Senhor. É, em verdade, uma servidão, mas uma servidão real.

Frutos e resoluções do retiro

"Guarda cuidadosamente o depósito precioso e trabalha como um soldado generoso de Jesus Cristo, aprofundando a estas coisas e pondo-as em prática." Tais eram, entre outros, os conselhos que São Paulo dava a Timóteo, seu discípulo quando o nomeou bispo de Éfeso.

I

"Depositum custodi." Guarda o depósito.

Nosso Senhor vos revelou suas Verdades, indicou-vos os obstáculos que em vós se oporiam à sua vida e sua glória, deu-vos bons sentimentos e boa vontade e começastes em verdade a levar vida religiosa. Guardai cautelosamente este tesouro, fruto do retiro, vigiando a fim de não cair nas tentações do demônio, que não atacará pela frente, pois sua fealdade por-nos-ia em fuga, mas nos fascinará, nos atordoará, nos agarrará pelas costas: *"Circuit quærens quem devoret"*.

Sabeis já quais as tentações que levam vantagem, que vos perturbam, sabeis como o mundo vos dissipa e ocupa; guardai-vos de deixá-lo vir a vós, guardai-vos até dos santos do mundo.

Sois um sacerdócio real, um povo santo; não profaneis tamanha dignidade prodigalizando-a ou mesclando-a. E, quanto ao mundo, se a obediência vos puser em contato com ele, sede anjos, isto é, mensageiros que desempenham sua missão, mas não se demoram, e não vos deixeis aproximar por demais.

Que vossa vigilância se estenda também ao traidor que existe em vós, isto é, a vós mesmos. Dominai-o pela força, é vosso mais cruel inimigo. Compreende-se o ódio que os Santos votam ao corpo e a guerra que lhe fazem como ao seu maior inimigo.

Desconfiemos de nós mesmos, odiando-nos e lutando sem trégua. Se dissermos: Basta, estaremos perdidos. Mas ai de nós! Às melhores resoluções seguem-se uma fraqueza, uma covardia tão grandes! Ao sairmos da Confissão, apresente-se a ocasião e logo recairemos novamente. Levamos em nós um explosivo que estala ao contato com o fogo, seja uma simples faísca.

"In omnibus vigila." Sede vigilantes em tudo e por toda a parte. Velai sobre os sentidos e de modo especial sobre os olhos. Só quem for senhor dos olhos, será senhor de si mesmo. Se quiserdes gozar da tranqüilidade, que jamais se pinte no espírito, e os olhos são pintores, a imagem de criatura alguma.

Amai a todos em geral, recomendai a todos a Deus e não cultiveis amizade com ninguém em particular, se a caridade ou a obediência não vo-lo impuser como dever. Deixai a vossos Superiores a obrigação de conversar com o mundo, pois a ele cabe a responsabilidade.

Que felicidade não responder por ninguém! Sois independentes e vosso coração, vossa vida podem pertencer a Nosso Senhor. Que nele Ele se imprima todo inteiro e não partido, indeciso, como numa água turva, ou num espelho fendido. Retratai a Nosso Senhor; vossa alma será a lente; seu amor, a luz; Jesus Cristo, o modelo.

Ah! sede decididos com as criaturas: sede breves, quando for preciso. Sede independentes, sede até altivos quando quiserem vos reter, e não vos deixeis prender nas suas teias.

Quantas vezes não me arrependi de ser pastor das almas! É uma agitação perene. É-se iludido, muitas vezes enganado. É necessário a todos ouvir e, malgrado nosso, somos salpicados.

E vós, a quem não obriga o comércio com o mundo, havíeis de procurá-lo, quando Deus não vo-lo pedisse? Ah! conservai-vos abrigados no santuário inviolável de Jesus Cristo, vosso Rei, para quem unicamente estais aqui.

II

"Labora ut bonus miles Christi." Labuta como bom soldado.

Resguardar-vos, é bom, e nos primeiros tempos vos bastará, porquanto as virtudes que se transplantam são tenros arbustos que pedem, para se enraizarem, apenas proteção contra o frio intenso ou o calor ardente. Mais tarde será preciso cultivá-los, trabalho esse que consiste em se purificar na reforma dos costumes, conformando sua vida à de Nosso Senhor. Aqui carecemos de generosidade de cooperação e de correspondência fiel à Graça.

Começai por praticar uma virtude, que será vossa virtude dominante, característica, enquanto vos aperfeiçoeis na prática da Regra, que vos obriga como religiosos que sois.

Deveis, primeiro, adquirir a perfeição exterior dessa Regra, a modéstia, o silêncio, o bom emprego do tempo, a obediência e a fidelidade aos exercícios de piedade, pronto para tudo o que vos for determinado, pronto também para de tudo vos abster se o repouso vos for ordenado.

Quanto ao interior, vede o que necessitais. Examinai vossa consciência e se essa vos atormentar, então ocupai-vos dela até curá-la, deixando a tudo para mais tarde.

Se o coração se deixar levar pelas criaturas ou adormecer pela indolência, mergulhai-o no amor de Deus, nos sacrifícios contínuos, o que vos valerá impregná-lo do amor divino, de modo a não restar mais lugar algum para a criatura.

Se o espírito for leviano, pregai-o à Cruz de Jesus Cristo. Escolhei um pensamento fixo, impressionante, e durante uns oito dias conservai-o afastando a qualquer outro, porquanto vosso espírito é infantil e quanto mais se distrai, mais se quer distrair. É preciso captá-lo por algo que o impressione vivamente, ou por um pensamento tocante que vos comova. Ponde-o freqüentemente em Presença de Deus; muni-vos de uma idéia que vos desperte, volvendo-vos sempre a ela. Se vosso espírito dominar num ponto, dominará em todos adquirindo então uma força de princípio e de ação que se estenderá não somente a isso ou àquilo, mas a tudo o que se vos apresentar fazer.

Escolhei o pensamento que mais vos convier sem todavia confiar exclusivamente nem no coração nem no espírito, nem escrutar demais a consciência, mas que o resultado prático e contínuo do retiro seja fazer-vos penetrar uma vez por todas na mortificação de Nosso Senhor Jesus Cristo interior e exteriormente.

II

"In his esto." A isto vos entregai, retomando assim a obra do retiro.

Empreendei a tarefa de vossa emenda, começando pelo exterior. Já enunciei por vezes o princípio de que se deve ir do interior ao exterior e começar pela reforma interna, antes de cogitar dos defeitos externos. É exato quanto à teoria, sobretudo em se tratando de almas interiores que só caem por franqueza e que já venceram defeitos mais salientes. Para eles o combate é sobremaneira interior.

Mas quanto aos principiantes, outro será o ponto de partida. Procurais a Deus como pobres pecadores que buscam seu perdão. Primeiro, deveis obter a paz com Deus, pela destruição dos obstáculos que provêm de fora, assim como o poder da mortificação sobre tudo o que for material, que vos estorve ou faça volver ao mal. Atravessai a infância na oração e se não tiverdes livros, não sabereis como vos ocupar. Não podeis ainda ser levados pela inspiração interior de Nosso Senhor.

Que dizer a essa gente? Ocupá-la somente com o trabalho e o combate interior? Não.

Quanto a vós, mais urge vos desprender dos estorvos dos sentidos, que progredir interiormente; purificarvos e livrar-vos das raízes do pecado, que avançar.

Amais a Deus, sem dúvida, porém de modo infantil. Ainda não fostes enraizados no Calvário. Se vos atirardes nas veredas interiores sem o freio da mortificação e da reforma exterior, tornar-vos-eis fanáticos ou visionários.

Querer aplicar os princípios da vida de união e de amor interior a almas ainda escravas dos sentidos, é construir em terra movediça e sem fundo.

A Graça divina trabalha internamente; a nós incumbe acrescentar-lhe o trabalho externo. Ela irá do interior ao exterior e nossa cooperação irá, ao contrário, do exterior ao interior. Cumpre-nos unir ambos os meios e nunca os separarmos. Interiormente, saciemo-nos de amor pela oração; exteriormente, purifiquemo-nos pela mortificação.

É fácil dizer: Amo a Deus, mas, se a mortificação não acompanhar estas palavras, serão vãs e superficiais. O amor-próprio não tardará em vir substituir o amor divino.

Só o amor forma os Santos e nada é mais exato que este princípio, que, todavia, deverá ser aplicado com discernimento. Ora, o Amor que Jesus Cristo nos tem está na Cruz. A base, portanto, do amor, o seu exercício, está na mortificação pessoal de justiça e de penitência e, não havendo pecado, na mortificação por amor, inspirada no exemplo dos sofrimentos de Nosso Senhor.

Tende confiança em Deus e entregai-vos ao grande combate da mortificação, sem pensar nos múltiplos anos que serão dedicados a tal luta. A Graça de amanhã, hoje não vos é dada: a cada momento a Graça própria.

Agora cabe-vos aceitar o combate e tomar uma resolução generosa; contentai-vos com isto e contai com a Graça vindoura. Entregai a Deus vosso êxito e contai somente com Ele. Confiai em sua Graça para vencer e não vos apoieis por demais nos meios, por melhores, nem no êxito de vossas orações, nem nas vitórias que porventura alcançareis sobre os defeitos. Quem ao êxito analisa, o perderá.

Contai com as derrotas e que essas não vos desanimem. Se cairdes, confessai a culpa, a vossa incapacidade, e pedi a Deus que vos estenda a mão.

A humildade que se ergue novamente já é uma vitória, enquanto se torna mais vigilante. Deus, às vezes, só santifica as almas por meio de quedas e de misérias. O orgulho nos é tão natural que, se Deus não nos humilhasse freqüentemente, excederíamos ao próprio Satanás em soberba e perversidade; pois, com o mesmo orgulho, somos mais grosseiros que ele.

Se Deus vos conduzisse pelas veredas das humilhações, ser-vos-ia custoso? Mas é um favor! A todos inspiraríeis dó e todos viriam em socorro. Se apresentásseis maior riqueza que os outros, então todos desejariam roubar-vos. Não! Vesti o hábito do Mestre que, se ostentasse sua glória, teria toda a gente aos seus pés, mas que, por ser pobre e humilhado, é por todos abandonado. Com Ele, preferi também ser pobres e desconhecidos.

Hei dito. Deixo a Nosso Senhor fazer-vos Ele mesmo, em vossas adorações, o retiro eucarístico e ensinar-vos sua Vida de oração, de imolação no Santíssimo Sacramento. Eu quis apenas ser um João Batista clamando: Penitência! Penitência! Mostrei-vos o caminho, conduzi-vos à porta da santidade. Aí nos separamos.

Eis vosso Salvador, vosso Rei, vosso Mestre. Amai-o, glorificai-o, servi-o. É todo o meu desejo.

Retiro pregado às Servas do Santíssimo Sacramento

Aviso

Este retiro foi pregado às Servas do Santíssimo Sacramento no correr do mês de novembro de 1866.

Ver-se-á novamente o Pai no meio de seus filhos. As notas, piedosamente recolhidas enquanto falava, conservaram um perfume de intimidade e de paternal familiaridade que lhe permitiam o título de pai e o amor de fundador.

Nas meditações em que trata do dom de si mesmo, quando toca ao ponto mais elevado em teologia, o que diz respeito ao Verbo Encarnado existiam todavia certas lacunas.

Não admira que uma mulher, pouco a par de tão elevada matéria, não pudesse seguir, palavra por palavra, ao Santo no desenvolvimento que dava a esta bela doutrina. Algumas palavras, porém, cá e lá, colocadas qual estacas, permitiram que um dia se reconstruísse o fio da palestra, dando-lhe forma definitiva. É o que nos esforçamos por fazer, inspirando-nos principalmente num retiro pessoal de dois meses, onde esta doutrina está exposta minuciosamente e que termina pelo dom de si mesmo, feito pelo Santo.

Esperamos que este retiro faça compreender mais amplamente esse espírito de santidade pela Eucaristia. Diversos segredos do Amor Divino são descobertos e ao coração abre-se um vasto campo de amor. Ao puro amor, ao Amor de Deus, amado por Ele mesmo, eis a que o Santo Eymard exorta sempre. Embora não rejeite o amor interesseiro, tão necessário à nossa fraqueza, todavia para sua alma parece não haver outro amor que não aquele que ama para amar, que nas virtudes e nos sacrifícios só se vê o amor, cuja única recompensa é um amor sempre maior, e que ao próprio Céu deseja apenas para poder amar melhor e para sempre.

Na fidelidade ao dever, na delicadeza em nunca ofender, nem nas menores coisas, no sacrifício da natureza ao amor de Deus, não só nos seus maus instintos e nas raízes do pecado, como em si, no princípio que a constitui filha do Adão terrestre, na sua personalidade natural, porá a prática e a garantia desse amor.

E quem se quiser lançar nessa vida de amor encontrará no dom da própria personalidade o meio necessário; por ele renunciará completamente a si, entregando-se a Jesus Cristo, seu único princípio e fim, a cujo serviço se aplicará e dedicará qual escravo sem nome, que nada possui. Esse dom visa estabelecer, tanto quanto possível, a Jesus como nossa própria pessoa e nos comprometer, mediante sua Graça, a viver como membros, como uma natureza dirigida por Ele.

Esta doutrina não é nova. No século XVII o Cardeal de Berulle a reduziu a uma fórmula de voto, aprovada por mais de dez bispos e doutores.

Em virtude desse voto a alma se comprometia, em primeiro lugar, a nunca retratar a doação que fizera de toda a sua personalidade, de sua alma, de seu corpo, de suas faculdades, de suas ações, de seus méritos, de seus sofrimentos e de todo o seu ser a Jesus Cristo, aos seus desejos, à sua autoridade. Em segundo lugar, a viver o mais possível segundo o espírito desse voto, aceitando sempre os desígnios e os decretos da Graça de preferência aos planos naturais, aos meios humanos; a se abandonar em tudo e por tudo à direção da Providência, a trabalhar sempre para Jesus Cristo escolhido como o único Mestre e Senhor de todo o ser, de todas as suas propriedades, qualidades, ações e possessões.

Nenhum acréscimo de obras, nenhuma obrigação sob pena de pecado, mas sim uma obrigação de amor, uma elevação da intenção, eis em que consiste tão belo voto. Não realiza em nós a Vida de Jesus Cristo? E na prática, observado com boa vontade e perseverança, não é apto a formar santos, isto é, outros Jesus Cristo?

Em seguida ao retiro há pouco citado, o Santo fazia, a 21 de março de 1865, o voto do dom de si mesmo a Jesus Cristo, resumindo-o em poucas palavras: "Nada por mim, nada para mim como pessoa. Modelo: – A Encarnação do Verbo!" – E, verificando quão poderoso é esse meio de santificação, por nos colocar na Graça cabal do cristianismo, pela doação completa de nós mesmos a Jesus Cristo, renovando e aperfeiçoando por um voto livre e refletido a consagração de todo nosso ser, que lhe fora feito no Batismo, exclamava: "Ah! tivesse eu compreendido este meio mais cedo! Quanto tempo ganho, quantos méritos acumulados para Jesus Cristo!" Quem não percebe, com efeito, que esse voto é apenas uma renovação explícita dos votos batismais abraçando à luz da Fé todas as suas conseqüências? Neles se renunciou ao demônio e às suas obras, isto é, a tudo o que no homem provém do demônio, tudo o que provém simplesmente de Adão, para pertencer a Jesus Cristo. Mas devemos pertencer a Cristo apenas pelos atos próprios à vida cristã pelo cumprimento da lei? Não será de preferência antes e sobretudo, pelo fundo mesmo da vida, por uma dependência radical, voluntária e absoluta que se estende a todo o ser, a todos os atos?

A Graça Santificante, que é a Vida de Jesus Cristo em nós, é um estado, uma coisa estável fixa, inerente à substância mesma do nosso ser degenerado. Cabe-nos, pois, entregar-nos a ela de modo análogo, por estado, pela profissão perpétua de só viver dela, e por ela. E tal profissão constitui o dom de si mesmo.

Existe, consciente ou inconscientemente, na base dos Votos religiosos. Quem os quiser praticar com perfeição vê-lo-á surgir como o fruto natural dessa consagração que tão bem se presta à entrega de todo o ser a Jesus Cristo. E que almeja nisso a consagração religiosa, senão reproduzir a Vida do próprio Jesus, o primeiro e perfeito Religioso de Deus, que só o foi por ter sacrificado ao Verbo sua personalidade humana, e que, vivendo assim separado de si mesmo, era, por estado, incessantemente ofertado e imolado ao Pai pelo Verbo?

Que se leia atentamente as meditações deste retiro e facilmente se compreenderá o espírito e a prática do Voto de impersonalidade tal qual o concebia o Santo. Para aqueles que desejarem explicações mais amplas, recomendamos um opúsculo do Padre Grou intitulado *Du Don de Soi-même à Dieu*, que completa a *Retraite sur l'Amour de Dieu* (Lecoffre, Paris) e ainda *La Vie du Pere Charles de Condren* pelo Abbade Pin (Chauffard, Marselha) onde se encontrará a prática perfeita desse Voto, e, finalmente, nas Obras do Cardeal de Bérulle, os *Discours et Elévations sur l'Incarnation* (Migne, Paris).

Da necessidade de sempre se converter

O retiro, por compreender todas as Graças de conversão e de renovação na vida devota, é a maior de todas as Graças; e Deus, quando deseja converter uma alma, a chamará ao retiro. Todos nós precisamos nos converter, porque todos temos defeitos e trazemos em nós o velho homem. Verdade é que os defeitos de quem leva vida interior são menos aparentes, menos grosseiros; mas, por pecarem contra o Amor privilegiado de Nosso Senhor, são mais sensíveis ao seu Coração.

O retiro é a conversão real do homem natural ao homem espiritual, ou seja, da virtude imperfeita à perfeita. E podeis ter certeza de que mais custa desenredar-se do estado imperfeito do que do pecado. O mal dá menos na vista, não se quer confessá-lo e muitas vezes o orgulho o toma por bem. Quão difícil é convencer as pessoas meio perfeitas de que estão aquém do que Nosso Senhor deseja delas, assim como fazê-las admitir seus defeitos.

Não gosto de ouvir dizer de religiosos que são santos e anjos pelo seu estado! Tudo isso não é senão o pó que se lhes lança aos olhos; só quem entra no Céu é santo. Examinai-vos cuidadosamente à luz do amor divino, vede os deveres inerentes à vossa vocação e então me direis se sois santos!

Não vos digo que tendes, na consciência, desses pecados de Santuário, pecados do Serviço de Deus, que lhe causam tanto mais pesar quanto Ele mais nos ama e quanto maiores Graças nos concede. Ah! como Nosso Senhor se aflige, se entristece ao ver que o ofendemos mesmo aos seus pés, sob seu Olhar e que, por entre as Graças de escol, não vivemos dele e para Ele, mas segundo nossa índole natural!

Não haverá orgulho em nossa vida, em nossos pensamentos, em nossas ações? Esse orgulho que se compraz em si mesmo, que julga secretamente os outros e, por estimar apenas sua própria excelência, os coloca em plano inferior? Aí tendes uma conversão mui necessária a operar, a conversão do orgulho espiritual, o pior de todos, porque então nos orgulhamos da Graça recebida.

Não temos nós esse amor-próprio, esse egoísmo que faz com que não amemos a Deus por Ele mesmo, e sim por nós; esse orgulho pessoal, em virtude do qual tornamo-nos a nós, e não a Deus o fim da nossa vida e do nosso amor? É sempre o eu que, embora inconsciente, todavia existe.

E, apesar desse mal atingir a todos, é mais freqüente nas comunidades que na vida devota secular, onde as penas quotidianas, as cruzes diversas não permitem pensar tanto em si como em resistir e combater, o que facilita afastar o *eu* espiritual e pessoal. Mas em comunidade, onde se vive banhado pelo sol radiante das Graças leva-se no coração o amor a si, contempla-se a todo momento esse *eu* que se torna o fim dos pensamentos e das virtudes.

Ora, quanto a vós, adoradoras, a Regra vos impõe amar a Deus pelo sacrifício da própria personalidade, personalidade essa que tende sempre a se tornar um centro, um fim, algo de estranho a Deus!

É ainda esse amor a si o foco da indolência, da sensualidade, do amor ao repouso, do desprezo pela mortificação. O homem natural é preguiçoso por índole, não gosta da mortificação, e procura seu repouso, sua tranqüilidade.

Demais, vossa virtude dominante é a humildade de amor, virtude régia, que torna efetivo o dom e o sacrifício da própria personalidade. Dela é que as virtudes deverão sorver sua força, e se a todas as outras tiverdes, e não a esta, amontoareis num saco furado.

É a virtude própria da Eucaristia. É o Amor de Nosso Senhor que se aniquila pelo homem. É, portanto, indispensável à vossa virtude característica.

Sois chamadas Servas do Santíssimo Sacramento, e qual a virtude natural ao servo, senão a humildade? Ele não tem mais nome, nem casa, nem família. Já não se pertence, mas torna-se a propriedade do dono, sua condição é servir, seu fim, o interesse do patrão; seu nome, aquele que serve.

É esta a questão capital para vós. Que o retiro vos aperfeiçoe no exercício desta virtude que exigirá o esforço de toda a vida sem que, todavia, vos seja dado adquiri-la cabalmente, pois é a perfeição própria de Nosso Senhor. Mas a adoradora que crescer na humildade de amor, esta, digo, será a mais santa de todas.

Verificai se a tal vos esforçais, em que pé estais em relação a tão necessária virtude, examinai-vos para ver se o amor que tendes a Deus é perfeito, ou se não é, pelo contrário, o amor a si que motiva a prática da virtude; vede também se é o amor a si, e não a Deus que vos faz gostar das boas obras, das Graças, do próximo e se não sois vosso próprio fim e centro. Que haja o amor de aniquilamento.

Neste retiro procurai primeiro a Graça da conversão, ponto inicial; depois entregai-vos a Graça própria da vocação e, finalmente, a vossa Graça de Adoração: são estes os três degraus das Graças que Deus vos concede, que exigem, por seu lado, deveres correspondentes.

Examinai-os à luz do Amor que Nosso Senhor nos oferece nestes dias de Graça. Ele deseja dar-vos provas de amizade, fazer-vos descansar a seus pés, reparar vossas forças e dar novo impulso ao vosso fervor. Tende-vos de modo a que este retiro seja o melhor de todos!

Do Amor eterno de Deus

Deus nos amou desde toda a eternidade, Verdade esta que devemos meditar toda a vida. Sempre existimos no Amor divino, e a Santíssima Trindade sempre nos teve presente: O Pai pensava na criatura; o Filho, naqueles que havia de remir; o Espírito Santo, nos que havia de santificar.

Deus me amou sempre! Magno pensamento que realça nossa grandeza e a nobreza da nossa origem. Éramos nada e já em Deus tínhamos uma vida que preexistia à nossa criação. Ele nos via e nos amava com Amor de benevolência, qual a mãe ao filho que traz no seio. Apertava-nos ao Coração: Aqui está essa criaturazinha que nascerá em tal ocasião, em tais circunstâncias, que receberá tais Graças, que me há de amar!

Esta verdade deverá provocar nosso reconhecimento. Tendo-nos Deus amado em primeiro lugar, é justo que nosso amor lhe pertença, e mesmo assim nunca satisfará a sua dívida para com o Amor Infinito. E, à criatura que nos peça nosso coração, respondamos que já pertence de direito a Deus, que primeiro nos amou.

Deus ama-nos com Amor benévolo, e não interesseiro, pois de nós não precisa; ama-nos por conseguinte unicamente para nos testemunhar Amor, e Amor inteiramente gratuito, ama-nos para nos tornar felizes. Dá-nos tudo sem tirar vantagem alguma, visto nada podermos para aumentar-lhe a Glória e a Felicidade.

Demais, as condições de graça em que nos criou foram as melhores possíveis; nascemos num país católico, de pais cristãos, recebemos uma educação piedosa e as Graças que nos cercaram e trouxeram aqui são sem número.

Ele vos escolheu para servi-lo no seu Sacramento de Amor e só a Ele pertencer. E o merecestes? É uma Graça de predileção, pela qual vos revela todo o plano de seu eterno Amor e vos manifesta os desígnios de sua Providência. Só vos predestinou, vos criou e vos conservou no seu Amor para que um dia vos fosse dado conhecê-lo, amá-lo e servi-lo pelo dom de vossa vida e tornar a Ele, que tudo vos deu.

Deus quer ser o fim e o centro do amor do homem, a quem tudo submeteu, no universo, reservando-se expressamente esse amor, que deseja para Ele, só para Ele; quer ser o seu fim, receber as primícias do amor. Não fixa limites, pois quer que o amemos com um amor final, absoluto, soberano, preceito este que ditou a todos.

Há, porém, um amor que Deus não exige de todos, deixando-nos a liberdade de lho oferecer: é o amor virginal que se dá a Ele sem se repartir com criatura alguma. Podíamos, com toda a liberdade, oferecer-lhe um coração virginal, ou, mediante uma aliança por Ele mesmo abençoada, unir a criatura ao amor que lhe temos. Mas recusamos dividi-lo, por mais honroso, e preferimos Deus a tudo, porque se nos deu a conhecer de um modo mais amável e se patenteou à nossa alma com maior Amor que a muitas outras. Aí aparece sua benevolência, essa delicadeza dum Amor privilegiado! Devemos-lhe, por conseguinte, um amor único, inteiro, cabal.

Ele vos disse que, como criaturas, sois obrigadas a um amor final, mas se lhe quiserdes dar ainda um amor puro, virginal, Ele vos amará unicamente e vos abrirá os segredos de seu Coração. E então vossa alma, arrebatada, exclamará: "Senhor, não amarei senão a vós!"

Que reconhecimento não deveis a Deus por vos ter preparado e reservado essa Graça de escol! Que felicidade, que honra, e como o deveis amar!

E agora, como responder ao Amor de um Deus que quer todo o nosso amor e deseja ser o fim de nossa vida, de nosso espírito, de nosso coração? Ah! peçamos-lhe perdão pelo tempo em que não o amamos. Agradeçamos-lhe, vivamos de ação de graças e assim lhe pagaremos os frutos da Graça que até hoje, pelo nosso pouco amor, lhe frustramos.

Em geral dizem que tempo perdido não é recuperável. É exato, se amarmos apenas para cumprir com a lei; mas se abraçarmos os Conselhos, se fizermos mais que de rigor, ser-nos-á possível reavê-lo. Que belo espetáculo esse da alma que, desejosa de reparar o amor perdido, exclama: "A Lei já não me basta, preciso amar e nada será demais no amor de meu Deus". Tal alma fará mais que outra, em toda a sua vida! Assim foi que Santa Madalena, num simples ato de amor, resgatou todo o seu passado: "Todos os pecados lhe foram perdoados, porque ela muito amou!"

Da direção espiritual

A direção, passando pelos pecados, se estenderá aos defeitos. Nela procurareis, a fim de expô-los, os defeitos do corpo, do coração, da vontade, bem como as faltas no Serviço de Nosso Senhor.

Os defeitos são exteriores e provêm do temperamento e do caráter pessoais. O temperamento em si não é defeito, mas sim os excessos e os ímpetos que contrariam a razão. Tendes vivacidade? Será por acaso defeito? Não, mas quais os excessos dessa vivacidade? Eis o objeto da direção, pois o excesso constitui a falta.

Lembrai-vos de que primeiro cumpre corrigir o exterior e examinai vossa alma a essa luz para saber a que remediar.

Sendo-vos necessário conhecer vossas inclinações, verificai se existem defeitos de coração, isto é, afeições desregradas ou antipatias. Vosso coração será muito amoroso? Procurará demasiadamente as pessoas simpáticas? Isto é próprio do natural, é imperfeito. Mas não consinto. Então não haverá pecado, mas haverá sempre uma má raiz junto à qual a direção se deverá exercer. A direção não é confissão, é a história da nossa alma.

Abri-vos a respeito das tentações, dos impulsos do coração. Em relação ao próximo, às tentações de simpatia ou de aversão; em relação a vós mesmas, às de desânimo, de abatimento, de tristeza; em relação a Deus, às de desconfiança na oração, na adoração. Isto quanto ao coração.

Quanto à vontade, abri-vos sobre a obediência, mormente quanto às repugnâncias, àquilo que vos inspira maior aversão. As resistências da natureza vos mostrarão os pontos fracos da vossa vontade, que imperceptivelmente vos conduzirão ao pecado positivo.

Enquanto é relativamente fácil arrancar, pela violência, o coração ao que cobiça, enquanto este esquece, ao ser trocado, o objeto de seu amor, o espírito raciocina, reflete e dificilmente se afastará daquilo a que se prendeu.

O espírito conduz o homem todo, seus sentidos, seu coração, sua vontade. Se não for dominado pelo Espírito Divino, será mau; tornar-se-á orgulho satânico e o princípio da ruína.

Urge, pois, descobrir cuidadosamente os defeitos de espírito, as idéias fixas e pessoais; urge verificar se pensamento algum vos perturba ou vos inquieta habitualmente, sobretudo na oração e na adoração.

É preciso também não se entregar a certas idéias que se tornam para o espírito uma espécie de mal febril. Quando nos entregamos desmedidamente a alguma impressão de prazer ou principalmente de pesar, o espírito virá a perder toda tranqüilidade e não gozará na oração da paz necessária. A alma, por estar enfermo o espírito, também adoecerá. Cuidado, pois, quanto às afeições do espírito.

O corpo é tenaz, porém, vencido em boa hora, se tornará escravo. Sendo próprio do coração expandir-se, procurará as criaturas quando não encontrar a Deus, mas restituí-lhe Deus, patenteai-lhe seu Amor e o coração voltará logo, apegando-se a Ele. É isso que torna possível a certas almas, outrora entregues apaixonadamente ao prazer, voltarem-se com o mesmo ardor a Deus e abandonarem o mundo, voando à perfeição e tornando-se santas.

Em relação ao espírito, já não é assim. Quando um defeito nele se enraizou, mui dificilmente será dominado e extirpado. Diz-se em geral que não é possível corrigir um orgulhoso. E por quê? Porque é um defeito do espírito. O orgulhoso está convencido de que tem sempre razão, nem admite que é orgulhoso; adora seus pensamentos e não quer ser admoestado, nem tomar conselho.

Demais, a violência nada pode contra as aflições e os defeitos do espírito, antes pelo contrário os fomenta. Irritamo-nos, amofinamo-nos e resolvemos firmemente pôr de lado esses pensamentos que, todavia, se apresentarão em número crescente; queremos não mais nos inquietar e afastamo-nos com esforço, mas será em vão e a inquietação redobrará. Então que fazer? Ter paciência.

Sempre, por conseguinte, que na prática tivermos alguma aflição de espírito, é preciso verificarmos logo se é pecado ou somente aflição. Se for pecado, fácil será livrar-nos dele: bastará a Confissão. Se for uma aflição, ou tentação, afastaremos todo pensamento refletido. Em tais casos cabe-nos empregar a paciência e nada mais. Ao violentar-se o espírito, prejudicar-nos-íamos, e este mal será pior que o outro.

Não nos inquietemos com o resultado. Se não queremos pecar, é evidente que não pecamos. Mas é justamente a falta dessa certeza que nos faz sofrer.

Como reconhecer que um pensamento é uma aflição de espírito? Quando esse pensamento, fixo, persistente, afasta-se de Deus e do dever, isto é, quando, em vez de ficarmos em território próprio, temos a impressão de estar no alheio.

Todos nós estamos sujeitos a essa espécie de aflição, todos lhe temos uma tendência natural e o demônio procura sempre apoderar-se do nosso espírito: é a entrada principal.

Imitai as crianças e sede despreocupadas e senhoras do espírito em Deus. Vinde à Adoração e à Comunhão renovadas e sem que nada de passado pese no espírito e o ocupe: assim estará pronto a receber a impressão desejada por Deus. Para conseguir a paz do espírito, que é indispensável, submetei-vos a Deus decididas a cumprir com a Vontade divina e cumpri-la assim que se manifestar. A paz, numa palavra, está em entregar-se de todo a essa Vontade. Haverá sempre combates, é certo, mas esses não vos poderão prejudicar, por que gozareis da paz, fruto do dever, da paz, fruto da Graça e da lei.

Na direção estudareis também os desígnios de Deus a vosso respeito, o caminho interior pelo qual vos leva. Falareis, primeiro, na Graça de recolhimento que vos é própria, nos sacrifícios que Deus vos pede, nas doçuras da oração. Notai a Graça que vos une a Deus, e vos facilita cumprir com sua santa Vontade. Deus o atrai pela Graça forte, ora pela suave. Seu Espírito é diligente e impele incessantemente a alma atenta; se esses impulsos não se fizeram sentir, é porque não vos encontram; a Graça bate em vão, e passa adiante.

Munidas desses dados, vossa direção será boa. Abri-vos sem receio e mostrai-vos tais quais sois: a timidez nesse caso seria prova de amor-próprio.

Atenção: forçoso vos será viver da vida religiosa espiritual, da vida eucarística, isto é, viver do próprio Deus, simplesmente por Deus, acima de toda criatura. Habituai-vos a encontrar em Deus alimento, sustento, força e vida. Repito-vos, ide a Nosso Senhor, permanecei nele. Acrescentarei que a verdadeira religiosa juntará muita obediência, submissão e humildade a muita liberdade e independência.

Não me preocupo – e é uma grande Graça que Deus me fez – se os outros me têm, ou não, afeição, e se alguém me dissesse que me reservava um lugar em seu coração, dir-lhe-ia: "Então sois rico em matéria de coração? Será possível? Vosso coração é pobre, é pequeno; que pena não o guardar todo para Deus!" Amai aos que, junto de vós, fazem as vezes de Deus, obedecei-lhes filialmente, mas ide apoiar-vos no próprio Deus.

Não vos aconselho a reserva; abri-vos, pelo contrário, com toda confiança; o coração, porém, a afeição final, será só para Deus. A alma, esposa de Cristo, deve viver de Deus e guiar-se à luz divina. Nosso Senhor, cujo Amor irradia sobre tudo o que o cerca, amá-la-á. Que ela, portanto, se ponha também em relação constante e direta com Ele.

Aos diretores compete levar-nos a Deus, são os guias a quem devemos obedecer. Mas que nada nos prenda a eles; que não haja apego, nem sujeição. Só Deus é nosso fim; que nosso coração nele descanse numa inteira independência em relação às criaturas.

A lua é bela porque reflete os raios solares e, voltada ao sol, é alva; impregna-se desses raios, espalhando alguns pela terra, mas passe uma nuvem e se envolverá nas trevas. Assim também a alma voltada a Deus se impregna dos raios de sua Graça e chega mesmo a refleti-los, pela caridade, no próximo. Mas que nada intercepte as influências que recebe do seu centro de luz.

Não nos entreguemos, por conseguinte, nem às criaturas, nem a nós mesmos; vivamos, porém, de Deus, para Deus, sempre à sua disposição, sempre sob seu Olhar luminoso, amoroso.

Do Céu, para o qual Deus nos criou

Deus criou-nos para o Céu, não para a terra; criou-nos para nos tornar eternamente felizes. A vida do tempo é apenas o caminho, a ponte, que nos será necessário atravessar para alcançar o Paraíso.

O homem, ao ser batizado, terá o seu nome inscrito no Livro de Vida; seu lugar no Céu ficará marcado, será o herdeiro da glória, com direito à herança de Jesus Cristo e nele.

O Paraíso é a posse de Deus, o termo do amor que nos tem. O amor quer se dar repartindo tudo o que tem, tudo o que é. Deus, Amor Infinito, não quer ser feliz a sós, e recebe-nos no Paraíso a fim de se dar a nós tal qual é, em toda a sua Perfeição, na sua infinita Felicidade.

Ele não poderá se dar a nós neste mundo na extensão cabal do seu Amor, porque passamos pelo estado de purificação e somos incapazes de recebê-lo, de contê-lo. Para que se dê completamente, carecemos da capacidade de Jesus Cristo que Ele, dia a dia, forma em nós, mas que só ficará completa e perfeita no momento da nossa morte, se nos for dado morrer em seu amor.

Nesta vida Deus chega-se a nós na medida do lugar que lhe fazemos – maior ou menor. Ocupará apenas o que lhe permitirmos, sempre aquém do que desejara; baterá incessantemente para que o deixemos penetrar mais adiante, mas nunca habitará plenamente em nós.

No Céu, porém, estaremos em Deus, mergulhados nele, penetrados totalmente por Ele, recebendo-o numa capacidade, por assim dizer, infinita e tudo isso sem intermediário. Vê-lo-emos, amá-lo-emos da mesma maneira que Ele se vê a Si, que se ama; será a comunicação plena do perfeito Amor. Os Santos na terra têm certos pressentimentos da ternura, do ardor, da felicidade dessa união e, percebendo que não a poderão ainda provar, gemem e sofrem, como Santa Teresa, que morria de não poder morrer.

A alma que não vive por amor a Deus sofre de outro modo; não é feliz porque não corresponde ao Amor divino com bastante generosidade. Ouve o chamado, sente-se atraída, mas não responde, e Deus, como castigo, lhe recusará o descanso na felicidade indolente que se propõe.

Acrescentarei que para o Amor divino é um sofrimento não poder entrar, e a alma que resistir faz-lhe violência. Poderíamos, pelos olhos da fé, ver o Amor de Deus solicitando nosso coração e suplicando-nos deixá-lo penetrar mais adiante e como resposta, diremos: – "É demais! Será preciso amar demais, portanto, não entre!".

Quantas vezes não afastamos a Deus, que só entrará com nossa licença. Parece-me ver o demônio, junto à porta do coração, zombar de Deus, dizer-lhe: "Que fazeis aí, Senhor? Esperais que vos seja aberto, mas é tempo perdido, não querem saber de vós e ao vosso Amor preferem os nadas e as vaidades que eu lhes dou". E assim o demônio humilha o Amor de Deus.

Mas no Paraíso o Amor divino não encontra obstáculo e a alma está em Deus, como Deus na alma. Então – e isso é o Céu – haverá liberdade de amor, efusão de amor. Deus dá seus bens, sua bondade, suas riquezas, sua ternura, dá tudo o que tem à alma que nele é deificada tanto quanto beatificada.

Eis nosso fim: tornar-nos, pelo amor, em virtude da posse e do gozo da Bem-aventurança, uma mesma coisa com Deus. Viver no Amor Eterno, felizes da Felicidade de Deus, belos de sua Beleza, fruindo as delícias de Maria, dos Eleitos e dos Anjos, como se nos fossem próprios. Que fim sublime, fim de amor!

Deus positiva e realmente nos quer no Paraíso, quisera ver-nos entrar já, e todos. É o que se teria dado, não tivesse Adão rompido, pelo pecado, com a lei de amor. Agora Deus só concederá o Céu à alma que se revestir dos Méritos da Redenção de seu divino Filho.

Quanto a nós essa vereda já é nossa, por ela caminhamos, a ela nos dirigimos segundo o traçado de Deus. A alma que ama a Deus não perece, mas alcança com toda a simplicidade o termo da marcha, sumindo-se as barreiras. Apenas mudará de condição; o amor, de provação que era, torna-se amor de beatitude; seu corpo descansa de leve na terra, preparando a renovação de sua glória. As plantas e os animais morrem, mas o homem não saberia morrer, apenas muda de estado. A terra não guardará a poeira de seus ossos, mas tudo devolverá na ressurreição gloriosa e ele, em sua inteireza, viverá para sempre.

Nosso alvo é, portanto, o Paraíso. Deus no-lo preparou para nos permitir o Amor infinito. Devemos desejá-lo sobretudo por este motivo, isto é, para amar a Deus sem obstáculos, sem fim, sem limites!

O desejo do Céu não é sempre o mesmo. Uns o desejam para gozar do bem-estar, da felicidade. É a forma primeira e mais grosseira, embora lícita; pertence sobremodo àqueles que só vivem para si, que querem remuneração por tudo quanto fazem, quais jornaleiros. É, digo, lícito, é o estrito necessário da lei cristã. Mas onde está o amor, o desejo de ver a Deus?

Outros desejam o Paraíso para não tornar a ofender a Deus. Motivo melhor e mais nobre, porque cuida dos interesses da Glória divina e porque o amor não lhe é estranho, pois desejam o Céu para ser sempre fiéis.

Mas alguns ambicionam o Céu para amar a Deus, para vê-lo, louvá-lo, agradecer-lhe eternamente. E nisto está a perfeição, porque o desejo visa diretamente a Deus. Tais sentimentos causam admiração e exclama-se naturalmente: "Essas almas amam na verdade a Deus, e que belo espetáculo nos dão!"

Pedir para continuar a viver, a fim de labutar e sofrer na humilhação, não seria todavia superior ao desejo do Céu?

Santos há que, arrebatados pelo amor, fizeram semelhante prece, mas creio que em suma no desejo de ir a Deus para amá-lo sempre mais, há perfeição mais elevada. É querer acrescer ainda à coroa ou glorificar a Deus pelo amor celeste muito acima do amor terreno. Se assim não fosse, se o desejo do Céu, para amar com ardor mais vivo, não rendesse maior glória a Deus, como explicar as aspirações que, em geral, os Santos tinham pelo Céu, mesmo quando mais trabalhavam por Deus?

Se tivessem julgado mais perfeito permanecer aqui, não teriam pedido com tanta instância a união com Deus. Sabiam, porém, que no Céu se ama e glorifica de outro modo. Assim, São Paulo, convertendo as nações, pedia ardentemente a dissolução do corpo. Por mais santo que se seja, nunca o amor daqui valerá o amor da pátria celeste!

Eis o belo desejo do Céu, eis o mais perfeito. Ah! suspirai pelo Paraíso!

O amor tende essencialmente à união e quanto mais forte for, mais anseia por uma união íntima e perfeita. Se amo a Deus, a Ele desejo. Ele também me ama e me deseja. Essas duas atrações causarão, um dia, o romper da vida, e o amor, de posse de sua força e liberdade de expansão, penetrará no seio divino.

Desejar o Céu e um sentimento santo. E Deus, se difundiu em vossa vida sofrimentos, perseguições e cruzes, foi para despertar-vos este desejo. É ainda porque permite a inconstância nas amizades humanas. Não nos quer ver apegados aos bens terrenos, nem a pessoa alguma. Não fomos criados uns para os outros, mas só para Deus. A alegria do mundo não tem nem continuidade, nem durabilidade; não podemos apegar-nos por largo tempo, nem tampouco nela nos fixar.

Queixamo-nos das dificuldades do caminho, das cruzes que encontramos. Mas são as chaves do Paraíso. A vida é uma estrada orlada de espinhos e sarças. Nosso Senhor, porém, nos precede levando sua Cruz. Devemos segui-lo. Ele deixou a impressão dos seus passos, que devemos observar fielmente. Se nos desviarmos à direita ou à esquerda, esperando encontrar a felicidade, os espinhos nos ferirão. Esta comparação entre o mundo e os espinhos é do próprio Salvador.

Segui a Nosso Senhor, que se dirige ao Paraíso; aceitai a cruz e levai-a corajosamente por todo o trajeto, a fim de chegar com Ele. Não receeis sofrer e morrer cada dia pelo Céu. Se achardes o caminho árduo, Nosso Senhor vos dirá que é o mais curto.

Que as aflições semeadas pela estrada não vos preocupem tanto. O caminho traçado pela Graça do Senhor é bom; sua Misericórdia vos protegerá; segui-o e atingireis o Céu diretamente e com toda a segurança.

Do Céu, privilégio do coração puro

Deus, em seu Amor, criou-nos para o Céu, que deve ser o objeto dos nossos desejos, o único e verdadeiro fim a que devemos visar. Se estamos na terra, é para nos tornarmos dignos do Céu. Mas o Céu não é dado, é adquirido. Na verdade, as crianças, morrendo batizadas, o ganham sem mérito pessoal, porém só será dado aos adultos a título de justiça: *"Coronam justiciae"*. É Deus quem nos fornece os meios de merecê-lo, é certo, mas devemos a correspondência à sua Graça e o emprego fiel dos meios. Ele distribui-nos seus dons e neles nos recompensará se os fizermos frutificar, conciliando assim a bondade de sua Misericórdia com as exigências de sua Justiça.

Não nos esqueçamos de que devemos merecer, adquirir e pagar o Céu e que o tempo nos é concedido para acumular o valor; só a vitória receberá a coroa de justiça, isto é, quem souber perseverar até a morte; não bastará correr no estádio durante anos; é mister atingir o final para ser coroado. O prêmio, absolutamente necessário, que dá entrada ao Céu, é a fidelidade à Graça pessoal, à Graça própria a cada alma. Deus não pede a todos uma mesma medida de méritos e de virtudes. Há, todavia, uma medida que não varia, uma condição essencial a todos: o estado de Graça. É preciso ser puro para entrar no Reino dos Céus. Esta lei é uma e não abre exceção alguma: o Céu só à pureza será dado e aquilo que for maculado jamais nele penetrará.

À vista disto, e ignorando a hora do chamado divino, tenhamos sempre à mão o prêmio que conduz ao Paraíso e sejamos puros de coração, puros em nossa vida, isentos de todo pecado. Quanto mais puros formos – existem graus nesta pureza – tanto mais gloriosos seremos no Céu, e mais perto de Deus seremos colocados. É a pureza de vida que decide da excelência e da glória de cada Santo.

Afeiçoar-nos, portanto, à pureza de vida e dela não nos afastar, eis o essencial, o absolutamente necessário. É preciso estar livre de todo pecado mortal, sob pena de danação eterna, e de todo pecado venial, sob pena de retardar, às vezes longamente, nossa felicidade.

Quereis, não é, alcançar o Paraíso? Sede puras de todo pecado mortal – digo mais, de todo pecado venial deliberado. Ah! jamais nele consenti, ou pelo menos abandonai-o de pronto. Na Lei Antiga Deus prescrevia inúmeras purificações. Sirvam-nos de aviso da necessidade de purificar-nos sempre pelo batismo de amor no Espírito Santo.

Sois delicadas quanto à pureza, evitando a mesma aparência de pecado, as menores ocasiões, tudo o que de longe cheira a pecado? Caminhais então pela estrada reta que leva ao Paraíso e podereis assim dispensar o Purgatório.

Evitai, portanto, as menores culpas, a fim de não obrigar Nosso Senhor a vos fazer esperar pela recompensa; é-lhe muito penoso enviar as almas ao Purgatório, mas sempre que sua Justiça o exigir, Ele o fará, embora repugne ao seu Amor.

A conclusão a tirar é preferirmos a morte ao pecado mortal, e até ao pecado venial deliberado. Antes sofrermos tudo; até a própria morte, que ofender a Deus! Melhor seria deixarmos perecer o mundo todo que tentar salvá-lo pelo mais insignificante pecado venial. Mas quantas vezes não mentimos para nos justificar, para encobrir nossas culpas!

Quantos pecados contra o próximo! Todo cuidado é pouco! Deus dificilmente perdoa tais pecados. Por serem pecados de sociedade, que atacam a união da família, Ele os castigará em toda ela. Ferem-lhe o Coração e não esperará a outra vida para castigá-los; vingar-se-á terrivelmente já neste mundo. Esses pecados violam suas Leis mais santas, a Lei do amor de Deus e a Lei do amor do próximo. Todavia, quantos pecados contra a caridade. a humildade, a paciência em relação ao próximo! Nosso Senhor nos previne que daremos conta até duma palavra ociosa. Que será então das palavras contra a autoridade, palavras de maledicência, palavras contra a Bondade de Deus, contra o pobre de Jesus Cristo, contra os pequenos cuja inferioridade, seja qual for, já lhes é uma humilhação.

Que vasta matéria de exame! Quanta lenha para o fogo do Purgatório! Não vos desculpeis dessas faltas. Dir-vos-ão, talvez, por caridade, que são de menor importância, devidas tão-somente à leviandade, à surpresa.

Nunca, porém, alegueis vós mesmas semelhantes motivos. Como vos desculpar do pesar que causam a Deus?

Examinai igualmente o bem que corrompestes, as Graças que perdestes. Mas não são pecados! Talvez em si, não, mas certamente em sua origem. E por que perdestes essas Graças? Por preguiça, por negligência? Então sois culpadas de preguiça, de negligência.

Contai com uma longa estada no Purgatório por bagatelas, por uma palavra insignificante que vos sufocava e que não soubestes calar. Tão cedo dela não vos esquecereis! Uma preguiça ligeira, um dever sem importância retardado, tudo, até o último real, será pago no Purgatório.

Fugi da sombra do pecado, diz o Espírito Santo, como fugiríeis da víbora. Notai que é a sombra do pecado a que se refere e, todavia, aconselha-nos a fugir dela como da morte!

Que não haja ilusão. Enquanto nosso exterior seja talvez perfeito, podemos cometer interiormente muitos pecados. A maior parte das faltas dos religiosos são do coração, do pensamento, do sentimento, que, fixando-se na vontade interior, não se manifestam no exterior.

E que abominação, que loucura por vezes! Ofendemos a Deus para não desagradar a criatura, não a contristar, ou mesmo para lhe dar prazer. Mas ninguém merece que se lhe faça um prazer à custa do pecado venial! Compreendo, ainda, as culpas de fraqueza, de surpresa, mas o que não posso compreender é que se peque para não desagradar à criatura, o que sei é que sou senhor de minha consciência, que ninguém a pode violentar, e prefiro fazer-me um inimigo a feri-la!

Quem jamais obrigará o filho a dar no pai? Pois bem, a consciência não tem amigos e, quando se trata de pecar, nada toma em consideração. É escolher entre a vida e a morte. "Tal coisa agrada-vos? Ainda bem! Não vos agrada? Pouco importa. Só conheço a Deus e a minha consciência!"

Os Santos, na opinião do mundo, são intratáveis e é justo que o sejam. As pessoas religiosas são intolerantes e assim precisam ser.

Sustentais que se deve sempre conceder o possível e ser conciliador? Correis perigo. Sois obrigadas a provar do veneno para experimentá-lo? Lembrai-vos do santo velho Eleazar que, quando outros procuravam fazê-lo comer em segredo das carnes proibidas, preferiu a morte.

Coragem! Toda a vossa vida cristã, religiosa e eucarística deve visar tornar-vos mais puras. O sol, passando pelo ar, purifica-o. Pois bem! aí tendes o Sol Divino, o Sol de Amor que vos deverá, por conseguinte, purificar. O Amor de Deus é o fogo de nossa vida; seu efeito primeiro e último é purificar-nos.

Bem-aventurados os puros de coração, porque verão a Deus. São as virgens, notai-o, que no Céu acompanham por toda parte o Cordeiro, cantando o seu cântico. E isto, a primeira vez que o li, muito me comoveu. Não a todos os Santos, mas aos Santos Virgens, é dado aproximarem-se mais de perto do Cordeiro.

Sede sempre puras. E quando vos acontecer desagradar a Nosso Senhor, não descanseis antes de receber o perdão e vos purificar. Sede puras e, por conseguinte, mui amorosas, pois é o amor que constitui a delicadeza e a alvura da pureza e a torna luminosa e brilhante! Que Nosso Senhor vos diga com a Madalena: "Muitos pecados te foram perdoados, porque amaste muito!"

Uma alma pura já é um antegosto do Céu, porquanto o Paraíso apenas consumará e coroará sua pureza.

Do exame de consciência

Bom e necessário é ter-se método para os diversos exercícios da vida, porque quem confia na boa vontade perde grande parte do tempo procurando como se haver, pois a aridez é mais freqüente que o fervor.

Os métodos são para a vida devota o que a disciplina é para o exército. Se cada qual combatesse segundo o ímpeto natural, não haveria mais força de coesão; mas a voz de comando dada com clareza, transmitida com cuidado, executada à risca, assegura a vitória. Assim também os exercícios feitos com ordem, sustentam-se uns aos outros e enquadram a nossa vida, impedindo que divague e facilitando-lhe proceder sempre como manda a obediência e a Graça.

Quero falar-vos dos exames e começarei assentando certos princípios.

Se cada religioso permanecesse recolhido em Deus, teria sempre presente a si mesmo e acompanharia sem esforço, movido por uma simples vista interior, até os primeiros movimentos do coração, reconhecendo num relance tudo o que contraria a Verdade ou a Santidade de Deus.

Para suprir à fraqueza da virtude, para conservá-la sempre alerta, vossa Regra vos prescreve três exames por dia: o de previsão, pela manhã, o particular, ao meio-dia, e o geral, à noite antes do deitar.

Empregai o maior cuidado, a maior diligência ao fazê-los, porque vos fornecem o meio indispensável para descobrir e corrigir eficazmente os defeitos. Que se torne mesmo objeto da direção espiritual na parte relativa às imperfeições exteriores e às tentações.

Nos exames aplicai-vos, primeiro em corrigir todo defeito aparente, um após o outro, ou tomai de preferência aqueles em que as circunstâncias já patentearam vossa fraqueza. As faltas exteriores fere direta e ostensivamente o respeito e a dignidade do vosso serviço junto a Nosso Senhor e entravam sobremodo a edificação e a caridade do próximo.

Lembrai-vos, porém, de que os melhores exames permanecerão estéreis se não houver sanção de penitência nem meio algum de maior vigilância para lhes assegurar a eficácia. Um desses meios é o pequeno memorial, uns grãos enfiados que servem para marcar prontamente cada culpa, cada omissão, a fim de facilitar a lembrança no próximo exame. Arranjai-vos um desses rosários e levai-o sempre convosco para marcar cada falta às resoluções. É mui simples, mas os pequenos meios fazem as grandes coisas.

Agora examinaremos qual a natureza do exame e como o devemos praticar.

Primeiro, é mister não lhe negar sua importância básica e dedicar-lhe toda a diligência que merece. O exame é o verdadeiro debate dos atos interiores e exteriores para observar e verificar-lhes os defeitos, para humilhar-se perante Deus e emendar-se por amor a Ele e à sua glória.

Ninguém gosta do exame de consciência. É o ato de piedade que mais custa, mais repugna. E por quê? Porque nos custa, ver-nos sempre culpados, sempre humilhados, custa-nos recolher-nos para analisar e discutir nossos pensamentos. Quantas vezes não havíamos de preferir uma grande mortificação exterior a alguns momentos de exame sério, e no entanto sem exame é impossível emendar-nos. Quem se poderá corrigir daquilo que ignora? Daí a falta de humildade sincera, virtude essa que descansa no verdadeiro conhecimento de sua miséria. A confiança em Deus não veste a mesma eloqüência da pobreza e da miséria; e o próprio amor não sabe mais que dizer, por se ignorar.

É fato, por conseguinte, que a alma devota que deixar de se observar, de se examinar com regularidade, não evitará o pecado com o mesmo cuidado e se tornará toda exterior, um enigma e um mistério a si mesma. Será como um campo de trigo cuja aparência é boa, porque tudo está verde, mas que o joio já começa a afogar, devorando-lhe o suco: no dia da ceifa só aparecerão espigas ralas e feias

A alma piedosa que não mais se examina, vagueia entre dois extremos: ou goza de segurança cega, qual o negociante que, sem o saber, vende com prejuízo e se arruína; ou se deixa levar pela humildade falsa e exagerada, por não querer se dar ao trabalho de verificar e precisar o seu estado. Acredita ter procedido bem e dito tudo, confessando-se perante Deus e si mesma a mais pobre e mísera das criaturas, acusação que levará ainda ao tribunal da Penitência. E, como resultado, os defeitos permanecem e a devoção diminui.

O melhor agente do exame é o amor. A alma que ama a Deus de todo o coração percebe facilmente seus defeitos e até o menor movimento da natureza perversa, pressentindo a proximidade do tentador. Essa alma se vê em Deus como num espelho, lê-se nele como o filho que, num simples olhar, lê sua culpa no pesar, no silêncio, ou na frieza dos pais. É esse o mais perfeito dos exames por encontrar seu centro de ação e de perfeição na vida de amor, que a tudo basta e que é o fim de todos os meios de santidade quaisquer que sejam.

Em primeiro lugar, são esses os sentimentos que vos devem animar em presença do Santíssimo Sacramento. A Luz do fogo divino que arde no Coração de Nosso Senhor deve, no início de cada adoração, penetrar no íntimo da alma, mostrando-vos num relance toda a sua pobreza e miséria presente, e incutindo-lhe de pronto um profundo sentimento de sua ingratidão e indignidade. Mas, como estais aos pés do Trono de Graça e de Misericórdia, ela se erguerá na confiança de obter o perdão.

Em presença dum príncipe, cabe-nos primeiro olhar para ele, depois, uma rápida vista de olhos verificar se estamos decentes, se podemos agradar-lhe tal qual somos.

Mas isso não é tanto um exame propriamente dito como a vigilância da delicadeza. Fazei do exame um exercício religioso a parte, segundo a forma e o método que vos aconselhamos, isto é, pela aplicação dos quatro fins do Sacrifício.

O primeiro exame é o de previsão, que se faz pela manhã e não deve exceder a cinco minutos.

1.º - ***Adorai*** a Nosso Senhor como a vosso Rei que se digna chamar-vos hoje ao seu doce Serviço para trabalhar pela sua glória. Prestai-lhe logo e para o dia todo as homenagens do coração, do espírito, do corpo e de toda a vossa vida, porque Ele, acima de toda criatura, as merece soberanamente; regozijai-vos dessa honra e da felicidade de passar esse belo dia entregues ao Serviço da adorável Eucaristia.

2.º - *Agradecei* ao divino Mestre tão insigne Graça, assim como todas as Graças de vossa vida, mas principalmente a do Batismo, da vocação e aquelas que seu Amor vos prepara hoje; agradecei-lhe aceitar vossos serviços: servi-lo por um dia vale uma vida toda, vale o Paraíso.

3.º - *Reconhecei* vossa fraqueza e vossos defeitos à vista de uma vocação tão bela e tão santa como a da Adoração. *Confessai* novamente a Nosso Senhor as culpas passadas, a pusilanimidade habitual. *Detestai* ainda o espírito mundano que renasce sempre, o poderio do amor-próprio, a dissipação da alma, a covardia da vontade. *Prometei* a Nosso Senhor corrigir-vos do vosso defeito dominante, determinando um ato a evitar e a corrigir nesse mesmo dia. *Lembrai-vos* da resolução particular que, no retiro mensal, tomastes para o mês todo, marcando alguns atos a praticar no correr do dia, mas sobretudo *fixai-vos uma penitência* a fazer sem demora, se vos for possível, por ocasião de alguma falta, ponto este de importância.

4.º - *Orai* e pedi a Nosso Senhor a Graça de uma fidelidade maior para hoje; recomendai-vos à Santíssima Virgem e ao Anjo da Guarda, e, munidos do auxílio da Graça, labutai com ânimo.

O exame pode também compreender cinco atos, obedecendo à seguinte ordem: a alma põe-se em Presença de Deus, adora-o, agradece-lhe, implora as luzes do Espírito Santo pela intercessão de Maria, para depois discutir as faltas, arrepender-se e resolver-se.

Os quatro fins do Sacrifício, como vedes, incluem esses atos. Melhor será servir-vos do método já adaptado na Adoração e na Comunhão, porque constitui unidade na devoção. É-nos muito útil simplificar os meios de piedade ao nosso alcance.

Assim também, quando uma festa ou um Mistério, ou uma circunstância qualquer se apresentar, que vosso exame se faça segundo o seu espírito. Adorai a Nosso Senhor nesse Mistério e praticai todos os atos nesse mesmo espírito, cuja Graça vos acompanhará o dia todo.

O segundo exame é aquele que chamarei de particular, porque só visa a um ponto. Dois ou três minutos serão o bastante.

1.º - *Adorai* a Nosso Senhor como a um Mestre, felizes de estar ao seu serviço.

2.º - *Agradecei-lhe* rapidamente, por um só ato, esse meio-dia.

3.º - *Lançai* um olhar nas obrigações da manhã, para saber se as cumpristes segundo a lei da obediência, a virtude que lhes é própria. Concentrai, então, vosso exame na virtude que, nesse mês especialmente, vos esforçais por adquirir, verificando se praticastes os atos positivos determinados no exame de previsão.

4.º - *Excitai-vos* na contrição e no firme propósito; renovai vossa resolução e pedi a Nosso Senhor a Graça de observá-la melhor.

O terceiro exame, chamado exame geral, é aquele que se estende ao dia todo e abrange todos os deveres da vocação, e todas as faltas que, porventura, cometestes no decorrer do dia.

Fazei-o igualmente, mediante as seguintes modificações, segundo os quatro fins do Sacrifício:

1.º - *Adorai* a Nosso Senhor como vosso Juiz, a quem vindes dar conta do vosso dia – o último talvez que vos seja dado antes de comparecerdes à sua Presença.

2.º - *Agradecei-lhe* todas as Graças desse mesmo dia, apreciando as principais e louvando a sua infinita Bondade para convosco.

3.º - *Humilhai-vos* e examinai vossa consciência percorrendo os diversos deveres cotidianos sucessivamente desde o levantar, recordai-vos das resoluções tomadas pela manhã e ao meio-dia para verificar se praticastes os atos prometidos.

4.º - *Excitai-vos*, finalmente, como ao receberdes a absolvição sacramental, à verdadeira contrição; satisfazei à justiça pela sanção imposta, entregai-vos à Misericórdia de Deus e, depois, ide dormir perto dele, sob seu teto, ou antes nos seus braços tão maternais.

Notai que o melhor modo de despertar a contrição necessária ao exame é pedi-la a Deus com toda humildade. Quem a pedir, humilde e instantemente, a terá em verdade, apesar de não lhe perceber os movimentos. A sensibilidade nunca nos é exigida e a idade apaga-a pouco a pouco. Aqueles que a querem sempre experimentar vivamente, se não se precaverem, hão de se ferir.

Notai também que o exame se deverá limitar aos atos positivos, com existência real, quer provenham do exterior, quer se consumaram somente na vontade. Quanto às tentações, não as susciteis novamente, dando vida a seus fantasmas para decidir se houve ou não consentimento. Não é necessário, é antes um ardil do demônio para provocá-las mais uma vez, fazer-vos encontrar nelas um ligeiro prazer e extorquir-vos um meio consentimento.

Ah! sede delicadas, mas não escrupulosas. A menor ferida se dá a conhecer sem que seja preciso indagar minuciosamente. Qualquer remorso, qualquer perturbação se fará sentir sem demora. Humilhai-vos, mas não procureis despertar o que adormece e cuja presença talvez vos maculasse.

Eis o exame, sua natureza e seu espírito; sede-lhe fiéis e nele encontrareis a paz. Nosso Senhor vos dará ao mesmo tempo uma bela recompensa por terdes administrado fielmente, nas pequeninas coisas de todo o dia, os talentos e as Graças que vos confiara.

Da necessidade de viver da Misericórdia

O Profeta compôs um cântico, o mais belo em que se inspirara seu coração, o cântico da Misericórdia divina, onde repete em cada verso que essa Misericórdia é eterna (Sl 135).

Razão tinha Davi em louvar essa Compaixão, em cantar esse oceano de infinita Misericórdia, porque pecara e a Misericórdia o salvara do seu pecado. Santos há que são obra dessa Compaixão divina e que, devido a ela, mais se elevaram pela constante homenagem que lhe vieram a prestar do que pela inocência e virgindade. Temos, como exemplo, São Pedro, maior, bem maior e mais dedicado depois da queda que antes; São Paulo, Santa Madalena, cuja santidade se fortificou na Misericórdia, cujas lágrimas nutriam seu amor.

Se sois anjos, vivei da Majestade divina; mas se sois homens e pecadores, vivei da Misericórdia e exaltai a Bondade de Deus que vos salvou, que vos permite viver. É preciso saber engrandecer essa Compaixão divina, nela descobrir todos os nossos dons, todas as nossas Graças e ter sempre nos lábios esse brado de reconhecimento: "Meu Deus, quão Bom fostes para comigo que tão ruim sou!"

A lembrança dos pecados passados não nos deve magoar; desapega-nos do pecado e prende-nos à Bondade divina, e, se nos fizer chorar, o coração se derramará em lágrimas suaves de penitência e de amor, lágrimas essas que constituem nossa felicidade.

Cada qual sabe o que deve à Misericórdia divina e todos podemos afirmar que lhe devemos não ter caído no inferno. Quanto maior o pecado, maior a gratidão.

Se nunca pecastes mortalmente, a Misericórdia de Deus em vos perdoar os pecados veniais não é menor, é sempre o fruto do Sangue de Jesus. E caímos com tanta freqüência que Deus a deverá exercer incessantemente, enquanto as ocasiões do pecado mortal são mais raras. Demais, gozamos de sua amizade e, quando cometemos alguma falta leve, afligimos seu Coração e seu Amor na parte mais terna.

A Misericórdia de Deus é magnânima; perdoa generosamente e para sempre. Não sabe esquecer senão radicalmente. Restitui-nos a alegria da inocência e a honra primitiva. Não perdoa como homem, mas como Deus. Quer que nos recordemos dos nossos pecados, mas de um modo amoroso, reconhecido, que nos faça louvar sua Misericórdia que os perdoou.

Todavia invade-nos por vezes certo receio e perguntamo-nos se Deus de fato apagou nossos pecados. Pedistes-lhe que vo-los perdoasse? Pedi. Viestes confiantes que vo-los perdoaria? Vim. Então Deus vo-los perdoou e esta confiança foi Ele quem a suscitou. Se não vos quisesse perdoar, não vos teria chamado a si, nem conduzido aos seus pés. E, depois, não vos deu Nosso Senhor na Comunhão, numa Adoração recolhida, ou sobretudo à noite, alguns momentos de uma paz que vos surpreendeu? A sós com Deus, a felicidade vos fez esquecer o corpo e a terra e vos transportou numa atmosfera de paz divina: parecia-vos comer o próprio Deus. É prova de que Ele vos perdoou. Deus vos acariciava, vos apertava ao Coração, vos abraçava; se não vos amasse como a uma filha, a quem restituiu seus direitos e seu amor, não vos trataria desse modo.

Assim também, o contentamento que vos traz em vossas Confissões, é indício de que fostes perdoadas e recobrastes a amizade. Deus quer – e que consolação isso nos deve ser – que tenhamos o sentimento do nosso perdão pela amizade que nos denota. Não se contenta em nos dar a fé no poder do Sacramento da Penitência; dá-nos ainda provas de amizade, a fim de nos retirarmos felizes e confiantes de nosso perdão.

A Misericórdia divina é tal que nos leva quase a crer que Deus nos quer tentar. Nosso Senhor nos diz: "Não pequeis, mas se todavia ofenderdes a meu Pai, vinde logo a mim e Eu vos perdoarei". Poderá a Misericórdia fazer mais que garantir de antemão o perdão ao pecador e lhe prometer colocar-se entre eles e a Justiça Divina? São os excessos da Compaixão que triunfa da Justiça de Deus: *"Superexaltat misericordia judicium!"*

Vivei dessa Misericórdia e que a Paciência que demonstra na longa espera e nos repetidos perdões a ela vos atraia; quanto mais cedo vos tornardes a ela depois de pecar, tanto mais cedo sereis perdoadas. Não desanimeis, por conseguinte, nem tampouco alegueis ter pecado demais para obter o perdão e recair sempre nas mesmas culpas. Vede pelo contrário, como a Misericórdia sobrepuja aos pecados; a estes podeis contar, jamais, porém, medireis aquela. Voltai, portanto, e sem demora sempre que cairdes, dizendo, por entre lágrimas, como o filho à mãe: "Meu Deus! contristei-vos, feri vosso Coração; perdoai-me". E não vos erguereis sem ter recebido o perdão.

Como Deus é Bom em sua compaixão! Multiplicou os meios de perdão. Cada pecado venial não exige uma Confissão, pois dispomos dos sacramentais, do *Confiteor*, do *Pater* e especialmente da Água Benta, que, junto a um sentimento de pesar, nos purificam. E a Missa, a bênção do Santíssimo Sacramento, não são também sacramentos de Misericórdia? Finalmente, temos o amor, a volta do coração arrependido a Nosso Senhor que vale por uma absolvição das culpas veniais. Quão doce é receber tal absolvição dele mesmo! Quando a alma se coloca aos seus pés, humilhando-se, considerando-se indigna de comungar porque pecou, então Cristo lhe perdoa e a absolve de toda culpa. Agrada-lhe esse meio de alcançar o perdão; o que a culpa perdeu será então mais que compensado pelo amor que repara.

Confiai nas minhas palavras e vivei todas da Misericórdia divina. Porque nunca pecastes, não vos será possível pecar ainda? Será, e tanto quanto os mais culpados. Nesse caso, qual a diferença entre vós e aquele que em verdade pecou? Quem vos preservou? A Misericórdia divina, a mesma que de mim, pecador, se apiedou. É nossa credora, e talvez mais vossa que minha, porque vos preservou no momento em que, quiçá, corríeis ao mal e, retirando-vos, operou dois milagres em vez de um só. Vivei, pois, também de reconhecimento para com essa Compaixão, não vos apoiando senão nela.

Não fosse Deus de uma Infinita Misericórdia, não soubesse Ele que, por mais que a derramasse perpetuamente, jamais se esgotaria, nunca se teria incumbido de nos levar ao Paraíso. Quantas Graças preventivas a espalhar, quantas quedas a reparar, quantos e quão inúmeros perdões cheios de paciência na vida do homem. Deus nunca desanima, sua Misericórdia jamais nos abandona e, quando dermos o último suspiro, estará ao nosso lado para nos receber!

É essa Compaixão divina a dispensadora de todas as Graças. Por vós mesmas nunca poderíeis ter merecido tal vocação, mas foi ela que a fez brotar. Neste mundo quantas almas mais puras mereciam de preferência andar sempre em Presença do Santíssimo Sacramento quais servas, qual família sua! Mas a Misericórdia vos ama, vos chamou e deseja agora suprir a tudo o que vos falta.

Não foi Deus bom para convosco, não foi pródigo em Misericórdia? E não havíeis de viver nesse Amor, nessa infinita Clemência? Iríeis olhar-vos a vós mesmas e permitir a uma simples teia de aranha deter-vos os passos? Ah! vivei do Amor, da Misericórdia de Deus, e começareis a vos tornar santas.

Do amor virginal de Jesus

Deus vos criou em seu Amor; sua Misericórdia cumulou-vos de Graças, colocou-vos numa condição vantajosa quanto à salvação. Como responder a tanto Amor, senão pelo amor? Ele amou-vos de tal forma que se vos torna uma necessidade amá-lo também.

Mas vós, sobretudo, que vos consagrastes a Ele pela vida religiosa, não podeis senão viver do amor. O voto de virgindade que fazeis reduz-se a um voto de amor que vos obriga a amar por estado e por vocação. Os outros votos são uma profissão das virtudes evangélicas, mas o de castidade é um protesto feito a Deus de amá-lo única e perpetuamente, sem repartir com pessoa alguma o coração.

Quão belo é esse voto que dá, a Deus só, coração e amor! Nos primeiros tempos da Igreja, quando não havia ainda mosteiros, era feito a sós e constituía as virgens religiosas no mundo; viviam com suas famílias, mas eram consideradas como uma Ordem sagrada, Ordem eminente, exaltada por São Paulo e pelos Padres com soberbos elogios. Nada é superior em beleza às orações da Consagração da Virgem, que nos legaram os tempos apostólicos.

Esse voto por si dedica a alma a Deus. Tem um cunho particular, comunica uma dignidade sagrada. A virgem torna-se qual sacerdote, qual vaso de sacrifício, coisa santa. Esse voto substitui a unção santa, consagrando a virgem a Jesus Cristo como esposa, firmando com Ele uma aliança eterna. Faz as vezes, para a mulher, da consagração sacerdotal que dedica o levita ao Senhor na qualidade de seu ministro eterno.

Pois bem, fizestes este belo voto, cujo centro é o coração, o que, junto ao amor e à afeição por Jesus Cristo, constitui sua nobreza; é um voto de amor absoluto e irrevogável, que vos obriga a amar a Nosso Senhor única, integral, virginalmente. Os votos de obediência e de pobreza são as medidas do mérito; o da castidade, as do amor e da excelência, pois eleva quem o faz à honra insigne de ser, em verdade, Esposa de Cristo.

Esse voto agrada em extremo a Nosso Senhor, que dele é *cioso, como é natural*, por ser o voto do coração e do amor. Deveis, por conseguinte, amar a Deus unicamente, sem partilhar vosso amor; não podeis mais dispor nem do coração, nem de suas afeições; tudo pertence ao divino Esposo. Seria profanação mesclar seu amor com o das criaturas.

Como a esposa infiel está para sempre marcada como adúltera, assim também a Igreja designa a virgem, que viola o voto de virgindade, de um modo mais infame ainda: chama-a de sacrílega. E assim também chama a quem profana os santos Vasos, o santo Templo, as santas Hóstias. A virgem infiel profana também uma coisa santa e consagrada a Jesus Cristo. Nosso

Senhor a reservara para si, queria que lhe pertencesse e a mais ninguém, queria todo o seu coração, todo o seu amor e ela profanou o vaso sagrado de Jesus Cristo, seu cibório, sua hóstia!

Urge, pois, amardes a Nosso Senhor como esposas fiéis, aceitando todos os direitos que sobre vós tem; estais ligadas para sempre e sereis ou coroadas como virgens fiéis, ou condenadas como virgens sacrílegas.

Depois de vos dedicar e consagrar, deveis ainda vos imolar a Nosso Senhor. E que significa isso? Significa que vos deveis imolar ao Amor de vosso Esposo e viver para Ele num sacrifício contínuo. O voto que vos tornou coisa sagrada vos destinou ao sacrifício, quais as vítimas de outrora, jovens, puras, imaculadas, reservadas a ser imoladas ao Senhor, do momento em que eram separadas do profano.

O amor é cruciante, imola. Demais, vós vos unistes ao Esposo crucificado e não cabe à esposa ligar sua sorte à do esposo? Ainda não é chegado o momento de gozardes da união; nesta terra sereis apenas as eleitas de Jesus Cristo. Já lhe pertenceis, já abdicastes de toda liberdade, mas a plenitude e as delícias da união estão reservadas para o Céu; até chegardes lá, Nosso Senhor vos visitará de quando em quando e vos enviará seus Anjos para vos consolar. Mas não deveis contar desde já com o gozo.

Agora é o momento de vos aperfeiçoar, de vos ornar de virtudes para o Dia das Bodas Eternas. Nosso Senhor vos quer virgens sagazes e prudentes, que enchem suas lâmpadas com óleo e velam à espera do Esposo. As virtudes de Nosso Senhor não se adquirem de golpe;

custa praticá-las; mas confiantes, cheias de coragem e perseverança, esforçai-vos por consegui-las, pois serão vossos adornos no dia em que Cristo vos apresentar ao Pai para realizar no Paraíso, em presença de seus Anjos, as Núpcias Celestes.

Lembrai-vos, no entanto, de que, devido à qualidade de esposas, vos cabe praticar as virtudes por amor; de que tudo quanto fizerdes, terá por fim provar ao Esposo esse amor; de que não deveis recuar ante sacrifício algum que se vos pedir. Que vosso amor seja soberano, absoluto, único e só para Ele. Só Ele, e não vós mesmas, nem pessoa alguma, a ele tem direito. Será possível que o *eu* se torne o fim desse coração que Nosso Senhor engrandece pela sua Graça, que enche de amor, e cujo objeto único e soberano ambiciona ser?

Faríeis de uma criatura qualquer o fim desse coração, roubando-o a quem já pertence de direito? Deus vos guarde! Na vida religiosa, principalmente, deveis amar-vos umas às outras, pois formais um círculo em redor de Nosso Senhor; mas só Ele é o centro. Que todos os raios a Ele convirjam. Ai de vós se não amardes a Nosso Senhor, se não o amardes unicamente!

Mas como amá-lo? Deveis amá-lo como Ele vos ama, pois o amor pede igualdade, quer reciprocidade. Ora, Nosso Senhor ama-vos como ama ao Pai, isto é, assim como Jesus ama ao Pai pela relação não interrompida de tudo o que é, de tudo o que faz pela sua Glória e pelo seu Serviço; assim também Nosso Senhor mantém constantemente convosco uma relação de Amor e de Graça. A vós dá seu Coração, seu Espírito, seus Méritos e toda a sua Vida; ama-vos em si mesmo, tornando-vos o fim de seus Pensamentos, de seu Amor, de todas as suas Ações, de todos os seus Sofrimentos.

Pois bem! Deveis amá-lo também pela relação de tudo o que sois, de tudo o que tendes, dos pensamentos, das ações, dos méritos e dos sofrimentos de toda a vossa vida voltada a Ele por amor. Dai-lhe o espírito para que só pense Nele e por Ele; a vontade, para que encontre sua felicidade em lhe obedecer, em lhe servir nos seus menores desejos; o corpo, para que nele se reproduzam suas virtudes e seus sofrimentos meritórios. Assegurai essa relação contínua de vossas faculdades a suas Faculdades, de vosso espírito ao seu Espírito, de vosso coração ao seu Coração, de vosso corpo ao seu Corpo, de todo o vosso ser ao seu Ser, e assim pagareis amor por Amor.

Ouvi a Nosso Senhor: "Penso sempre em vós, porque não haveríeis de pensar sempre em mim? Meu Coração só deseja vosso bem, só quer dar-vos amor; por que não se voltará o vosso coração a mim pela incessante homenagem de reconhecimento e de amor?

"Dou-vos meu Corpo e imolo-o diariamente em sacrifício, dando-vo-lo a comer, de sorte que se torna vossa Vítima e vosso Alimento. Por que não me cansagrareis os sentidos e o corpo para sofrer e reparar comigo o pecado que ofende a meu Pai e fere o meu Amor?"

Que sofrimento quando não correspondemos a esse Amor! Ama-nos com tanto ardor, com tanta força! E exclama ao ver-vos, vós, pobre criatura, mísero verme: "Amo-te apaixonadamente, amo-te e de ti me encantei!" E seu grande Amor o fará, esquecido de sua própria dignidade, desejar, pedir reciprocidade, pois quer ser amado por esse verme, como se tal amor fosse digno dele e devesse constituir sua felicidade. Nas relações humanas o inferior que disser ao superior que o ama, injuria-o, porque equivale a colocar-se no mesmo nível e exigir reciprocidade, quando apenas lhe cabe respeitá-lo. Mas Nosso Senhor apaga todas as distâncias que a dignidade requer, e diz-nos: "Amo-te, ama-me!"

O desejo natural a quem ama é ver a pessoa amada, olhar a todo momento para ela. Assim também Nosso Senhor fita-vos, sempre amorosamente, seus Olhos cheios de Bondade, de ternura paternal. Acompanha-vos por toda a parte, que sois sua ocupação constante. Por que também não olhar para Ele? Vossos olhos se devem fixar carinhosamente em Nosso Senhor, a quem jamais perdereis de vista. Se os corporais não ultrapassam as muralhas, os da alma poderão vê-lo de toda parte. A vista é o conhecimento, o amor, e o amor é sempre pintor, cria o objeto amado, conserva-o sempre à vista.

Nosso Senhor vos deseja ainda todo o bem e procura constantemente ocasião para vos fazer novos benefícios. Sua Presença é suave. Vede como faz tudo por amor a vós! Por que não fazer também tudo o que fizerdes por amor a Ele? Nos exercícios de piedade, na cela, nas ocupações, por que não lhe prestar, em cada uma de vossas ações, uma homenagem de amor?

Que é o amor senão uma chama que sobe aos Céus? Aquilo que não fizerdes por amor a Deus será entremeado de fumo. Deveis ser uma chama alva e viva.

Demais, Nosso Senhor ama-vos com Amor crescente. Ele varia e aumenta incessantemente os dons de sua

Graça, sempre nova e maior, e se mostra a todo momento sob prisma diverso; o amor de hoje excede o de ontem e dilata-se continuamente até o fim da vida, pois cada Graça nova junta-se às passadas. Seu Amor desabrocha como a flor que se entreabre ao raiar da manhã e se desdobra até abrir-se ao sol do meio-dia.

Urge também amá-lo com um amor sempre novo, a fim de lhe poder dizer: "Amo-vos hoje mais que ontem, porque disponho de mais um dia, de maiores Graças, de maior dívida de amor!" Satisfazei a essas dívidas, vivendo de amor, de reconhecimento, de homenagem, nada vos reservando daquilo que fazeis.

A personalidade, o *eu*, estará sempre a vos atrair, mister é cicatrizar essa chaga, que se abre continuamente pelo fogo do amor.

Ao fazerdes tudo por Nosso Senhor, cumprireis apenas com o simples dever e nada fareis de extraordinário; estareis sempre aquém do Amor que Ele vos tem. Os santos vertem lágrimas por não poderem amar bastante a Nosso Senhor e exclamam: "Por que não ter eu um amor infinito para responder ao Amor Infinito!", e suas lágrimas agradam a Deus. São os desejos, as impotências do amor; é a mísera criatura que, estendendo os braços ao Criador das margens do tempo, desejaria abraçá-lo, enquanto Deus lhe responde: "Amo-te, pobre verme terrestre!"

Pois bem, quereis amar a Nosso Senhor? Dai-vos a Ele e vivei por Ele de amor como Ele vive por vós; procurai em vosso coração tudo o que lhe possa dar prazer como Ele procura tudo o que vos possa agradar. E consiste nisto a perfeição? Não, é apenas o primeiro passo, o dever final. O orgulho não se intrometerá, pois quem pode se orgulhar ao olhar para Nosso Senhor?

Renovai o voto de virgindade, é o voto de amor; os outros são o fruto de vossa vida, este é a flor. Renovai-o multíplices vezes e dizei: "Meu Deus, consagro-me a vós para vos amar virginalmente, para amar-vos – como direi? – com um amor de sangue, com um amor eterno!

Da Confissão

A Confissão é a derradeira tábua de salvação que Deus nos concede por entre as tempestades deste mundo perverso; inutilizá-la é perder-se infalivelmente, por não haver outro meio de perdão. É verdade que há ainda o ato de amor perfeito que justifica, mas então deverá compreender o desejo da Confissão. Cuidado, portanto, em evitar tudo o que possa prejudicar o bem da Confissão e praticar tudo o que lhe assegure a utilidade e o êxito.

Em primeiro lugar, evitai rigorosamente toda relação natural e humana com o confessor durante o ato temível da Confissão; não é mais o homem, é Jesus Cristo no seu tribunal de Justiça e de Misericórdia.

É o próprio Salvador que lhe comunica, pelo Sacramento da Ordem, o poder formidável e consolador de uma vez, de fazer o que Ele mesmo faz: "Todo pecado que perdoardes na terra será perdoado no Céu e todo pecado que retiverdes na terra será retido no Céu".

Assim, o juízo do sacerdote torna-se a regra do Juízo de Deus; sua sentença precede a do Céu; é a norma estabelecida, respeitada e observada por Jesus Cristo. O confessor é o ministro da Justiça de Deus, o guarda da

Lei divina, cuja observância deve assegurar, cujas infrações deve punir sob pena de ser considerado infiel e ocupar, no Purgatório ou no inferno, o lugar destinado ao culpado injustamente absolvido.

Compete-lhe julgar. Deverá, portanto, conhecer a natureza e o número de cada uma das nossas culpas e daí a necessidade da acusação sincera e cabal do penitente. Ide a ele com uma consciência reta e sincera.

Mas o confessor é sobretudo o ministro da Misericórdia; é pai tanto quanto juiz; é o médico divino das almas, o Bom Samaritano das nossas chagas. Jesus colocou em suas mãos as imensas Graças da Redenção; deu-lhe o poder de transmitir nova vida às almas; ide a ele com a confiança da fé.

Evitai, na Confissão, tudo o que for estranho a tão grande ato, por vos fazer perder de vista o essencial e vos expor a faltar ao respeito devido ao Sacramento, enquanto diminui, ou apaga, a contrição. E isso constitui o perigo das Confissões freqüentes que começam por Deus para, muitas vezes, acabarem pela criatura, ou degenerarem em bagatelas; fugi desse mal como do veneno.

Evitai, ainda e cuidadosamente, toda discussão, toda explicação desnecessária, a fim de não perder vosso tempo, nem tomar inutilmente os momentos tão preciosos do sacerdote, e também porque o inútil é muitas vezes perigoso e facilmente se torna culpável; com efeito, raras vezes o motivo será outro senão a vaidade ou a busca do amor-próprio.

Vede Madalena toda entregue à confissão pela sua postura aos pés do Salvador, e ao arrependimento pelas lágrimas do coração. Considerai esse pobre Publicano, humilde e humilhado à entrada do templo, falando somente dos seus pecados à divina Misericórdia, alheio a tudo o que o cerca e às palavras do Fariseu.

Se imaginássemos a Confissão que vamos fazer, que fazemos nesse momento, como decisiva para a eternidade, como a última Absolvição a receber, a derradeira Confissão antes da morte, quão bem a faríamos!

Se ante os sofrimentos e as humilhações do Salvador, morrendo na Cruz por nós, considerássemos atentamente a malícia e o número dos nossos pecados, nosso coração não seria tão duro, nem sobretudo tão distraído. Se o amor que temos a Jesus Cristo fosse mais íntimo e mais eficaz, quão mais delicado seria!

Uma boa Confissão exige um bom exame. Ora, um bom exame requer três condições:

É preciso, primeiro, pedir a Deus a Graça de nos vermos como Ele nos vê, e invocar o auxílio da Santíssima Virgem e do nosso Anjo da Guarda, testemunha de tudo quanto fazemos.

É preciso, segundo, descobrir nossos pecados. O método mais simples consiste em percorrer com atenção o emprego do dia desde o despertar até o recolher, indo de dever em dever, verificando a maneira pela qual foi desempenhado. Quanto às culpas extraordinárias, essas em geral nos impressionam bastante, de modo a não se tornar necessário procurá-las com ansiedade.

Quem se examinar, procurando as faltas cometidas por pensamentos, palavras e obras, sem obedecer a certa ordem, não empregará um meio nem simples nem proveitoso, antes se perderá num vasto campo onde o esforço de memória cansará o espírito em detrimento da compunção.

Que assim não seja. Começai pelos pecados exteriores, e os interiores se apresentarão logicamente. Examinai-vos, pensando nos deveres de todo o dia, primeiro, para com Deus, isto é, nas obrigações que acarretam a piedade, os Sacramentos, os Votos, as obrigações de estado; segundo, para com os Superiores, respeito e obediência; terceiro, para com o próximo, mansidão e caridade; quarto, para convosco, humildade e mortificação.

Quanto às tentações, não as julgueis nem pela impressão, nem pela perturbação que causarem, nem tampouco pelo tempo que durarem: o pecado só começa à luz ou ao brado da consciência despertada e esclarecida, e não no sono ou na distração da vontade.

É preciso, terceiro, demorar mais na contrição que no exame; este vos mostra a ferida, aquela vos sara. Excitai-vos à contrição, menos pelas considerações do espírito que pela afeição do coração. Tomai, como ponto de partida, vossos deveres de cristã, de religiosa, de adoradora. Como cristã, vede Jesus humilhado, triste, padecendo em vós devido aos pecados veniais – Deus vos preserve de jamais tê-lo crucificado e morto no corpo e na alma pelo pecado mortal! Como religiosa, vede o pesar causado ao divino Esposo, a Jesus, que vos ama com tanta ternura, pelas infidelidades de coração. Como adoradora, vede a fraqueza, a malícia de vossa alma, que conseguiu paralisar as Graças especiais, o Amor todo particular de que Jesus vos dá provas, até talvez de abafá-lo e perdê-lo.

Considerai a Santíssima Virgem tendo nos braços o Corpo de Jesus crucificado e dilacerado pelos vossos pecados, beijai-lhe as Chagas de amor, chorai sobre seu Coração e ide colocar-vos, humilde penitente, aos pés do sacerdote.

Nosso Senhor só perdoa, notai-o bem, ao coração contrito e humilhado, e o motivo mais valioso da contrição é o amor divino, o pesar de ter ofendido aquele que tanto nos amou, e a idéia de que a menor ofensa fere um Deus infinitamente Bom e Amável, deve torná-la, aos nossos olhos, o maior dos males.

Três deveres se impõem a uma boa Confissão:

1.º - Acusar-se com toda simplicidade dos pecados, confessando-os como melhor vos parecer e segundo a impressão que vos causam.

2.º - Acusar-se com decoro, empregando palavras honestas pelo respeito devido ao sacerdote e a vós mesmas, sem nada particularizar quanto ao modo de pecar, porquanto a lei da acusação a tal não obriga, antes, pelo contrário, o proíbe em se tratando dos pecados contra a castidade. Declarar a natureza dos pecados de pensamento sem pormenores, sem explicação, o que nunca é exigido; os pecados de palavras, sem as repetir, dizendo apenas a espécie, isto é, se contra a caridade, a autoridade ou a castidade; os pecados de ação, explicando sua natureza, sua gravidade; os de omissão, revelando os deveres omitidos.

3.º - Acusar-vos com humildade, como um culpado que confessa sua culpa. Àquele que de antemão já a conhece, e melhor que ele, mas que deseja provar vossa sinceridade e arrependimento, obrigando-vos a declará-la. Que vossa humildade consista em ver e dizer as culpas conforme manda a verdade, sem as exagerar. O exagero é muitas vezes fruto da indolência, que não se quer dar o trabalho de se examinar, ou da covardia, que se reveste de falsa contrição.

Distingui bem o pecado da imperfeição. O pecado é um ato positivo da vontade; a imperfeição, o produto de nossa miséria, de nossa fraqueza, antes um ato de imaginação que da razão, um vapor insano e leve do espírito que malícia do coração, uma preguiça dos sentidos que uma recusa da vontade.

Evitai também, na acusação, o desassossego, a azáfama, que diminuem a atenção e a confiança da alma, prendendo sua liberdade de ação nas redes e nos embargos do temor e da incerteza. É por que, quando hesitardes, quando algo vos inquietar, deveis expô-lo ao confessor para lhe pedir conselho, sem acusar como culpa o que na verdade não o é; ele vos dirá que, por vezes, mais vale passar por cima de certas dúvidas que as acusar como sugere o receio, sem o que a alma se encherá dessas apreensões vagas, fonte de tantos escrúpulos, de tanto azedume.

Demais, nada vos obriga, digo mais, não deveis, ao acusar um pecado que tem por causa ou objeto a pessoa do confessor, vos referir à circunstância que lhe é particular. Tanto o decoro como a prudência exigem o contrário e a lei da integridade da acusação a tal não vos obriga.

É importante saberdes a diferença que existe entre a acusação dos pecados veniais e a dos mortais. Estes serão declarados, enumerados, especificados com as particularidades que lhe mudam a espécie ou as agravam notavelmente; quanto aos veniais, já não é assim. A alma piedosa que, de boa-fé, declarar uns três ou quatro, de todos receberá perdão, embora só de uns se tenha acusado, se seu pesar, junto ao firme propósito de se emendar, se estender a todos implicitamente. É dizer que os pecados mortais só serão perdoados nominalmente, enquanto denunciados de modo formal, e os veniais o serão em massa, na contrição geral e implícita. Podemos compará-los ao feixe de ervas nocivas, em que só as exteriores são visíveis, mas que é lançado ao fogo para que, juntas, sejam todas consumidas.

Se, como no-lo diz o Concílio de Trento, é costume louvável e salutar acusar-se de todos os pecados veniais que nos vêm à memória, o meu desejo, todavia, é afastar dessas acusações as minúcias, as insistências. Deus não exige exame tão rigoroso que vos exponha a perder a liberdade e a tranqüilidade de espírito, bem como a suave e meiga piedade do coração.

Em geral, as pessoas que muito se esforçam em preparar a Confissão, pouco se corrigem das suas culpas, obedecendo aos seus próprios juízos e à rotina de sempre, apesar de tudo o que lhes é dito: dir-se-ia que só se confessam para aliviar seu espírito doentio, que sente necessidade de se expandir; melhor seria obedecer ao confessor e, dizendo menos, agir melhor.

Evitai outro defeito, o das acusações gerais e prolixas que nada precisam, que são inúteis por não submeterem ao juízo do confessor nenhum pecado determinado. A confissão deve ser como a oração de que fala Nosso Senhor: a mais curta é muitas vezes a melhor.

Finalmente, terminada a acusação, não procureis ainda outros pecados, como se de alguns vos esquecêsseis e, embora se apresentem e venham à memória, por serem incertos e duvidosos, afastai-os. Já declarastes tudo o que um exame consciencioso vos apontara; agora é o momento de ouvir em silêncio e com docilidade o que vos disser o sacerdote em nome de Jesus Cristo.

Imaginai ao sairdes da Confissão, estardes saindo do santo Batismo, purificadas, ornadas do Sangue de Nosso Senhor, e guardai-vos de rever pecado por pecado ou de examinar a acusação e, caso se apresente novamente à memória, afastai tal idéia como tentação perigosa: tudo já foi perdoado. Madalena não se acusara minuciosamente dos seus pecados, mas seu amor penitente a todos compreendeu e todos lhe foram perdoados.

Jubilosas, agradecei a Nosso Senhor ter-vos perdoado, dado nova vida; compartilhai da alegria do homem salvo do abismo, cujas feridas cicatrizaram e que caminha sadio e enérgico.

Refleti nos conselhos salutares recebidos e renovai mais uma vez as resoluções de firme propósito. Pedi a Deus, por Maria, de lhes ser fiéis e cumpri com a penitência imposta.

Mais ainda. Como a pureza de consciência é a veste nupcial indispensável ao serviço do Esposo Celeste, aproximai-vos do tribunal da Penitência semanalmente a fim de conservá-la. Aconselho-vos a passar revista mensal e anual nas vossas culpas, de modo a suprir as acusações feitas sem verdadeira contrição, a vos humilhar e vos conhecer melhor.

Não é demais consagrar um quarto de hora na preparação à Confissão, para poder se examinar e suscitar a contrição, e o mesmo tempo em seguida, a fim de renovar o arrependimento, insistir sobre o firme propósito e fazer atos de pesar baseados nesse infinito Amor, nessa Misericórdia sem fim, que acaba de nos perdoar, de nos restituir a Vida, a honra e a alegria do coração.

A Confissão freqüente exige garantias sérias que assegurem sobremodo a contrição, sem o que facilmente se cairá numa rotina que anulará os efeitos salutares desse Sacramento de misericórdia e de salvação.

Da entrega a Jesus da nossa personalidade

Destes a Deus, em virtude da Profissão Religiosa, tudo o que vos pertencia, mas não destes, pelo menos explicitamente, o ser, a personalidade.

A personalidade é o próprio ser, princípio da vida, das ações, aquilo que vos constitui pessoa humana e indivisível, vos distingue de qualquer outra e vos estabelece no ápice da perfeição natural. É a personalidade que domina a alma e o corpo, as faculdades e os sentidos, que os instiga, que se responsabiliza pelos seus atos, lhes imprime a qualidade de atos humanos; sobre ela recai também tudo o que vos diz respeito, tal como a afeição, o louvor e toda propriedade do corpo e do espírito, porquanto nem o louvor, nem o amor se dirigem precisamente ao corpo ou ao espírito, mas sim a vós, a pessoa revestida desses dons e que os faz frutificar.

Ora, a Profissão Religiosa não emite explicitamente o dom dessa personalidade. O Voto de pobreza dá os bens, o da virgindade, o coração; o da obediência, a vontade. De certo, em toda a plenitude de sua significação, mesmo interior e espiritual, esses Votos envolvem-vos completamente e consagram-vos inteiramente a Deus.

Como nos ensina Santo Tomás, a Profissão Religiosa é em si um holocausto do homem em sua inteireza e, por conseguinte, do ser e da própria personalidade.

Mas proponho-vos agora fazer a Nosso Senhor o dom formal e explícito do ser e da personalidade para vos facilitar a prática dos Votos nesse espírito de holocausto, que é a verdadeira adoração. Isto nenhuma obrigação exterior acrescentará aos três Votos, mas, confirmando-os com maior perfeição, vo-los fará praticar segundo o espírito próprio da vossa vocação, pois a Eucaristia é o Dom.

Não sois somente esposas, mas adoradoras e servas de Nosso Senhor Jesus Cristo e o próprio da serva é perder o nome. Outrora o escravo ficava até privado do direito a si mesmo, a seus atos, a seus trabalhos, a toda a sua vida. Vosso nome de servas significa escravas do amor. E isso vos levará a desaparecer para que Jesus Cristo se torne senhor absoluto da vossa personalidade.

"Então, exclamareis, eu me aniquilarei e julgar-me-ão insensata." Aos olhos humanos, sim, mas aos olhos divinos sereis apenas generosas em amor.

A virtude desse dom consiste na doação feita a Nosso Senhor, por amor a Ele, no esquecimento total de vós mesmas, para reconhecer e adorar o domínio soberano de amor que sobre vós exerce. É Ele, são seus direitos, seu Amor, sua Glória que considerais nisto antes, e acima de tudo, e não seus dons, nem vossos interesses pessoais, enquanto pedis humildemente os dons de sua Graça, sem os quais nada podereis fazer.

Pois bem, longe de renunciardes à recompensa, sabeis que este dom de amor é em si um imenso mérito para o Céu. Porém, acima desses motivos está o do amor que Deus por si mesmo merece e dos direitos que seu Amor infinito lhe cria sobre toda criatura e, de modo especial, sobre vós. Isso já vos absorve, já vos basta; vós vos destes para pagar com amor e ambicionais, como primeira recompensa, ser Deus servido, amado e adorado, a fim de reinar incondicionalmente sobre vós pelo vosso próprio aniquilamento.

Não digo que vos fixareis num estado de puro amor, de modo a nunca dele vos afastar, renunciando ao exercício das outras virtudes; não, longe está de mim tal idéia, condenável e condenada como falsa e irrealizável nesta terra, mas deveis tender, na medida do possível, a praticar todas as virtudes no espírito desse dom de amor, por ser sobretudo uma direção da intenção, e não um acréscimo de obras e de novos deveres.

A vida religiosa é, em verdade, um dom. Consagramo-nos a Deus definitivamente. Mas tais são as compensações, presentes e futuras, que por si bastariam para nos atrair. Renunciastes às alegrias de família e a religião paga-vos cêntuplas vezes, pai e mãe, irmãos e irmãs; renunciastes aos bens terrenos e ela vos dá os espirituais; renunciastes a vos dirigir a vós mesmas e encontrais um caminho seguro, já traçado, e guias dedicados.

Esses motivos compensam, de certo, os sacrifícios, e quem se fizer religioso para se aproveitar dessas vantagens – para o Céu – está no seu direito.

Todavia, sem desprezar tais vantagens, se quiserdes ainda santificar vossos Votos tornando-os um verdadeiro holocausto, elevando seu alvo até a perfeição do mais puro amor, acrescentai-lhes o dom de vós mesmas; dareis então unicamente por dar, despreocupadas de recompensa alguma, porque a vida de amor é dar, é viver sem se pertencer.

 Demais, cada Voto corta apenas um ramo do ser, dá somente uma parte da vida e o amor almeja entregar o tronco, o próprio ser. Pois bem, pelo dom da vossa personalidade feris a própria raiz do *eu* e renunciais radicalmente a vós mesmas. Moralmente não existis mais aos vossos olhos; procurai não existir tampouco aos olhos dos outros e nunca vos constituir como vosso fim, nem em vós, nem neles. Apagastes toda relação de amizade e de afeição que visasse à vossa pessoa, tanto com vossas irmãs, como com almas queridas em Deus. Nosso Senhor, a quem tomastes para substituir o *eu*, torna-se o fim principal e dono definitivo de vossas obras, de vossos sofrimentos, de vossos méritos, e só Ele, doravante, deverá viver e mandar em vós, pois é o senhor, o vosso *eu*, a vossa pessoa.

 E nada mais deveis receber pessoalmente, nem louvor, nem afeição. Pela doação feita a Nosso Senhor não sois mais senhora de vossa pessoa e tudo o que receberíeis lhe seria subtraído.

 Quem se apresenta para fazer uma visita, pergunta pelo dono da casa, e não pelos empregados, e se cumprimentar por engano a serva, esta deverá avisá-lo e dizer: "Há engano; vou chamar o amo, pois aqui nada sou". Assim também convosco: nada sereis, nada mais recebereis, não obrareis mais por vós mesmas, mas por Nosso Senhor, a quem vereis em tudo.

 O escravo tampouco poderá assinar autos de propriedade, pois sua assinatura nenhum valor tem. Pois bem, vós também nada fareis por vós mesmas, por inspiração pessoal, mas aguardareis as ordens de Nosso

Senhor, mantendo-vos numa absoluta dependência à espera de sua Graça e do sinal de sua Vontade, a fim de cumpri-la cabalmente. E, ante grandes probabilidades de êxito e as mais belas promessas de trabalhar pela sua Glória, nada fareis se Ele nada vos ordenar. E assim como a personalidade faz mover as faculdades e os membros, e estas os instrumentos inanimados, assim também esperareis que Ele vos mova.

Eu quero, eu não quero, são palavras que vos devem ser estranhas, porquanto o *eu* não é senão a personalidade, e a vontade seu principal *órgão*. Que Nosso Senhor, e só Ele, queira e não queira. Se não for possível, ao falar, renunciar completamente a essas expressões, que o íntimo a elas não corresponda, mantendo-se numa absoluta submissão a Nosso Senhor.

Que não haja mais, em coisa alguma, motivos pessoais e humanos; amareis aos servos de Deus e às vossas irmãs, porque Nosso Senhor os ama e porque eles também o amam, porém, só Ele será o motivo que vos fará agir, o ponto de apoio, e vosso alvo no pensar, julgar, querer e obrar.

Haveis de desaparecer, e os interesses de Nosso Senhor, e unicamente esses, se tornarão vossos interesses e só Ele viverá em vós.

Aí está a Graça que vos é própria, a Graça da Eucaristia. Disse-nos Nosso Senhor: *Assim como meu Pai me envia e como vivo por Ele* e para Ele, isto é, enquanto Verbo não vivo senão da Vida que o Pai me comunica eternamente, e enquanto Homem, da Vida que o Verbo me dá no tempo pela União Hipostática, *assim também aquele que me come viverá por mim,* isto é, Eu lhe comunicarei minha Vida de Graça e mais tarde a de Glória, e nele serei tudo, porque permanecerei nele e o transformarei em mim; serei seu princípio, assim como o Pai é meu princípio, e suas ações desejadas, dirigidas, feitas por mim nele, serão elevadas em mim ao nível das ações santas e divinas; mas também como devolvo ao Pai todos os frutos de mérito, de glória, de honra que produz a Vida que me comunica, assim também aquele em quem habitarei e a quem darei minha Vida, me devolverá fielmente a glória, a honra e todos os frutos de seus trabalhos: *"Aquele que come a minha Carne e bebe o meu Sangue, permanece em mim e Eu permaneço nele para nele viver, nele reinar"*.

Nosso Senhor disse ainda, depois da Ceia: *"Assim como estais em mim, ó meu Pai, e Eu em vós, assim também que sejam eles um em nós"*. É a unidade magnífica que começa no Batismo, que persiste pelo estado de Graça e que na Eucaristia encontra sua perfeição terrena: é o fruto próprio da Eucaristia.

Que toda a vossa vida realize plenamente a palavra de São Paulo: *"Vivo, mas não sou eu quem vive, Jesus é quem vive em mim"*. Eis o perfeito dom de si, o dom da personalidade feito a Nosso Senhor.

De Jesus e Maria, modelos do dom de si

Já falamos na necessidade de consagrar a Deus nossa personalidade, dando-lhe o *eu* que é o ser, o *eu* que é o centro das relações, o *eu* que recebe o louvor e a afeição, o *eu* que é nosso fim natural. Pelo simples fato dos Votos entregamo-nos, é verdade, a Deus, mas proponho-vos fazer ainda uma consagração explícita de vós mesmas a Jesus Cristo, em virtude da qual desejaríeis praticar os Votos religiosos, assim como todas as virtudes, num espírito de amor a Deus, amado por Ele mesmo, de renúncia total a vós mesmas, de oblação, de sacrifício e de holocausto de todo o ser a Jesus Cristo, vivendo em vós como vosso primeiro princípio e vosso único fim, de natureza e de graça.

Mas, direis, é bem difícil conseguir amar sempre a Jesus Cristo por Ele mesmo, sem nunca se procurar a si em coisa alguma. É verdade. É difícil atingir a perfeição do amor e é impossível proceder sempre movido por um amor atual; o que vos proponho, porém, é dar-vos a Deus por um ato de amor que abranja vosso ser e toda a vossa vida, para depois proceder o mais possível guiado pelo espírito desse dom de amor. Existe uma diferença entre essas duas coisas: ter o hábito de uma virtude, proceder segundo seu espírito ou exercê-la sempre de fato por atos positivos.

Assim é que os Votos de religião vos constituem religiosas, e não deixais de o ser por não praticar atos formais de pobreza e obediência, cabendo-vos proceder sempre, pelo menos, segundo o espírito desses votos. Pois bem, doando, uma vez por todas, vossa personalidade a Nosso Senhor, vós vos entregais em suas Mãos num estado de abandono e de aniquilamento pessoal, doravante, em virtude desse dom, considerar-vos-ei como totalmente dependentes de Jesus Cristo e vos esforçareis por deixar a Nosso Senhor, em vosso lugar, viver, proceder, mandar e receber tudo em vós.

A perfeição desse dom de si mesmo, que constituiria a vida e o reinado perfeito de Jesus Cristo em nós, de certo nunca se realizará neste mundo, mas por que não nos obrigarmos a tender incessantemente a ela? Quem espera obedecer perfeitamente para fazer Voto de obediência? Antes pelo contrário, é feito de início, por fornecer uma Graça e um socorro próprios. Assim também vos aconselho a fazer já esse dom de vós mesmas, que praticado ao começar com muita imperfeição, irá melhorando aos poucos. Esse Voto traz consigo uma Graça particular que aumentará se for observado com fidelidade. Geralmente vos habituareis a não mais vos considerar como vosso princípio ou fim, porém a proceder unicamente por Nosso Senhor, sujeitas à sua Vontade e dependendo dele para lhe devolver o fruto de todas as coisas como aquele que as fez em vós. Conseguireis vos renunciar, habitual e cabalmente, a não viver senão de

Jesus Cristo, por Jesus Cristo, em Jesus Cristo, para Jesus Cristo.

Eis o dom de si mesma; uma consagração cujo espírito se estende a todos os atos da vida, em virtude da qual não nos consideramos mais perante Deus como alguém, mas como um membro do corpo de Jesus Cristo, de que Ele é chefe, alma e pessoa; que nos anima a nada julgar, a nada empreender por nós mesmos; a nos tornar simples intermediários, um mero instrumento de sua Vontade e a não ser mais para as criaturas o fim ou centro de coisa alguma e, por conseguinte, a não procurar, a não aceitar para nós a estima e a afeição alheias, mas sim confiar tudo à Pessoa divina a quem nos demos, a cujo poder nos entregamos, inteiramente. E esse dom é motivado por um amor generoso e desinteressado que nos inspiram as belezas e amabilidades de Jesus Cristo, o reconhecimento de seus direitos, sobremodo daqueles que derivam da Comunhão, quando vem a nós para tomar posse da nossa alma, em nós viver, em nós mandar, qual Senhor soberano.

Ora, essa vida que vos entrega inteiramente a Deus mesmo, oferece-vos, em primeiro lugar, a Santíssima Virgem Maria como seu modelo acabado.

O santo Evangelho proclama-a cheia de Graça; o Anjo diz-lhe que o Senhor está com ela; mas de que modo? Plenamente, soberanamente. O Espírito Santo reina no seu espírito, no seu coração, dirigindo-lhe os pensamentos e cada uma de suas afeições. Ele existe em Maria, que já não existe em si, por estar toda entregue ao Espírito de Deus, que a encobre, a envolve, e reveste cada uma de suas potências dos raios de sua Graça e de seu Amor.

Maria manifesta seu modo de corresponder a essa vida de Deus nela por esta palavra bendita, uma das mais belas que tem sido dado ao mundo ouvir: "Eis a Serva do Senhor". E qual seu significado? Abandono-me e me entrego toda ao que em mim desejar fazer meu Senhor e meu Deus, não querendo mais pensar, nem querer, nem proceder, senão como sua serva, inspirada, movida, levada em tudo por sua Vontade.

"Eis a Serva do Senhor." É a fórmula do dom de si mesma, pois o escravo perde nome, autoridade e a própria vida, tudo passando para o domínio do novo Senhor. Assim também Maria é para sempre a escrava de amor do Espírito Santo e toda a sua vida será apenas a manifestação de sua submissão, de sua obediência e do total esquecimento de sua pessoa. Sendo o amor que a impele, será chamada a Mãe do belo amor, isto é, desse amor que ama a Deus por Ele mesmo, pelas suas Perfeições e Belezas, por ser Ele o princípio e o fim de tudo.

Observai-a durante toda a sua vida, vítima desse puro amor, amando a seu divino Filho por Ele, e não por ela, nunca lhe pedindo consolação para si, nunca tentando desviá-lo da morte, nem mesmo a fim de gozar mais um pouco de um Filho tão querido, ou retardar a hora, mas sim acompanhando-o ao Calvário para lá sofrer com Ele, disposta a substituí-lo, se assim quisesse o Pai, ou até imolá-lo para cumprir com as ordens da Justiça Divina. Em tudo isso poderá se procurar a si mesma? Não é de fato amor por amor?

E Nosso Senhor fê-la praticar toda a vida esse amor; deixou-a pobre, abandonada, sofrendo em seu Coração e recusou-lhe até, no decurso de sua vida pública, as consolações aparentemente tão justas. Em Caná, quando lhe dizem que sua Mãe o procura, Nosso Senhor trata-a com dureza evidente. É porque sabia que ela o amava unicamente, que, como Mãe segundo a natureza, nada procurava, mas que era antes sua serva, sua discípula, seu membro pela fé, pelo amor sobrenatural.

Como a Santíssima Virgem, que recebera tantas Graças, que fizera todas as suas ações com tão elevada perfeição, devia glorificar a Deus, confessando seu nada, oferecendo-lhe todo mérito, devolvendo-lhe toda glória! Nunca Nosso Senhor viveu, nunca viverá tão plenamente, nunca reinará tão soberanamente, numa criatura. Não era mais Maria, porém Jesus que pensava, julgava, queria; Maria se contentava em repetir em cada um dos seus pensamentos, em cada uma das pulsações do seu Coração e ainda em cada uma de suas ações: Eis a serva do Senhor. *"Fiat mihi secundum verbum tuum!"*

Nunca houve resistência, hesitação, divergência, demora no cumprimento da Vontade de Jesus Cristo nela, mas sempre identidade de sentimento, de vistas, de querer. Não admira que ela fosse seu trono e seu leito de repouso, seu tabernáculo e seu paraíso de delícias. Sê-lo-á também eternamente na Glória, como o foi no trabalho e no merecimento. *"Deus in medio ejus non commovebitur."*

Eis o vosso modelo, já que sois servas de Jesus Cristo, sacramentado. Repeti sempre, realizando-as pelo amor, as palavras de Maria: "Eis a serva do Senhor", e vivei de amor pelo divino Mestre.

Mas este belo modelo não nos basta, existe ainda um mais perfeito, e quando vos proponho doar a personalidade pelo amor, indico-vos os meios de fazer o que

Jesus Cristo Ele mesmo fez primeiro, deixando-nos o exemplo a seguir. Sim, Jesus Cristo serviu ao Pai pelo sacrifício perpétuo de sua personalidade humana, e quem perceber todo o alcance desta idéia, exclamará: "Ó meu Senhor Jesus Cristo, quero servir a vosso Pai como vós o servistes!" E, na verdade, doar a personalidade, fazer abstração em tudo de si mesma, é reproduzir, pela Graça, e tanto quanto o permite a natureza humana, o Mistério e o espírito da Encarnação do Verbo. Idéia grandiosa se for bem compreendida.

Em Nosso Senhor havia duas naturezas, a Natureza Humana e a Natureza Divina, mas só uma Pessoa, a Pessoa do Verbo. Para alcançar esta verdade, sabei que toda natureza tende essencialmente a atingir sua perfeição natural e estando o corpo unido à alma, essa união produz a personalidade humana, que aparece como a verdadeira perfeição do homem, para fazer existir, conduzir e possuir a alma e o corpo, e ser o princípio de toda a vida.

Mas, em virtude de uma obra única de Deus, que jamais se renovará, no momento em que o Corpo e a Alma de Jesus foram criados no seio de Maria, pela operação do Espírito Santo, a Pessoa do Verbo os uniu a si, apropriou-se deles e antecipou, pela sua Presença, a personalidade humana que resultaria da união da alma e do corpo humanos, deles se apoderando para sempre. E como a Natureza Divina é, desde toda eternidade, a natureza própria ao Verbo, assim também a santa Humanidade tornou-se realmente, desde logo, sua segunda natureza. Uma só Pessoa Divina, dona de suas naturezas e operando pelas faculdades de ambas, divina e humana, tal é o Mistério do Verbo feito Homem.

Mas por que não admitiu o Verbo a personalidade humana da natureza que adotara? Porque um ente, só pode ter uma pessoa, porque a pessoa é o último complemento do ser e o torna incomunicável aos outros seres, de sorte que se a humanidade de Cristo tivesse tido sua personalidade humana, não se poderia ter unido ao Verbo em unidade de pessoa, como era necessário para que a Redenção se cumprisse.

Assevera um herege que, tendo-se a Pessoa do Verbo unido a Jesus Cristo, já pessoa humana, resultava em Cristo duas pessoas, havendo nele um homem e um Deus; mas, então, Deus Pai, sendo o princípio da Pessoa Divina, e Maria, da pessoa humana, quem nos resgatara em Jesus Cristo? O Deus? Não. Deus não pode morrer. O homem? Tampouco; a morte de um homem nunca poderia merecer resgatar outros homens.

Mas, como nos ensina a Fé católica, a natureza humana não tem personalidade em Jesus Cristo; está, porém, unida diretamente à Pessoa do Verbo que é sua Pessoa própria e única, e que Maria é a Mãe, não de um homem, mas de uma natureza humana subsistente na Pessoa do Verbo e, por conseguinte, que ela é a Mãe do Verbo Encarnado.

Mas, nessa privação, Jesus Cristo encontra, como Homem, a fonte de uma vida toda especial. Não é senhor de si, não se dirige; não é uma individualidade, uma pessoa, mas está votado e consagrado, por uma dependência não só da vontade, como também de natureza e de essência, à Pessoa do Verbo, donde se conclui que, assim como nossa pessoa nos domina, ordena e opera pelas faculdades da alma e do corpo, assim também em Jesus a Pessoa do

Verbo domina, ordena e opera, qual senhora absoluta, por todas as faculdades espirituais e corporais de Jesus Cristo. A Humanidade de Jesus Cristo torna-se, pois, a serva e a escrava do Verbo para todo o sempre, já que este estado de União Hipostática tem duração eterna.

Contemplai, na Vida de Nosso Senhor, o Mistério adorável da sujeição da Humanidade santa à Pessoa do Verbo. Era a Pessoa do Verbo que mandava na natureza humana e a dirigia em toda operação, interna e externa; a ela Nosso Senhor devolvia toda a honra e afeição e nela, nunca na sua Humanidade, punha o fim de todas as coisas. E nada queria receber, nem louvor, nem afeição, nem préstimos, de quem se dirigia a Ele como criatura somente, recusando-se mesmo a tudo como Homem, independente de sua Pessoa Divina, e não hesitando, para convencer a todos, de empregar severidade. Como prova temos as palavras dirigidas à sua divina Mãe, a São Pedro, aos fariseus. Dizia, em resumo: "O Filho do homem, por si mesmo, nada pode; nem falar, nem obrar, nem querer, senão de acordo com o Pai e pelo Pai", isto é, segundo o Juízo e a Vontade do Pai, comunicada ao Verbo como Deus e pelo Verbo manifestada à Humanidade, que lhe pertence qual serva e órgão criado.

Jesus Cristo, por conseguinte, como Homem, em sua natureza humana, em sua santa Humanidade, estava em tudo e por tudo submisso à Pessoa divina do Verbo, a quem fora entregue incondicionalmente, para quem só trabalhava; não existindo em si mesmo, mas somente na Pessoa do Verbo, não podia pensar em ser seu próprio fim: era apenas o trabalhador ativo, o servo, o órgão submisso e fiel do Verbo divino.

Pois bem, se quiserdes doar a Nosso Senhor vossa personalidade, imitareis pela Graça aquilo que Ele mesmo praticara por amor e vos entregareis totalmente. Devereis, à medida que vos concede o poder de sua Graça, vos demitir e separar da vossa própria personalidade, renunciando aos seus direitos, às suas vistas, aos seus interesses, e pedindo a Nosso Senhor que a substitua. Comportar-vos-eis para com Ele, e em virtude de sua Graça, com a mesma submissão cabal com que a alma, as faculdades do corpo e os membros obedecem à personalidade; ou antes, esforçar-vos-eis por imitar a submissão, a dependência, o estado de absoluta e amorosa servidão de sua santa Humanidade para com a Pessoa divina do Verbo.

Continuar e reproduzir a Jesus Cristo não é a mais bela das obras? Unir-se ao espírito de seus Mistérios para reproduzi-los em nós, não é o melhor caminho à santidade? Pois bem, pelo dom de vossa personalidade vós vos unis ao estado que em Jesus Cristo é o fundamento, a raiz de todos os Mistérios, de todos os atos, de todas as palavras, de todos os méritos de sua Vida efêmera. Não foi uma vez e de passagem, num só ato da Vida, mas sim em toda a sua existência, que Ele se viu privado dessa personalidade humana. Foi por meio desse sacrifício e desse dom que iniciou sua Vida terrena. Todos os seus Mistérios vieram em seguida e, abrindo-se uns após outros, segundo o Espírito Santo que o conduzia, manifestaram esse dom e esse sacrifício.

Tudo extraíam desse estado: de um lado, seu valor infinito, do outro, suas infinitas humilhações. Como Deus, igual ao Pai, Jesus Cristo operava milagres; como

Homem, orava, aniquilava-se ante o Pai, temia, sofria e morria; como Homem-Deus, satisfazia à Justiça Divina e nos resgatava.

Que sublime nobreza coube à santa Humanidade em troca de sua personalidade humana! Unida hipostaticamente, isto é, de uma união de existência e de sua subsistência ao Verbo de Deus, era a Humanidade de Deus. Quem via a Jesus Cristo, via a Deus; era o semblante, a palavra, o braço do próprio Deus!

União admirável, unidade adorável! Assim é que a Humanidade santa, qual serva fiel, dirigia tudo à Pessoa do Verbo, dona absoluta sua, princípio seu, e, por meio dela, à Santíssima Trindade.

A todo cristão é dada a Graça de imitar nisto a Jesus Cristo, já que Nosso Senhor deseja viver neles, aniquilar neles o homem natural para tomar-lhe o lugar de tal modo que, segundo a palavra de São Paulo, seja Ele, e não nós mesmos que em nós vive. Por que não abraçar, uma vez por todas, semelhante estado? Por que não se colocar em virtude do ato formal de doação a Jesus Cristo, nessa Graça de verdadeiro cristianismo, de verdadeiro serviço interior e do maior amor, da maior Glória de Deus?

Todo o resto da vida seria apenas o renovamento, o aperfeiçoamento desse dom; e as virtudes e os deveres de estado seriam praticados no espírito desse dom, que faria de toda a vossa vida um sacrifício contínuo de holocausto, dando-lhe uma graça e uma unidade que avivariam vossas forças e dobrariam vossos méritos.

E, à vista de só poder haver em todo o ser um princípio superior e no homem uma só personalidade, não é muito justo que a vossa ceda o lugar à de Jesus Cristo? Se não abrangessem este dom implicitamente as promessas do Batismo e da Profissão Religiosa, poderíamos pertencer a Jesus Cristo? Então por que não o renovar pela vontade positiva e formal, entregando-nos para sempre à sua adorável Pessoa pela renúncia feita à nossa?

Para fazer-se uma idéia exata da prática desse dom, convém ler o Evangelho de São João. Vereis aí Nosso Senhor afirmar que, por si, nada pode. Para pensar, consulta o pensamento do Pai, isto é, a Divindade que trazia em si – porquanto o Pai e o Verbo não são senão uma mesma Divindade; para agir, pergunta ao Pai o que deseja; para julgar, descobre primeiro o parecer do Pai.

Tereis ocasião de notar que Ele não permite que o exaltem como homem, se aqueles que o louvam não dirigem o louvor à Divindade que nele está. "Por que me chamais de bom? Só Deus é bom."

Tampouco se deixa amar naturalmente, isto é, com um amor que se fixa só na sua humanidade, porque então o amor e o afeto se dirigem à sua pessoa, e Ele como homem já a este destruiu. Afasta São Pedro, que quer desviá-lo do sofrimento, qual outro Satanás. Recusa-se mesmo a afeição de sua santíssima Mãe, quando parece volver somente à sua humanidade; assim é que no Templo responde às suas lágrimas e lamentações por estas poucas palavras: "Por que me procuráveis? Não sabíeis que devo me entregar às coisas de meu Pai?" E, no entanto, amava sua terna Mãe e ser por ela amado constituía uma de suas maiores alegrias; mas queria esclarecer-nos para que não houvesse dúvidas quanto ao caráter desse amor, que jamais se devia fixar nele, como Homem e filho de Maria, mas sim alcançar sua Pessoa divina, fim único de todas as suas ações, termo de toda a sua afeição.

Pois bem, imitai-o. Jesus Cristo está em vós, em vós habita, em vós permanece; que possa viver como vosso princípio soberano, com toda liberdade, com plena autoridade. Renegai o *eu* e constituí com Ele uma pessoa divina e humana; que Ele seja vossa pessoa; sereis somente sua natureza, a fim de servi-lo pela alma e pelos sentidos, devolvendo-lhe toda a afeição, toda a honra, toda a glória. Já lhe pertenceis, nele viveis e subsistis, sois um membro, um órgão seu; justíssimo é que sendo Ele o princípio, seja também o fim.

A Comunhão visa sobremodo formar, entre Jesus Cristo e nós, unidade de vida e de pessoa e só será perfeita se conseguir esse fim. Nosso Senhor não deseja, quando desce a nós, apenas as obras, e sim a nós mesmos. A mim parece que, ao deixar o Tabernáculo para se dar a nós, Ele diz: "Encarnar-me-ei nessa pessoa; unir-me-ei a ela sacramentalmente, mas, para que minha Personalidade substitua a sua; quero ser um princípio e elevar seu ser e suas ações à Unidade divina; pensarei e quererei em sua alma; viverei em seu corpo; amarei em seu coração; nela glorificarei ao Pai, como na terra o glorifiquei pela minha santa Humanidade; continuarei, pela glória de meu Pai, pelo seu amor e pelo amor dessa criatura, minha vida merecedora e sofredora; darei a seus atos um valor sobrenatural e divino e serei o centro de suas afeições, o princípio de uma nova Vida, que será a reprodução da minha própria Vida".

Ah! enveredai por esse caminho; tornai-vos servas em verdade da divina Pessoa de Jesus Cristo em vós;

digo mais, vítimas suas, pois Deus é um fogo consumidor e como o Verbo imolou e consumou sua Humanidade na Vida de contínuos sofrimentos espirituais e corporais, e na Morte da Cruz, assim também, uma vez entregues a Jesus Cristo, Ele vos imolará totalmente.

Agora, quanto à prática: em primeiro lugar, nada procurar para si e recusar a estima e a afeição das criaturas; aceitar sem vos queixar o desprezo e as perseguições, reconhecendo que nada é mais justo. Há de custar, é certo, e muito, mas é matar-se para viver.

Aceitar a humilhação, imolar o corpo e a sensualidade em tudo, é duro e a resistência se faz sentir. E não sentiu também Nosso Senhor as angústias do seu sacrifício? Ouvi-o no Jardim das Oliveiras: "Meu Pai, se for possível, que esse cálice se afaste de mim!" É a voz de sua Humanidade, que Ele não tarda em submeter à sua divina Pessoa, imolando-a completamente: "Mas seja feita a vossa Vontade, e não a minha!"

Experimentareis também a luta, a tentação, a humilhação: mas a Graça estará sempre à mão para vos erguer se, desdizendo-vos alguma vez, faltardes às vossas promessas. Cabe-vos então renovar o dom para assim perseverar na mesma dependência e ser sempre a serva e vítima da Glória e da Vontade de Deus.

Coragem! Dai-vos generosamente e sem medir: "A vós, Pessoa divina de Jesus em mim, honra, amor e glória; a mim, humilhação e desprezo".

Sim, dai-vos sem medir, e Nosso Senhor vos há de recompensar largamente. Em primeiro lugar, as vossas obras terão sempre um mérito inerente, essencial, que é vosso, embora deis a Jesus a honra e a glória que delas provêm. É vosso para a eternidade e recebeis ainda o acréscimo de Graças, resultado de toda obra meritória. E se Jesus sobe aos Céus de direito, não deixará de levar consigo tudo o que lhe pertence e sereis um com Ele. Poderá ele esquecer sua própria carne? Não. Ele zela pela sua felicidade e pela sua glória. Quanto a vós, que vosso Céu na terra consista na doação de vós mesmas, feita a ele com um amor cada vez mais puro, mais generoso, mais fiel.

Da educação interior da adoradora

A educação interior da adoradora consiste em aprender a viver interiormente e a pensar, falar e conversar com Nosso Senhor. Ensina-se às crianças a pensar com acerto e depois a falar bem. A linguagem exige certo gosto, certa delicadeza; nem todos sabem falar; entreter uma conversa requer alguma educação, e isso é ainda mais exato na vida interior, na vida com Nosso Senhor.

Quem não tem vocação muito marcada, ignora a atração dominante da sua vida e a Graça que lhe é própria; pouco pensa, ou não pensa de todo. A piedade será vaga e exterior, toda de práticas. Muitas vezes encontramos almas devotas, cujo pensamento habitual não é sobrenatural, religioso ou divino, e cuja vida constitui um círculo em que se movem. Já se lhes tornou um hábito e seguem o curso dos exercícios devotos, embora seu coração não tenha vida expansiva; não vivem dessa vida da alma que arde, que se eleva sempre a novos sacrifícios, inspirada por novos motivos; sua ciência interior não ultrapassa o meio das práticas em que vivem.

Que desgraça seria para as adoradoras de profissão permanecerem num nível tão medíocre. A alma religiosa deve aspirar incessantemente à maior perfeição e só progredirá se se aperfeiçoar nos colóquios divinos e receber um alimento interior que baste para renovar e avigorar suas forças sobrenaturais.

A alma que pensa, que sabe refletir, nada terá de recear, seja qual for a situação em que se encontre. Ora, vosso coração obriga-vos a essa vida interior, vida toda íntima, onde vós vos bastais para conversar com Nosso Senhor em vós.

Infelizmente podemos também habituar-nos ao nosso estado e, limitando-nos a fazer materialmente os santos exercícios, possuir o lamentável talento de levar vida exterior e pessoal por entre as bênçãos da vida eucarística. Que tristeza! Que tesouro de Graças frustradas!

Para vos precaverdes, habituai-vos a pensar com precisão; que os pensamentos e as intenções sejam nítidos, característicos, renovados multíplices vezes; que sejam para Nosso Senhor e por Nosso Senhor; que estejam com Nosso Senhor no Santíssimo Sacramento. É preciso chegar ao ponto de pensar em tudo pela santa Eucaristia; todo pensamento a ela se deve tornar, nela criar raízes, nela se confinar; tendes a Graça precisa, e isso constitui vosso serviço interior, se vos torna uma necessidade, pois, de outro modo, como adorar em espírito e em verdade? Seríeis um simples corpo, uma máquina de adoração movida pela corda da regra exterior. Nosso Senhor quer um serviço efetivo, contínuo, de todo o vosso ser, serviço esse que lhe apraz muito mais que o outro, meramente superficial.

É preciso, pelo pensamento da Eucaristia, alcançar unidade em toda a vossa vida. Esse pensamento encerra a Nosso Senhor todo inteiro; sua Vida passada que preparava a Eucaristia, sua Vida presente que se desenrola aos vossos olhos, cujas virtudes podeis ver, e sua Vida futura que será apenas a extensão gloriosa e a descoberto do Sacrifício Eucarístico. Vede a Nosso Senhor vivendo de sua Vida de Amor no Santíssimo Sacramento, nele aplicando o amor de suas virtudes, de seus mistérios todos. A Eucaristia é de todas as festas, de todos os dias do ano; nada podemos lembrar em que não seja o memorial vivo; festejamos na Eucaristia o Amor permanente de Nosso Senhor, seu Amor atual que viverá até o fim do mundo e toda a religião, seus mistérios, suas festas, suas virtudes e suas graças como seus deveres, tudo é vivificado pelo Amor da Eucaristia, donde extrai sua Vida e sua Graça.

A nada deveis amar senão pela Eucaristia e pelas vossas relações com a Eucaristia, que deverá constituir o vosso amor final em tudo. Só por ela deveis amar.

O amor acompanha o pensamento. Quem ama a Nosso Senhor, nele pensa espontaneamente e sem esforço. Encontra-o por toda a parte e só a Ele vê. Esta ciência mais vale que todos os livros, e a todos supre. Mas então é preciso em verdade levá-lo no coração, pois o pensamento habitual acompanha a afeição, a que se liga naturalmente.

Bem triste é pertencer ao número das almas que só pensam em Nosso Senhor quando Ele as flagela. Ah! não o obrigueis a vos enviar penas e tentações a fim de vos forçar a pensar nele; que não seja o demônio, mas sim a necessidade e o impulso de vosso coração de filha, de adoradora, que vos faça recorrer a Deus.

Os Apóstolos, no lago de Tiberíades, deixando a Nosso Senhor num canto do barco, se entretinham junto das redes e da pesca, esquecidos do divino Mestre. Nosso Senhor levanta então a tempestade e os Apóstolos, atemorizados, recorrem a Ele: "Salvai-nos, pois vamos perecer!"

Não os imitemos; não esperemos que os interesses ou o castigo nos levem a Nosso Senhor, mas vivamos em conversa habitual com Ele. Se o amamos, fácil nos será pensar nele.

Façamos nosso romance divino! Não! Esta comparação, embora exprima bem o meu pensar, é por demais humana, mas amemos apaixonadamente, e nosso pensamento se fixará no objeto do nosso amor, que veremos por toda a parte, para cujo prazer somente trabalharemos. É preciso perder-nos em Jesus!

Aprendei, portanto, a pensar em Jesus; mas ide procurá-lo onde Ele permanece por vós, não no Céu, mas no Santíssimo Sacramento e que Ele seja o sol que ilumine toda a vossa vida; conservai-vos sempre sob seus raios, e desde que Ele vo-los comunica, que nada escape à sua luz e ao seu calor benfazejos. E, enquanto o sol material, ao iluminar o outro hemisfério, nos entrega às trevas, a Eucaristia condensa em si seus raios divinos e no-los apresenta sem interrupção. No nascente, temos sua Vinda ao mundo; ao meio-dia, Nazaré; ao norte, o Calvário e, no ocaso, o Túmulo. Em qualquer estado em que vos colocar, segui-o, e ide aonde vos enviar e em todo lugar o encontrareis: *"Nec est qui se abscondat a calore ejus"*.

Que o amor seja a ciência de vossa adoração. Quando fordes adorar, pensai por vós mesmas, sem recorrer logo aos livros; pedi a vosso divino Mestre que se digne instruir-vos, certas de que a adoração feita em virtude de vossa própria fraqueza, com todas as vossas misérias, mais vale, por vir de vós, que tudo quanto pedirdes aos livros.

Os livros são excelentes auxiliares quando o espírito está desviado e impotente a ponto de nada se poder extrair dele, mas, em regra geral, não deveis recorrer tão facilmente a esse meio. O fato é que, na maior parte das vezes, vamos ao livro por nos faltar a coragem de suportar a aridez e o tédio.

Adorai com vosso coração, com toda simplicidade, e sabei que o amor é a verdadeira ciência da adoração.

Deus muitas vezes, como temos ocasião de notar, torna o espírito incapaz de raciocinar e de refletir. E por quê? É que somos mui loquazes por natureza e quiséramos sempre conversar com Deus, então Ele, fechando-nos o espírito, parece dizer-nos: "Coloca-te em teu coração".

Se então, em vez de raciocinar ou procurar motivos e explicações no espírito, disséssemos simplesmente: "Meu Deus, ofereço-vos minha miséria, minha aridez, enfim, tudo o que sou, um abismo de misérias, havíamos de tocar ao Coração de Deus e Ele poderia dizer: "Eis uma alma que me ama mais que seu prazer, mais que a doçura de minhas graças".

Amai e pensai: é toda a vida interior. Se aprenderdes a pensar, se tiverdes a coragem de pensar em Nosso Senhor com perseverança, e de conversar com Ele, não somente no genuflexório, mas na cela, no cumprimento das obrigações, então nada se poderá comparar ao gozo que isso vos há de causar. Então sonha-se com Deus, a quem se ama em tudo e por toda a parte. A alma eleva-se a Deus no repouso, sem o menor esforço porque o pensamento se fixa sempre nele, e parece pairar sem que se lhe veja mais o bater das asas.

É regra encontrarmos sempre palavras para exprimir uma idéia que se nos apresenta clara e entendida; diz-se também que se fala bem daquilo que se compreende bem. Confiareis, portanto, a Deus o sentimento de vossa alma e se o amais, di-lo-eis com toda facilidade. Então vossas adorações serão sempre novas, porque o amor é uma chama sempre renovada. Visemos a esse fim, isso é viver; tudo o mais é morrer em si mesmo. Então nos serão dados momentos belos e bons, então amaremos a Deus como o devemos amar para viver da vida interior pela verdade, pela caridade, pela união dos pensamentos do coração e da vida com Ele.

Do espírito dos Votos e do dom de si

I

O primeiro dom de amor que a Serva do Santíssimo Sacramento deve oferecer ao divino Mestre é a obediência, virtude constitutiva do seu estado de serva, como o nome claramente indica.

Amareis, por conseguinte, a obediência que vos tornará verdadeiras religiosas de Jesus e nada vos deve inspirar tanto receio como a ausência da Graça e do mérito da obediência nas vossas ações; é preciso que, em primeiro lugar, se vos for perguntado o que fazeis, possais responder: Obedeço por amor.

Esse Voto obriga-vos a executar fielmente tudo quanto vos prescreve a obediência, a saber: as constituições, no que têm de prescritível a toda a comunidade, ou a cada religiosa na tarefa que lhe é própria; o regulamento dos exercícios comuns; as ordens positivas, gerais ou particulares, dadas pelos superiores.

Mas a melhor das obediências é aquela que o amor inspira e a virtude cumpre alegremente.

A perfeição da obediência está na simplicidade amorosa: é a obediência infantil. Não procureis, para obedecer, senão uma só coisa: a Vontade de Deus, ou seu bel-prazer, porquanto tudo o que Deus quer é bom, tudo o que ama é santo, tudo o que deseja é para nosso maior bem e nisto está toda a ciência dos verdadeiros filhos de Deus.

Que vossa obediência não seja motivada pela bondade, ou piedade, ou ciência dos superiores; seria então obediência à criatura, obediência natural, sem valor para o Céu. Que não seja tampouco inspirada pelo medo humano da pessoa ou da repreensão – obediência do animal irracional, obediência humilhante e digna, quando muito, do escravo.

Mas obedecei a Deus, que vos ordena pela voz da criatura, a quem investiu de sua autoridade, e que é apenas o porta-voz, o mandatário divino. Deus não manda diretamente, a fim de provar a vossa fé e humilhar vosso amor-próprio; no entanto, a ordem provém dele.

Obedecei por amor a Jesus, para sua glória, para honrar obediência de sua Vida e de sua Cruz, para, sobretudo, glorificar sua obediência eucarística, ainda maior.

Quão admirável é essa obediência de Jesus Cristo no Santíssimo Sacramento! É despida de glória, não lhe podemos perceber a perfeição. É quase sempre sem honra: quem lhe dá um pensamento no mundo? Nem o cristão, nem a alma piedosa. É humilhada, já que Ele obedece até aos sacrílegos, aos apóstatas, aos abjetos; assim o quis a lei do seu Amor. É perpétua; Ele se colocou em virtude do estado sacramental, sob a dependência, a tutela dos homens, de quem se fez prisioneiro de amor. Eis vosso Mestre, que, para vos levar a amar a obediência, obedece até no seu estado de Glória e de Realeza.

Que vossa obediência seja por conseguinte pronta como a do Anjo quando Deus o chama; como a de Jesus, quando o sacerdote o consagra; que seja alegre como o dom do amor generoso.

É honra insigne para vós ser mandados em Nome de Deus; é também querer-vos muito bem, porque é colocar-vos na própria virtude de Jesus Sacramentado; é enriquecer-vos, porque faz de vossa vida uma vitória contínua, como no-lo assegura o Espírito Santo. Obedecei, portanto, por amor, de coração, de espírito, de vontade!

II

Ao vos consagrar a Deus pelo Voto de castidade, vós vos comprometestes a não ter outro esposo senão o Rei da pureza, a fim de poder vos dedicar com maior perfeição ao seu serviço divino, o que equivale a vos divorciar para sempre do mundo, das suas vaidades e dos seus prazeres, a não querer, de agora em diante, agradar senão a Jesus e amar soberanamente senão a Ele.

É uma bela virtude, é uma coroa gloriosa. Todavia não ameis a santa pureza pelo simples fato de vos tornar irmã dos Anjos, bela, ornada aos Olhos de Deus: seria amá-la por vós mesmas; amai-a, essa linda flor, porque deleita o grande Rei, porque seu Amor dela se encanta, porque o honra na sua própria Essência, pois é o Deus três vezes Santo e a santidade é pureza.

Sede também três vezes puras por amor a Ele: puras de corpo – templo vivo da Santíssima Trindade; puras de espírito – espelho em que Deus quer refletir tanto a sua Verdade como a sua Bondade; puras de coração – santuário em que reside vosso Esposo. Sois o céu de Deus! Que nada de maculado nele penetre ou jamais nele permaneça!

Vosso celeste Esposo vos pede, como único dote, a santa pureza; é a veste nupcial, enquanto o Voto é o anel divino da aliança com Jesus.

Sede, portanto, santamente ciosas da honra da vossa vocação e do vosso serviço, que se prende todo à virgindade. Mas a santa pureza, qual lírio do deserto, cresce por entre espinhos; conservai-a cuidadosamente, envolvendo-vos nos espinhos da modéstia e da mortificação; e assim como o lírio volta ao céu seu puríssimo cálice, não olheis nunca para a terra, e sim para o alto. Essa rainha das flores é delicada, e tocá-la é maculá-la; sua alvura é sem rival e só resplandece ao sol; sua haste é obscura e sem beleza, pois concentra tudo na sua brilhante coroa. Assim também, que todas as vossas virtudes sejam as humildes servas daquela que atrai a atenção amorosa do grande Rei; que só Ele tenha o primeiro e último olhar de vosso coração, de toda a vossa vida.

Filhas da Rainha das virgens, imitai vossa Mãe, que tremeu, cheia de reserva e de santo pudor, à vista do Anjo revestido de forma humana. Ela amava sobremodo o que nela sabia ser amado por Deus acima de tudo.

Lembrai-vos de que levais na santa pureza a honra de vossa vocação, o dever de vosso estado, a vida da Congregação, vossa mãe, e o reinado de Deus em vós!

III

A Serva do Santíssimo Sacramento nada deve ter que lhe seja próprio, mas viver da vida comum, contente com tudo e feliz quando, por alguma privação do útil ou mesmo do necessário, puder dizer a Nosso Senhor: "Sou a pobre de vosso amor!"

Ao entrar para a Congregação, o primeiro dever, o primeiro ato de amor consiste em se despojar de tudo quanto se possui, conservando apenas para o uso pessoal o que determina a santa obediência, a fim de, livre da solicitude das coisas terrenas, tornar-se filha da divina Providência.

Pela pobreza vos deveis considerar como mortas ao mundo para, de agora em diante, viver escondidas como Jesus Cristo em Deus. Nada, por conseguinte, podereis conservar para as necessidades futuras, nem vos encarregar de boas obras, de caridade, de esmolas: o mundo morreu para vós e vós morrestes para o mundo.

Amai a santa pobreza de Jesus, como a uma boa mãe que cuidará carinhosamente de vós. Os frutos deliciosos da pobreza são a paz e o júbilo do Espírito Santo; ela fornece asas ao amor, alimento à virtude e cunha vossa vida com seu mérito e sua glória; sob o seu reinado, o pequeno torna-se grande; o desprezado, precioso; o humilhante, glorioso; e o repugnante, delicioso.

Tal o segredo dos pobres de Jesus Cristo, que ouviram dos seus lábios: "Bem-aventurados os pobres, porque possuirão o Reino de Deus".

Ao desposar a Jesus, desposastes seu estado de pobreza: a esposa participa do modo de viver do esposo. Ora, Jesus é pobre nos trajes, no alimento, na habitação, no trabalho; vivereis, pois, como Ele vivia, como sua santa Mãe, seu terno pai, São José, viviam, encontrando sua felicidade na pobreza, enquanto o Céu admirava um Deus feito pobre por amor aos homens, a fim de lhes ensinar o valor da pobreza.

Admirareis e imitareis, sobretudo, a pobreza que Ele exerce no Santíssimo Sacramento. Embora seu estado seja de Glória e de Poder, quer ainda praticar a amável pobreza, a fim de termos a todo momento a Graça e o modelo sob os olhos.

A pobreza das coisas temporais basta, é verdade, para satisfazer rigorosamente ao Voto, mas é a pobreza espiritual que se deve almejar, como ao ponto culminante da virtude, e mesmo o último limite da santidade.

A pobreza espiritual nada é senão a alma da verdadeira humildade; é o perfeito amor; é o soberano meio de glorificar a Deus, pois quanto mais o pobre em espírito se deprimir em seu nada, tanto mais há de honrar a Deus seu Criador, reconhecendo que o ser, sua vida, seus dons e suas Graças, tudo provém dele e lhe pertence em absoluta propriedade.

Se aprouver a Deus fazer-vos sentir vossa pobreza e o Poder de que dispõe como Senhor supremo paralisar-vos a inteligência, estancar-vos o coração, privar-vos da doçura de sua Graça e da paz de seu serviço; entregar-vos despojada de tudo às tempestades das paixões, ao furor dos demônios e isolar-vos de todo socorro criado até se esquivar Ele próprio, ah! então agradecei-lhe, confessando que mereceis ainda mais e, descendo, adorai a Deus na pobreza nua e radical. Isso lhe proporcionará maior glória que as mais belas obras.

IV

A esses três Votos, deveis acrescentar a consagração eucarística da personalidade, ou o dom de vós mesmas, fim e perfeição de vossa vocação.

A alma desse dom é a doação inteira e sem reserva de todo o ser ao serviço e à glória de Deus na Eucaristia, como sua serva fiel e ditosa, que deseja amá-lo por Ele mesmo, sem procurar outra recompensa senão Ele e o seu melhor serviço, nem outra felicidade senão vê-lo conhecido, amado e serviço por todos.

Amai o dom eucarístico como se ama a vida. Se, em virtude dos Votos de pobreza, de castidade e de obediência, sois religiosas, o Dom Eucarístico vo-los fará praticar no espírito próprio à vossa vocação de Serva do Santíssimo Sacramento; é a seiva, o molde dos outros Votos. Esse dom oferece e sacrifica o mérito e a glória de todos os seus atos ao vosso único Senhor; é o fogo do holocausto que consome a vítima toda inteira em Deus; é a feliz cadeia que vos liga e prende interiormente ao trono do divino Cordeiro; pertenceis-lhe, sois membro e órgão seus; por ele Jesus torna-se o único princípio que vos deverá fazer pensar, querer e agir; o único fim de vossas ações, de vossos méritos, de vossos sofrimentos. Que união admirável! Coloca-vos junto a Jesus-Hóstia, que digo? faz-vos, com Jesus, uma só e mesma vítima, uma só pessoa de graça.

Lembrai-vos, também, de que exige um serviço mais perfeito, um amor maior, uma dedicação mais generosa. A nobreza tem deveres inerentes: é preciso pagar a Nosso Senhor todos os juros do opulento capital que vos confiou.

Mas como reconhecer que, na verdade, servis a Jesus em vós? Na boa vontade invariável, no desejo constante de obrar melhor, na santa alegria da alma, na paz proveniente da vocação, sem outro desejo senão amar mais e servir melhor vosso Senhor e Deus na fome e sede espirituais pela sua maior Glória.

Vosso serviço é um serviço de adoração da divina Pessoa de Nosso Senhor; é, por conseguinte, o que existe de mais perfeito; é uma vida e um serviço de imolação a Deus, imolação de todo momento, às menores coisas. Prestai atenção. É sempre Deus a quem devemos servir numa dependência, numa dedicação invariáveis; a perfeição da coisa não está na sua exterioridade, mas no amor com que é feita. Entregai-vos, pois, de corpo e alma ao seu Serviço.

Jesus, no seu Tabernáculo, é Amigo; no Altar, é Vítima; mas no Trono, é Rei do Céu e da terra.

Graças, virtudes, boas obras, nada vos pertence: tudo o que fizerdes aqui será para o divino Mestre. Não trabalheis por vós; matai e imolai a personalidade de Adão, substituindo-a por Nosso Senhor, para então poder dizer: "Não sou eu mais que vivo, mas Jesus Cristo é quem vive em mim". Servir a Nosso Senhor por vós mesmas é desnaturar sua Graça, é rompê-la; a Graça de Deus, de Deus é, e nada vos pertence; tudo é dele e Ele a tudo reclama: coração, espírito, corpo, tempo; tomastes a resolução de lhe ser fiéis; nada lhe deveis roubar e se cumprirdes bem com vossas obrigações, será ainda para dizer: "Sou uma serva inútil".

Mas não basta viver para Jesus, dando-lhe e consagrando-lhe tudo o que se tem, tudo o que se é; necessário é ainda viver de Jesus, da sua Vida Eucarística, pois Jesus está Vivo no seu estado sacramental, levando Vida própria à Eucaristia. E que Vida é essa?

É uma Vida de morte. Notai como Jesus está morto a tudo o que é do mundo, aos seus bens e aos seus prazeres; não tem mais relações naturais com ninguém, nem tampouco fala a linguagem humana; não quer mostrar seu belo Semblante de Salvador, seus Olhos tão meigos de Pai; não quer mais que seu Corpo seja acessível aos nossos sentidos, embora seja em si homem completo, vivendo com todos os seus membros e órgãos humanos. Ele quer viver, mas num estado de morte.

Como vosso amável Mestre, morrei para o mundo desejando uma só coisa: ser conhecida e amada unicamente por Deus. Para obter esta Graça, vivei da sua Vida sacramental, reproduzi-a em vós, encobrindo todas as boas obras, virtudes e qualidades naturais, bem como os dons sobrenaturais.

Vede em Jesus Sacramentado as virtudes que vos cabe praticar, delas vos apropriando e completando-as em vós mesmas. De fato, as virtudes eucarísticas de Jesus são incompletas, pois, não podendo mais Ele fazer atos meritórios, reveste-lhes apenas o estado. Assim é que seu Corpo não pode mais dar à virtude da mortificação seu alimento, que é a vida de sofrimento, por estar glorioso e impassível; a humilhação não o pode mais abater para fazer-lhe praticar a humildade meritória; o sacrifício real não pode mais imolar sua Vida e derramar seu Sangue; seu Coração ama, mas não ressente as dores do amor, como no Jardim das Oliveiras; sua Caridade abre o seio da Misericórdia a todos os miseráveis, mas é preciso atrair-lhe os pecadores, pois não pode mais ir procurá-los, como outrora; roga ao Pai por nós, mostrando suas sagradas Chagas, agora luminosas e glorificadas, e não derramando mais o Sangue que subia a Deus, qual brado e perfume do amor reparador.

Que faltará então a Jesus? Ser completado por vós. Dar-lhe-eis um coração sujeito à tristeza, um corpo susceptível de sofrer. Vossas dores, vossa paixão, vosso sangue ser-lhe-ão necessários para salvar e reparar.

São Paulo, crucificando-se, dizia: "Acabo em mim o que falta à Paixão de Jesus Cristo". E que será? O sofrimento e o sacrifício que me associam e me unem aos Méritos infinitos dos sofrimentos do Salvador.

A isto vos obriga o dom de vossa personalidade. Ser os membros, a natureza merecedora, obediente e sofredora de Jesus. Ele a tudo oferecerá ao Pai em sacrifício pela sua glória, pela salvação das almas e pelos interesses de sua Igreja.

Vivei, pois, de Jesus, para Jesus, não como o mercenário jornaleiro, que exige a recompensa diária após o trabalho; não como a serva remunerada, que trabalha por certo tempo, até assegurar sua independência; mas servi a Jesus sem pagamento, sem dias de folga ou de repouso, sem consolação, sem glória; servi-o por Ele mesmo, qual círio que arde e se apaga ante a Hóstia Santa, sem ruído bem como sem interrupção, não deixando sequer vestígio de cinzas.

Da humildade de amor, virtude do dom de si

Como adoradoras que sois, qual deve ser na prática vossa virtude especial e característica? A humildade de amor de Nosso Senhor. Só por meio desta virtude agradareis ao divino Mestre; só por ela sereis boas adoradoras, felizes na vossa vocação. Pelo dom de vós mesmas comprometeste-vos a nada ser, nem em vós, nem nos outros, e só a humildade vos poderá conservar nesse nada que é o todo de Nosso Senhor. É ainda a virtude de amor, sua virtude própria. E, porque nos ama até o excesso na Eucaristia, dá-se a nós no excesso de aniquilamento. Que Ele encontre em vós um coração que ame ao que Ele ama; ora, Ele mesmo nos disse: "Aprendei de mim, que sou manso e humilde de Coração".

Se não tiverdes humildade, não permanecereis puras por muito tempo, porque a soberba macula a alma. Seríeis caridosas à medida que vo-lo permitisse o orgulho, teríeis todas as virtudes da pureza, da mortificação e do zelo, tudo seria em vão se não fosse alimentado e mantido pela humildade. O orgulho a tudo dissipará, impedindo as virtudes de se firmarem.

Só a humildade, indispensável a quem se dirige a Nosso Senhor, vos conservará na Graça eucarística, virtude essa que é o dote do amor. Podeis, mediante qualquer outra, vos personificar e vos deter em vós mesmas, mas só a humildade vos fará desaparecer, para mostrar a Nosso Senhor.

Ele só se comunica a nós pela norma da humildade. De bom grado nos concederia seus Dons de amor, de contemplação e de êxtase mesmo, se a falta de humildade não no-los tornasse por demais pesados.

Assim como São Paulo diz que Nosso Senhor só foi elevado por ter sido humilhado e abatido, assim também, se quiserdes ser atraídas ao Coração divino e favorecidas por Nosso Senhor, deveis ser verdadeiramente humildes.

Tender à humildade é tender à verdadeira santidade; quanto mais humildes fordes, tanto mais santas sereis; a humildade é um ofício certo e infalível.

A humildade é mãe, raiz e flor de toda virtude; é senhora do Poder de Deus, a guarda de seus tesouros, de todas as suas Graças.

Sede mui humildes. Mas de que espécie de humildade? Da humildade plena de espírito, que consiste em se considerar verdadeira e sinceramente como a última das criaturas, a mais indigna de todas merecendo mil vezes o inferno. E convictas, declarai a Deus repetidas vezes: Senhor, não sou digna da menor Graça, não mereço que me lanceis sequer um olhar. Deixai-me – é ainda um favor comparado ao que me é devido – entregue às provações da penitência, permiti que me poste à entrada do templo, único lugar que me compete.

Então acolhereis, satisfeitas, a humilhação, a cruz ou qualquer provação, sempre contentes com tudo, certas de que ainda está aquém do que vos cabe. Nas provações interiores, mormente no abandono por parte de Deus, exclamareis: "Senhor, isto não é nada, mereço muito mais". E, assim, vos tornarei todo-poderosas junto ao Coração divino.

Se Deus vos colocar no monturo dos vossos pecados, das vossas misérias, se todas as criaturas vos perseguirem ou vos desampararem, exclamai ainda: "Reparo o meu pecado e recebo apenas o meu saldo". Jó glorificava a Deus do monturo mais que no seu trono e, triunfando de si, triunfava de Deus.

Munidas dessa humildade, estareis sempre alegres e nunca inquietas; esforçai-vos, pois, por adquiri-la.

Necessária também vos é a humildade de coração, isto é, amar a Deus na humilhação e na provação. Esta não saberá arrancar a paz da alma humilde. Seu coração poderá sofrer, é verdade, mas ela, desejando por amor aquilo que Deus quer, ama a sua Vontade cruciante, e canta, por entre dores, o *"fiat voluntas tua"*. Deus certamente não nos pede amar as provações, a aridez, as perseguições, mas sim a sua Vontade que no-las envia e nesse caso as suportamos com paciência e em silêncio, a sós, em sua Presença, e isto será sublime. Podemos chorar; Ele permite à pobre natureza derramar lágrimas, mas pede à paciência santificá-las.

Então o coração se afeiçoa à Vontade de Deus, prezando-a e preferindo-a a tudo mais; então a alma torna-se afável para com Deus, que a prova, e meiga para com o próximo. "Não te entristeças, ó minha alma, e, àqueles que aparentemente te fazem mal, mostra um semblante risonho e benévolo, pois não é a mão deles que te fere, mas a Mão daquele a quem desejais sempre amar, porque é sempre amável!" Sede humildes de coração, de afeto e de vontade. Não vos digo de procurar a humilhação ou a provação, mas sim de acolhê-la bem sempre que se apresentar.

Sede humildes exteriormente, na palavra, no porte, e humildemente modestas por toda a parte. Sede humildes, não procurando a estima e conformando-vos de bom grado se esta vos for recusada. Deus permite aos santos serem caluniados, escarnecidos, perseguidos. O divino Mestre também o foi e se vos couber igual sorte, deveis ver nisso uma honra. Regozijai-vos, porquanto ser honradas significa expor a glória que Deus vos concedeu e que espera lhe seja restituída fielmente; regozijai-vos, pois, quando vos esquecerem, vos desdenharem, vos desprezarem, digo mais, vos caluniarem; caminhais então pela estrada da virtude real que vos é própria, a humildade de Nosso Senhor.

Ora, para adquiri-la, precisamos trabalhar seguidamente; jamais atingiremos a perfeição de tão bela virtude. Urge, portanto, não desanimar, mas tender a ela energicamente e Deus vos suscitará ocasiões propícias enquanto vos comunicará a Graça de vos aproveitar bem delas.

É-vos um dever humilhar-vos sempre, já que essa virtude, bem como o amor, por desconhecer obstáculos, se pode sempre exercer. Há momentos para obras de penitência ou de caridade; não os há para a prática de humildade, já não digo da humilhação exterior, que pelo menos pode existir no sentimento ou no recolhimento do que realmente sois perante Deus. Colocai vossa alma nesse estado de humildade e nela conservai-o por freqüentes atos interiores de aniquilamento pessoal.

É esta a virtude que vos é própria, sem a qual jamais sereis adoradoras; é a humildade que, em vós, se deverá tornar dominante e característica; sem ela, por ser a base de tudo, não haverá nem piedade, nem oração que valha, nem adoração em espírito e em verdade. Se vos pedissem uma grande virtude, por exemplo, força, magnanimidade, penitência, poderíeis vos desculpar: "Não sou capaz de subir tão alto"; mas aqui já não se trata de subir, é a virtude na fraqueza, na pobreza e na ignorância; alegareis, por acaso, não poder descer?

Considerareis, por conseguinte, a humildade como meio indispensável à vossa vocação. Exercitar-vos nela pela humilhação, pela vista de vossa miséria, não bastará, porém, para adquiri-la bem; há um meio mais seguro: é amar a Nosso Senhor nas suas humilhações. Quem o ama, nele vive. Ora, Ele se resume todo inteiro nestas palavras: "Sou humilde de Coração". Quem ama a Nosso Senhor preza tudo o que Ele preza e sabemos o quanto Ele preza a humildade, que o distingue, e a humilhação.

Honremos a Nosso Senhor segundo o modo e a virtude que nos patenteia no Santíssimo Sacramento. E que virtude pratica Ele, ensinando-a constantemente, visível a todos, até aos mais ignorantes? É a humildade, o aniquilamento. Está mais humilhado que no seu Nascimento, na sua Vida e até na sua Morte; aqui seu aniquilamento vela e encobre tudo, sua Humanidade, sua palavra, suas ações. Se quiserdes honrá-lo, dever inerente à vossa vocação, honrai-o nesse estado de humildade, imitai-o no que Ele é. Abaixou-se mais que o homem, mais que o escravo, mais que o último dos seres animados, já que se tornou uma coisa, uma aparência de pão, destinado a ser comido e destruído. Descei, pois, para ir ter com Ele, onde se encontra. É preciso glorificar a Nosso Senhor humilde, abater-vos para erguer-lhe um Trono e vos colocar a seus pés. Quanto se abaixou Ele! Por mais que fizerdes, nunca vos abaixareis tanto quanto Nosso Senhor; descei, descei sempre para honrá-lo e amá-lo pela vossa humildade e vosso próprio aniquilamento.

E por que é Ele tão humilhado? Para nos provar seu Amor, glorificar ao Pai e reparar o orgulho humano. Pois bem, glorificai também a Deus pela vossa humildade, amai a Nosso Senhor até vos aniquilar, rebaixando-vos por tantas almas que não se querem humilhar. Nosso Senhor carrega a pena desse orgulho; devemos auxiliá-lo, aliviá-lo, repartindo com Ele seu manto de humilhações.

Ouvi ao Pai Celeste: "Dei-vos meu Filho nesse estado de aniquilamento eucarístico, para vos mostrar como vos ama e se abateu por vós. Pagai-lhe tudo o que fez; humilhai-vos, desposai a sua humildade, que ele não quis repudiar, nem no seu estado de Glória!"

Pedi sinceramente a Nosso Senhor o espírito de sua humildade eucarística, cujo modelo tendes sempre à vista. Essa Presença vos confere a Graça necessária para isso. Amai-a e praticai-a fielmente e que todas as pulsações do coração digam a Deus: "Dai-me a humildade, tornai-me humilde, fazei-me amar a humilhação".

Exercitai-vos diariamente, determinando-vos pela manhã, no exame de previdência, certos atos a praticar no correr do dia; esgotai sucessivamente todos os atos, todas as aplicações da humildade de coração, de espírito, de corpo. É uma tarefa longa que vos evitará a indecisão a respeito das resoluções a tomar.

Quereis agradar a Nosso Senhor e penetrar no âmago da vossa vocação? Dai-lhe, como já vos disse, vossa personalidade. Hoje acrescentarei: "Quereis perseverar nesse dom? Só será possível pela humildade constante". É preciso que esta seja o alimento desse dom. Quem for sempre humilde, renova incessantemente o dom, já que pela humildade se afasta e desce para ceder lugar a Nosso Senhor. A virtude prática do dom de si é, pois, a humildade. Entregai-vos a ela de coração!

Da vida sobrenatural

Há uma questão magna no tocante ao serviço de Deus, à obra de nossa perfeição que, primando sobre todas as outras, a todas anima; é saber se vivemos da Graça e da própria Vida de Nosso Senhor. Seria a pior das desgraças, como facilmente percebeis, levar vida natural numa vocação tão cheia de Graças e de amor e encontrar modo de paralisar a Graça divina.

A questão é a seguinte: Vamos da terra ao Céu; Deus nos criou para esse fim divino e a terra é apenas uma preparação onde recebemos meios proporcionados ao nosso fim, divinos por conseguinte. É a Graça de Nosso Senhor que eleva realmente a vida do homem a um estado sobrenatural e divino; que nos comunica a força para nele viver, pensando, amando e obrando sobrenaturalmente e levando já na terra a Vida de Deus, a vida do Céu, segundo a palavra de São Paulo: "Nossa vida é no Céu".

Deus concede-nos constantemente essa Graça, e os Sacramentos da Igreja servem apenas para ampliá-la, renová-la. Quem ignora, porém, que podemos proceder sempre dum modo natural, apesar das Graças que nos cercam, do estado santo em que vivemos e do muito que trabalhamos? E então nada se faz pela Glória de Deus, nada se lucra para o Céu. Quão terrível é esse poder que temos de corromper a Graça divina e de fazer as melhores obras por nós mesmos e naturalmente, em vez de fazê-las por Ele e na sua Graça.

É-se tanto mais sujeito a cair nessa falta, quanto mais piedoso for o meio em que se vive, pois as aparências cegam. O que engana, ilude, dá lugar a abusos, e anima a alma nessa vida natural, é que as boas obras feitas por espírito natural, segundo a inclinação própria, proporcionam maior alegria, maior paz que as sobrenaturais. E esse contentamento ilude a muitas almas que o tomam como aprovação divina. Que erro! Quantos cristãos há em estado de pecado pela omissão de deveres essenciais, que não se confessam, não fazem suas páscoas e todavia vivem tranqüilos e felizes? Conservaram hábitos cristãos, fazem suas orações, vão à Missa, cumprem com seus deveres de estado, gozam da paz, estão felizes. E o remorso? Não o sentem. E como recompensa do bem natural que fazem: recompensa natural, paz dos judeus, felicidade do mundo. Iludem-se neste ponto, e quando alguém lhes fala em conversão, admiram-se. Convosco já não se trata disso, mas notai como a felicidade em tudo o que se faz está sujeita à ilusão. Quando a alegria natural se seguir a alguma boa obra, podereis em geral dizer: "Já tenho minha recompensa e nada mais receberei no Céu!"

Trabalhar naturalmente é amontoar num saco furado que nada pode conservar.

Mas em que consiste essa vida natural? Consiste em trabalhar para si, em ser o fim de tudo o que se faz, em vez de tudo fazer por Deus; em obrar segundo o impulso natural e o amor-próprio, em procurar-se a si mesmo, a seu repouso, ou proveito naquilo que se faz.

Sereis natural se fordes sensual de espírito, esforçando-vos por satisfazer à curiosidade; de coração, procurando expandir-se e descansar na afeição da criatura ou mesmo deixando-vos abater quando Deus vos retirar as consolações; de corpo, entregando-vos à moleza e aspirando ao repouso; sereis natural se não aceitardes as disposições em que Deus vos quiser, aridez, tentações, sofrimentos, ou se, em vez de aceitá-las com resignação, exclamardes com impaciência: "Ah! quisera ser feliz!"

Temei tal vida! Será que depois de deixardes as riquezas e os prazeres do mundo, para vos entregar a Deus, descobristes agora o segredo de tudo inutilizar, trabalhando só para vós?

O nosso pobre *eu* é a raiz dessa vida natural; é o amor-próprio que almeja ser seu fim e gozar do que faz. Não; segui a Nosso Senhor e carregai sua Cruz: quem leva a cruz não pode gozar.

A fé é indispensável à vida sobrenatural, mas por si não basta; poderá tê-la o pecador, embora nada do que faça lhe valha para o Céu, pois falta às suas obras a Vida divina que supõe, antes do mais, o estado de Graça e a isenção de todo pecado mortal.

A condição primordial à vida sobrenatural é o estado de Graça, a amizade de Deus e a fé ativa que opera pela caridade. Não fizéssemos outra coisa na vida senão nos mantermos no estado de Graça, já seria a perfeição, por subentender uma delicadeza excessiva em não ofender a Deus. O estado de Graça, então, nos faria praticar todas as virtudes, já que o Espírito Santo, estando em nós, estimularia sempre nossa vontade e nos levaria a produzir constantemente atos santos, qual a terra bem semeada e adubada que produz com regularidade o seu fruto. O estado de Graça vivifica tudo e, ao se aperfeiçoar, a tudo aperfeiçoa. E certos místicos, baseados nesse motivo, afirmam que basta manter-se sempre nesse estado de Graça, porque tudo o que for feito sob sua influência será puro e sobrenatural, pois o estado santifica os atos. Como em Nosso Senhor a união da Pessoa do Verbo à sua humanidade engrandecia suas menores obras, tornando-as divinas, assim também se gozardes do estado de Graça e obrardes em virtude desse mesmo estado, tudo quanto fizerdes será bom e meritório aos Olhos de Deus.

Seja como for, sobrenaturalizar as ações requer uma intenção, e já que há diversas, qual será a necessária?

Uns dizem que se deve agir por uma intenção espiritual e atual, de modo a dizer, pelo menos interiormente, antes de cada ação: "Meu Deus, ofereço-vos este pensamento, esta ação por esse ou aquele motivo sobrenatural". Sendo por uma virtude, já é suficiente, porém, se for por amor, será mais perfeito.

Todavia é difícil dispor dessa intenção atual e muitos há que afirmam bastar a intenção virtual. Obra-se por intenção virtual quando aquilo que se faz procede da vontade, fixada anteriormente e que perdura ainda quanto à influência e à virtude. Assim é que oferecer, pela manhã, a Deus, por amor, todos os atos do dia, bastaria para torná-los atos de amor, conquanto não se retrate a intenção primeira e que o ato praticado seja bom em si e do agrado de Deus. Em certos casos, estando o espírito vivamente impressionado, numa aflição, ou quando a cruz nos toca, a intenção virtual pode durar mais de um dia, pertencer a qualquer ordem de virtude e santificar todos os sofrimentos inerentes, sem que se pense novamente em oferecê-los cada um em particular.

Há também quem diga que basta a intenção habitual, isto é, aquela que já não age diretamente sobre a ação que se faz, mas que, determinada anteriormente, não foi retratada positivamente e é, por isso mesmo, julgada ainda boa. Nesse caso, o estado de Graça, independente de outros motivos, bastaria para tornar meritórios e sobrenaturais todos os atos, bons e honestos, de uma virtude qualquer, praticados pelo justo.

Melhor é, indubitavelmente, visar ter uma intenção sobrenatural, atual, ou virtual, mas este último sentimento é mui animador e exalta ainda a nobreza e a virtude do estado de Graça.

Impõe-se então uma grande vigilância para evitar os pecados voluntários. Quanto aos de fraqueza, estes não destroem para sempre a intenção, interrompem-na para depois continuar. Mas os que se cometem por má vontade, por afeição ao pecado, paralisam o estado de Graça para em breve destruí-lo pelo pecado mortal. Eis por que deveis vos conservar puras para que puro também seja tudo quanto fizerdes.

Nada de exagero, nem tampouco de relaxado. Aconselho-vos por conseguinte, lembrar-vos, o quanto possível, de renovar a intenção sobrenatural, mormente ao passar de uma ocupação a outra. Estais num estado sobrenatural e santo, bem sei; é, porém, mais seguro tomar sempre novo impulso a fim de produzir o maior número de atos, sem o que a intenção habitual, a intenção virtual mesmo, se torna – e então quantos méritos perdidos – lânguida e incapaz de sobrenaturalizar nossos atos, que podem ser ainda relativamente bons, mas não merecem a recompensa eterna.

Demais, agi sempre que vos for possível segundo a perfeição desse estado de Graça. É um ato de caridade e de amor a Deus que o Espírito Santo mantém na alma em que reside. Não é, pois, justo obrar na maior parte das vezes pela virtude própria desse estado de amor? Então a alma deseja não somente não desagradar a Deus, como também dar-lhe prazer e agradar-lhe no que está ao seu alcance. Procura sempre o mais perfeito, por saber que mais lhe apraz. Tal coisa não é nem necessária, nem exigida, mas dará prazer a Deus: é quanto lhe basta, é sua senha, sua inspiração.

A alma teme, então, o pecado por menor que seja, não tanto pela sua fealdade e pelo bem de que a priva, como por desagradar a Deus, ferir seu Amor e ofender a delicadeza da amizade.

O heroísmo não consiste em não desagradar, mas em agradar a todo momento. É preciso chegar a tanto, é o instinto do amor filial e sobrenatural, é a perfeição da vida cristã, da vida de Graça.

Vivamos no pensamento constante de agradar a Deus, a fim de nunca lhe desagradar; andemos, por conseguinte, sempre em sua Presença, Presença essa que não está longe de nós, e sim em nós, viva, operando: é a Presença real de Deus, do Espírito Santo, de Jesus. Fitemos nele os olhos do coração e não nos deixemos afastar nem pelas pessoas, nem pelas coisas; saberemos então, sem mais, o que deseja, o que não deseja e cientes de sua Vontade, agiremos de acordo.

Da pureza do amor

Deus amou-vos com um Amor Infinito, perpétuo, Eterno; já conheceis as provas que vos deu; são-vos familiares e cabe-vos, por conseguinte, amá-lo com todas as vossas forças.

Ser puro e não o ofender é a condição primordial desse amor. É mister chegar a amar a Deus de modo a evitar, sem hesitação, tudo o que lhe desagrada, uma vez que, sem essa delicadeza, não há amor; é o princípio, a condição essencial. Se quiserdes amá-lo perfeitamente, dai-vos a Ele, e se doardes vossa personalidade, renunciando por amor de Deus a tudo o que tendes, a tudo o que sois e nada vos reservando, nada guardando para vós, nunca vos tomando em consideração, atingireis então o grau supremo do amor. É dar-se a Deus por Deus. Não desejeis outra honra senão a de o servir, outra consolação senão a de o amar. Rejeitai o que vos quiserem dar a vós como pessoa, como centro, e devolvei tudo a Nosso Senhor; é preciso incessantemente exercer-vos nesse sentimento e render Glória a Deus por vós mesmas.

O dom da personalidade vale por uma troca. É substituir vossa pessoa pela de Jesus Cristo, de quem vos tornais membro e órgão. Destes-vos a Ele e não mais vos pertenceis. Ah! não vos desdigais na honra, na consolação, na estima, na afeição, no amor-próprio. Uma grande Graça de humildade – virtude básica – vos é necessária. E que é humildade, senão a participação do estado de Nosso Senhor que, dando-se constantemente, por conseguinte, se humilha, se aniquila? E então, tudo o que for humilde será a Vida de Nosso Senhor em vós, tudo o que vos acontecer de humilhante, de aniquilador, será apenas o reflexo fraco do que sofreu Nosso Senhor. E, se as criaturas, se o próprio Deus se intrometerem, se tudo vos atacar, ah! que favor. O Pai celeste começa a vos tratar como a seu divino Filho. Agradecei-lhe, é uma Graça. Deus quer ver se na verdade o amais, pois a humilhação é a vida do amor divino.

Cumpre, por conseguinte, ser verdadeiramente humilde de coração, de espírito, de vontade, de corpo e de vida; é o único meio de testemunhar eficazmente vosso amor a Nosso Senhor; é a vida que lhe é própria, e desde que vive em vós, deixai-o viver de sua Vida, Vida de humilhação, de aniquilamento.

Hoje venho pedir mais uma coisa; ser puras e humildes, já é muito, mas é preciso ainda algo que vos dê força, e energia, e será a força, a energia do amor de Nosso Senhor Jesus Cristo. O amor é a mesma força; vence a própria morte.

Ora, o amor exige que não nos comprazamos em nada fora de Deus. Jesus Cristo é o ápice do amor, seu centro, seu elemento, seu único princípio e seu fim soberano. Para amá-lo como o merece, é preciso não nos deleitarmos em nada que seja estranho. Isso parece-nos fácil e no entanto é o que mais custa, é a essência da perfeição, porque é o amor em ação.

Quereis então não ter satisfação alguma fora de Nosso Senhor, vosso Mestre? Não pratiqueis nada de esquivamente egoísta – não havíeis de querer cometer para com Ele uma infidelidade, ou uma indelicadeza! Assim também na ordem natural: quando dois amigos se querem bem, um não é convidado sem o outro; o filho bem-nascido nada recebe sem mostrar logo à mãe o que recebeu; a esposa não aceita uma dádiva, nem mesmo um cumprimento – seria insultá-la – sem o partilhar com o esposo. Finalmente, a primeira idéia de quem ama é repartir tudo o que tem, tudo o que ressente de bom ou de belo, e de tudo compartilhar com o ente querido.

Ora, se amais a Nosso Senhor, se Ele é a lei do vosso coração e de vossa vida, poderíeis ter uma alegria que lhe fosse estranha? Aceitar um prazer, uma flor de amor, de honra ou de estima sem lha oferecer? Não é possível! Quereis amá-lo com toda a sinceridade, não é? Pois bem, compenetrai-vos do que vos digo e nunca aceiteis satisfação alguma de nenhuma natureza sem Nosso Senhor, renunciando a todo prazer em que não for parte. É, parece, apenas de justiça e de decoro, mas é também a mais alta perfeição.

Agora, quanto à aplicação deste princípio. Nosso Senhor diz à alma que o ama: "Dá-me teu coração, isto é, toda a tua afeição, todo o teu amor". Dizia a Esposa dos Cânticos. "Meu Dileto é todo meu e eu sou toda dele." Não se trata só da alma, e do corpo, mas do simples pensamento ou afeição. É preciso, como os Apóstolos, perseverar com Nosso Senhor em tudo.

Se de nada quiserdes gozar, senão em Nosso Senhor, cometereis mui poucos pecados e esses serão leves. Talvez haja faltas de surpresa, de fraqueza ou de negligência; mas onde não houver satisfação, nem repouso do coração, do espírito ou dos sentidos, não haverá grande malícia. O que constitui a malícia e a gravidade do pecado é o gozo que nos proporciona, porque então não colocamos nossa felicidade, nem nosso fim, em Deus.

Assim é que no orgulho procura-se a satisfação do espírito. O soberbo deleita-se em si mesmo e no sentimento de que o honram! Agradam ao coração ou aos sentidos do voluptuoso os testemunhos, recíprocos de amor; regozija-se e neles se apóia. E aí está a malícia desses pecados, bem como dos demais. E é a satisfação, o gozo que se quis retirar em prejuízo do fim supremo que é Deus.

Se não quiserdes, por conseguinte, gozar de algo sem Nosso Senhor, sereis mui puras; evitareis esses contentamentos pessoais que criam as simpatias naturais; acautelar-vos-eis contra a sensualidade do coração, que consiste no prazer que, de bom grado, se encontra nas coisas naturais e sensíveis, ou, noutras palavras, na criatura.

Sereis também mui humildes se renunciardes a toda satisfação estranha a Nosso Senhor, porquanto o fundo do orgulho é tão-somente a deleitação do espírito que se compraz na sua própria estima ou na estima alheia.

Acautelai-vos igualmente contra todo prazer sensual, pois os sentidos procuram sempre gozar. Rejeitemos toda tentação que a isso nos leve; empreguemos a máxima vigilância a fim de evitar tudo o que tende a se tornar uma satisfação, má ou imperfeita, ou que dê lugar à tentação. Afastemos a tudo o que se nos depara no caminho, guardemo-nos, até nas coisas mais lícitas e indispensáveis à vida, contra toda idéia, todo prazer animal. Por exemplo, ao comer existe o perigo de satisfazer mais à sensualidade, ao paladar, que à necessidade de se sustentar; é preciso tomar o necessário para obedecer a Deus, e não nos é possível deixar de sentir o sabor da comida, que existe por ordem divina, como meio de facilitar essa lei natural; mas evitemos nele nos demorar ou comprazer, combatendo esse gozo ao menos pela mortificação de sobriedade; se exCedermos os limites, se saborearmos o manjar, haverá pecado venial de gulodice. Assim também quanto aos olhos, ouvidos ou os outros sentidos; deleitar-se nas coisas sensíveis é causa de muitos pecados de sensualidade.

Todavia não nos entreguemos ao receio exagerado, pois nada entrava a alma, nada a tolhe como o temor perpétuo. Sede delicadas, não escrupulosas; andai simples e francamente e não vos enredeis, sob pretexto da tentação possível, num receio perpétuo; mas se esta se apresentar, afastai-a delicada e cuidadosamente.

Almas há por demais covardes e lentas que deixam penetrar a tentação no coração, para depois se queixarem. "Mas então não fostes vigilantes e delicadas, já que não percebestes quando se aproximava? E se a vistes chegar, por que não a afastastes logo? Por ser insignificante? Que imprudência! Conservastes a faísca na mão e agora, que vos queimou, vós vos queixais. Que tolice! Competia-vos sacudi-la. Existe, pelo menos, culpa de negligência, pois abandonastes o posto da vigilância e da delicadeza".

Eis a regra a observar para com a carne e os sentidos. Seremos atormentados até o fim. O homem, filho de Adão, não tem fé e pouca importância dá aos bons desejos; quer apenas gozar e, de acordo com o demônio, procura a todo momento roubar-nos algo, ter seu quinhão de alegria.

Se nos evadirmos, há de procurar suscitar-nos inquietações, fazer-nos voltar atrás para examinar a tentação e avaliar sua intensidade. Ai de nós! É uma cilada. Já vos queimastes um pouco e quereis ainda tocar na faísca. E assim, sob pretexto de exame, macula-se a imaginação. Rever os pecados de sensualidade, e mesmo deles se humilhar, dá sempre certa satisfação. Cuidado! Ides agitar-vos, depois perturbar-vos; cortai, despedi essas tentações, não penseis mais nelas; não percais vosso tempo; por que saber de que se tratava? Arrependestes-vos de tê-las afastado cedo demais para poder delas gozar? Então não havia culpa alguma, e agora há certa culpa. Não, não penetreis no nevoeiro e no lamaçal das vossas tentações, alegando humilhar-vos, humildade do demônio! Galgai a montanha, esclarecei-vos à luz do amor divino e entregai tudo à Misericórdia de Nosso Senhor, eis a regra eficaz para evitar toda tentação de sensualidade.

Como já vimos, o primeiro grau de pureza de amor consiste em não querer, fora de Deus, satisfação alguma, quer natural, quer sensual. O segundo grau é mais perfeito, reparte com Nosso Senhor toda satisfação honesta e sã.

Podemos, nos dons divinos, fruir legitimamente de certos prazeres, embora tenham seu lado natural. Mas se os repartimos com Nosso Senhor, e lhos oferecemos, havemos de purificá-los, santificá-los, como exige a pureza de amor.

Recebeis os raios ardentes de um belo sol primaveril; admirais a luz resplandecente que vos alegra; é lícito, é justo, mas oferecei esse prazer a Deus, dizendo: "Como sois bom, ó meu Deus, que fazeis luzir tão belo sol para mim!"

No jardim, admirais as lindas flores multicores e variegadas, agrupadas com tanta arte e graça e exalando seu aroma, qual carícia amigável. Não há o menor mal em gozar desse espetáculo, em aspirar esse perfume, mas lembrai-vos do Esposo e mostrai-lhe essas flores, fazei-lhe respirar esses aromas, dizendo-lhe: "Obrigada, meu Deus, a vós, tão bom e grande artista!"

Ao comer uma fruta, não podeis deixar de saborear sua deliciosa frescura; foi Deus que assim a fez para vós, louvai-o, por conseguinte, e dizei: "Não mereço, em virtude dos meus pecados, senão fel e absinto. Mas sois bom, ó meu Deus e eu vos agradeço conceder-me tais doçuras".

E desse modo não gozareis naturalmente dos bens naturais, mas sim em Nosso Senhor.

O prazer do homem sensual, pelo contrário, está em ver, em haurir a fragrância, em degustar o sabor, sem sequer lembrar-se de erguer os olhos àquele que tudo lhe dá. Constitui-se o fim de tudo, para de tudo fruir sensualmente. Havíeis de cair também, demorando-vos na excelência das coisas. Um pouco é justo; muito é sensual. Estejamos sempre em Deus, mais que naquilo que nos dá. É preciso gozar do bem de leve, agradecendo a Deus que nos permite essas satisfações inocentes para nos suavizar o exílio da vida.

Santos há de uma mortificação mais austera, que rejeitam até essas satisfações santificadas pelo oferecimento feito a Deus. Mas há outros, como São Francisco de Assis e São Francisco de Sales, que gozavam dos dons de Deus e de Deus nos seus dons. Assim também, Davi rendia graças a Deus por todos os seus bens no belo cântico do *Benedicite*. Aproveitemo-nos de tudo para chegar a Deus, para lhe agradecer; vejamos em todos os seus dons um testemunho sempre novo de sua Bondade.

São Francisco de Assis sofria muito da vista e, a fim de abrandar-lhe a dor, seus olhos eram banhados em água fresca. O meigo Santo louvava a Deus em alta voz, por ter concedido à água o poder de refrescar suas pálpebras ardentes.

Noutra ocasião, estando ele doente, uma alma generosa, inspirada por Deus, preparou-lhe um peixe que lhe apetecia. A primeira idéia de São Francisco foi privar-se e não o aceitar, a exemplo de Davi oferecendo a Deus as poucas gotas de água que um soldado, com risco de vida, lhe fora procurar, mas depois de refletir disse: "Não, isso melindraria a nossa boa filha", e comeu o peixe, rendendo graças a Deus.

Nunca, portanto, descansar nas coisas, mas nelas louvar a Deus, repartindo com Nosso Senhor todo prazer, tal é o segundo grau da pureza de amor. Praticai-o até nas coisas espirituais. Afastar ao anjo enviado por Deus para vos consolar e auxiliar, exclamando: "Prefiro sofrer sozinha e só ambiciono ser crucificada", é mero orgulho, e, mal se retirasse o anjo, o demônio havia de substituí-lo, provocando vossas lamentações. Isso significa que, se Deus vos facilitar receber de alguém um bom conselho, ou pedir um esclarecimento, será um socorro de sua bondade; aproveitai-vos com toda simplicidade e com alegria, agradecendo-lhe e, findo o seu encargo, junto a vós, deixai que o mensageiro da graça se afaste sem desânimo da vossa parte. Deus vos restará. O Arcanjo Rafael, tendo cumprido sua missão junto ao jovem Tobias e ao seu pai, eclipsou-se de repente. Em vez de se desolarem, se lamentarem e perderem seu tempo a chorá-lo, pelas vantagens que lhes oferecia sua presença, puseram-se de joelhos para agradecer, durante três horas, a bondade do Senhor.

Autorizo-vos por conseguinte, aceitar tudo quanto Deus vos enviar, não para de tudo gozar, com egoísmo, até considerá-lo como um fim, mas para encontrar matéria a repartir com Nosso Senhor, louvando sua infinita bondade que se compraz em nos conceder tudo o que nos possa ajudar, ou mesmo nos ser agradável.

Mais ainda: a alma que ama em verdade a Deus, que lhe doou sua personalidade, não poderá mais ter uma alegria sem Nosso Senhor. Com Ele, quer repartir não somente suas cruzes – sabemos tão bem recorrer a esse meio para delas nos aliviar – como todas as suas alegrias, não havendo mais felicidade para ela sem Cristo. Falo das alegrias espirituais, dessas alegrias que Deus infunde na alma durante a oração, a comunhão e após o sacrifício, quando seu contentamento é tal que se apressa em comunicá-lo ao Esposo para que dele compartilhe também, pois do contrário não lhe seria felicidade.

Confessemos, para maior confusão nossa, que essas alegrias nos parecem tão suaves, tão boas que, qual ave de rapina, quiséramos ocultá-las num canto para a sós gozarmos delas. Não gozeis nunca a sós; não desejeis, sem Nosso Senhor, nem favores divinos, nem consolações celestes; não descanseis na bondade, na doçura e na beleza dessas graças como se vosso centro fossem. Apoiar-nos nelas, considerando-as como nosso fim, é estancar-lhes a fonte e, em vez de procurarmos o amor no Coração de Jesus, no seu foco, detemo-nos ante seus raios, atentas às consolações e não ao Consolador. E, visto nossa pouca delicadeza, Nosso Senhor cerra as mãos e suspende suas graças. Não devemos querer fruir de Deus sem Deus, mas sim louvá-lo e oferecer tudo a Nosso Senhor e vê-lo, a Ele, mais que a todos os efeitos que sua graça nos possa fazer sentir.

Finalmente, o terceiro grau da pureza de amor está na indiferença quanto aos estados pelos quais Nosso Senhor deseja nos ver passar, seja de alegria, seja de desolação. E, se dispomos de liberdade, se podemos escolher, está na vontade generosa que aceita sempre o mais custoso, o mais cruciante, porque assim fez o próprio Jesus Cristo.

Ah! como Deus se agrada da alma que diz: "Meu Deus, já que Vós sois a mesma bondade, receberei igualmente consolação ou desolação e, visto que a provação enviada por Vós não poderá deixar de ser uma graça de bondade, eu a receberei reconhecida". É a completa indiferença que não repara nas coisas, bastando-lhe saber que provêm de Deus! Então a desolação torna-se consolação. "Ó meu Deus, quereis isso? Faz-vos prazer? A mim também. Não vos agrada, não o quereis? Nem eu tampouco. Para o corpo e a alma só o que quiserdes; irei aonde quiserdes, permanecerei onde me colocardes, sempre feliz e satisfeita com tudo!"

Há ainda, porém, coisa melhor: é a alma que exclama: "Meu Deus, o que mais vos apraz é a renúncia, o sacrifício, a imolação na ordem natural e sobrenatural e a essa escolherei! Não vos irriteis se, ante a satisfação e o sacrifício, deixar aquela e tomar a este; fá-lo-ei porque, havendo no sacrifício maior amor, agrada-vos mais". Deus fita os Olhos cheios de complacência nessas almas e as admira. A lei a tanto não exige, mas o amor o faz e Deus se regozija de vo-lo ver praticar.

Mas este sentimento deverá brotar espontaneamente do vosso amor, pois Deus vos dá liberdade, ocultando-se para vos deixar escolher, sem que indício interior algum vos manifeste sua preferência. Então, consulta-se ao coração e diz-se: "Nosso Senhor me testemunhou seu Amor, abraçando sempre o sacrifício e o sofrimento. Farei o mesmo e mostrarei a Deus que o amor que lhe tenho excede ao que exige rigorosamente. Que posso recear? Não me procuro a mim mesma, desde que abraço ao que mais humilha, mais crucia". Eis a quintessência do amor!

A fim, porém, de agir com prudência e sagacidade, tende por norma o seguinte: quando a Graça divina está clara e positiva, não procureis a outra, mas sede fiel à Vontade de Deus enquanto vo-la manifestar. Para vós, o que Ele vos pede é mais perfeito, mesmo que em si não o fosse. Esforçai-vos e contentai-vos em seguir a atração da Graça que ora vos concede. A perfeição está no estado que Deus revela a cada qual como lhe sendo próprio.

A sublimidade do amor consiste de fato em adivinhar sempre o que mais agrada a Deus. E já que a lei, ou a graça positiva não vos guia, consultai o amor divino, segui sua inspiração e assim andareis sempre no amor. E quão necessário nos é!

Que não haja nem prazer, nem satisfação fora de Deus, é o bom senso da justiça. Que também toda satisfação lícita lhe seja devolvida por gratidão. Finalmente, que haja completa indiferença entre a alegria e a provação, e, dada a escolha, prefira-se sempre, por amor, aquilo que por nós escolheu, o mais custoso, o mais cruciante, o mais humilhante. Eis aí os diversos graus de amor e as leis da pureza do amor.

Da paciência e da humildade

Nosso Senhor trazia em si dois estados, um de glória e um de humilhação. Possuindo em si a Glória, a Divindade e a Beatitude da alma, fixava interiormente os raios e as alegrias desse estado, enquanto deixava a humilhação, o temor, o sofrimento, enfim, todas as fraquezas da humanidade, exceção feita do pecado, envolver sua Alma sensitiva.

Em nós, dá-se algo de parecido. Temos um lado belo, nobre, divino; a Graça de Deus, suas virtudes, sua própria santidade estão em nós; o Espírito Santo, Jesus Cristo e a Santíssima Trindade habitam em nossa alma; Deus está em nós e nós estamos nele. Tudo isso é admirável e, para os Anjos, arrebatador; temos nossas grandezas, base de nossa esperança, mas estas permanecem como que veladas e, por serem invisíveis, delas não podemos gozar: é o espetáculo que Deus se reserva em nós.

Mas, ao mesmo tempo, temos um lado visível, que Ele nos deixa, é o lado pessoal, que nos é próprio, isto é, o pecado atual, a pobre natureza de Adão, nossas paixões e nossas enfermidades, nossos defeitos e nossas misérias, o que São Paulo chama, em suma, carne do pecado, *caro peccati*, ou então, *peccatum*, o pecado; é tudo o que provém do mal, ou a tal leva, embora em si não seja pecado. Tudo isso nos envolve por todos os lados, é-nos visível, sensível e mui humilhante.

Por que nos conserva Deus em nossa natureza humilhada, em vez de deixar aparecer a grandeza de sua Graça em nós? Por que deseja fazer-nos sentir sobretudo o filho de Adão pecador, e não o filho de Deus, regenerado em Jesus Cristo?

Uma só palavra diz tudo: Para manter-nos na humildade pela humilhação. Deus sabe quão propensos somos ao orgulho, a nos comprazermos em nós mesmos pelo amor-próprio, a nos mostrarmos para que nos admirem, de modo que, para nos salvar e proteger sua Graça em nós, é obrigado a deixar-nos no lodo e na humilhação das nossas misérias, e não na glória e na honra de seu serviço.

E como resultado de tudo isso temos – e embora no-lo custe a crer, não deixa de ser exato – que Deus nos abaixa à medida que nos concede maiores Graças; quanto mais santo, mais humilhado; quanto mais exaltado por um lado, mais aviltado pelo outro.

E por quê? Porque isso nos mantém na humildade e a humildade é o característico de Nosso Senhor, que lhe apraz ver em nós e sem o qual não lhe seremos agradáveis. De modo que se pode dizer que um santo medíocre é pouco humilhado, enquanto o grande santo o será muito e o muito santo se tornará anátema do mundo, objeto de todas as humilhações, de todas as maldições. Quem jamais foi humilhado como Nosso Senhor Jesus Cristo, o Santo dos santos?

É a condição imposta. Imprescindível se torna subir com Ele ao Calvário, passar pelo Sinédrio, pelo pretório e por todas essas humilhações que o reduziram a ser mais desprezado que um verme, o anátema dos homens. É porque nos atemoriza ler as vidas dos grandes Santos e ver tudo o que experimentaram, ver como o mundo os maltratou, os julgou, os caluniou. Era necessário. A Cruz é o caminho da santidade, seu caráter, seu alimento, e sua garantia está na humilhação.

Se os Santos foram elevados e exaltados, só o foram de passagem e com quantos anos de humilhação pagaram eles esses breves momentos de glória! Contam-se os milagres, os êxtases, as consolações, as maravilhas do seu ministério, mas quem poderia contar as humilhações, tanto as enviadas por Deus como as suscitadas pelo próximo?

Se nos fosse dado conhecer nossos méritos, se lográssemos êxito, se o pudéssemos avaliar, haveríamos de querer deles gozar e nesse gozo o orgulho encontraria a sua satisfação. Mas não tendo ainda chegado a hora do repouso, Deus nos humilha. Apontando-nos apenas os pecados, os defeitos, as falhas, tudo o que, diminuindo-nos em nosso conceito, nos conserva pequenos, pobres; então confessamos nossa fraqueza, rezamos e recorremos a Deus, reconhecendo que nós nada somos e que Ele é tudo, a exemplo de São Paulo, que, após tanto trabalho, receava ver-se condenado e exclamava: "Nada fiz!" Seu amor desprezava tudo o que fizera, ao pensar em tudo o que quisera ter feito por Nosso Senhor.

Pois bem, ainda que tivésseis sempre sido piedosas, sempre servido a Nosso Senhor, eu vos diria: "Olhai para o que vos cabia fazer e vereis que nada fizestes!"

Agarremo-nos, por conseguinte, ao que somos, à nossa fraqueza, a fim de sentirmos a necessidade de Deus. Quanto mais se patenteia nossa miséria, mais havemos de recorrer a Deus, chamando a Jesus Cristo em socorro e unindo-nos a Ele por compreender que, se ficássemos sós, havíamos de nos perder. Como lutar contra o demônio, contra as paixões, e sobretudo como se erguer após as quedas, sem Jesus Cristo? Chamamo-lo, Ele atende e já não desanimamos. Desanimar seria prova do orgulho, que se apóia em si mesmo. E verificando que não vos podeis manter, em vez de reconhecê-lo de coração, humilhando-vos simplesmente, preferis abandonar de antemão a tudo, fugindo assim à vergonha de ter trabalhado sem êxito. E que é isso senão orgulho?

Nosso Senhor, no entanto, está ao vosso lado, oferecendo-vos sua Graça e sua Força. Reconhecer que sem ela nada podeis, pedi-la humilde e instantemente, eis a única condição imposta.

O humilde sentimento de nossa fraqueza dá lugar à confiança, só desanima quem não tem confiança em Nosso Senhor. Vós não reconheceis que sem Ele nada podeis, esquecidas de que tudo vos é possível naquele que vos fortifica?

Quando fizerdes algo de mal, dizei com segurança: "É porque contei comigo". Que o desânimo, porém, não vos faça acrescentar orgulho ao orgulho. Somos presunçosos por natureza e tratamos sempre de dispensar a Deus; mas por que não ir com Ele, quando sozinhos haveis certamente de cair?

Cometeis poucos pecados positivos, espero, porque amais sinceramente a Nosso Senhor, mas quantos negativos, digo, quantas ações cheias de amor-próprio, de mentira, de inveja, de sensualidade, de preguiça, enfim, de todos os pecados capitais, mas em grau venial ou menor, e isso porque vos apoiais em vós mesmas, pois só quem não fita bastante os olhos em Deus pode cair em tais culpas.

Se o sentimento de vossa fraqueza vos acompanhar habitualmente, não vos haveis de expor à tentação e, ante o sacrifício exigido, a ocasião a evitar, volver-vos-eis a Deus sem demora: "Meu Deus, dai-me vossa Graça, dai-me a humildade e a paciência para suportar esta humilhação e porque sinto a minha fraqueza, peço-vos também força e Graça para tudo".

Quanto apraz a Deus ouvir semelhantes palavras! Como Ele voa em nosso auxílio e se regozija em poder nos socorrer. Ah! nossa única força está no olhar divino, na união com Deus e no socorro de Nosso Senhor.

A humildade, além de ser um poderoso meio de santificação, vos fornecerá a força de Deus. Nesta terra quem é santo, quem pode descansar e exclamar: "Já alcancei o ponto desejado por Deus"? Não, nem nas virtudes, nem no amor, jamais o atingiremos. Adquirir a perfeição de uma virtude? Mas é a semelhança perfeita com Jesus Cristo e julgais deveras ter chegado a tanto? Se vo-lo dizem, zombam de vós. Vossa virtude é uma virtude esfarrapada. E julgais também possuir a perfeição do amor? Não. Galgais a montanha da perfeição, mas ainda não atingistes o cume.

E onde estará vossa santidade, se não estiver nem nas obras, nem nas virtudes, nem no amor? Estará na paciência em adquiri-la pouco a pouco, em trabalhar sem cessar e com perseverança, humilde e pacientemente, a fim de vos revestir das virtudes de Nosso Senhor Jesus Cristo, pois toda obra de santidade está na paciência com que procuramos atingi-la.

Santificar-se é formar a Jesus Cristo. Mister é tirá-lo desse bloco de pedra informe, grosseiro e duro que sois vós. Cinzelá-lo, poli-lo, ajustá-lo e torná-lo semelhante ao modelo não é tarefa dum dia. É preciso observar-se, trabalhar, destruir, cortar, reparar e reconstruir, e essa obra durará enquanto durar a nossa vida. Carecemos, por conseguinte, de paciência. E que é paciência? É confiança em Deus e desconfiança de si.

É preciso confiar-se a Deus em tudo e apesar de tudo. Ele deseja conservar-vos na humilhação sem que o êxito vos acompanhe; que assim seja e que vossos progressos se inspirem nos seus desejos. Confiai-vos e abandonai-vos inteiramente a Ele, sem contar mais convosco em coisa alguma.

Muitas vezes, cheias de entusiasmo, tomais uma boa resolução, dizendo: "Quero em verdade amar a Deus", certas de que nada obstará vossa marcha. Mas ai! surge uma tentação horrível contra a fé, a caridade, a castidade, que repelida, voltará mais violenta. Que fazer? Humilhar-vos e resignar-vos, pois empregar violência é avivá-la, é desanimar antes de levá-la de vencida. Renunciai a vós mesmas, abandonai-vos a Deus, reconhecei que, apesar dos bons propósitos, de nada sois capazes e assim triunfareis pela paciência. Abaixai-vos dizendo a Deus: "Meu Deus, quereis que eu seja humilhada por Satanás; pois bem, seja feita a vossa Vontade. Mas se não me quiserdes dele livrar, assisti-me a fim de que pelo menos não vos ofenda; aceito viver no meio dos demônios contanto que, mediante vossa santa Graça, não venha a pecar".

E esse estado constitui um martírio de amor divino. A paciência dos seus servos engrandece a Deus e nada lhe rende tanta glória como o miserável que, apesar das tentações, continua a amá-lo. Quanto mais se abaixar, tanto mais se exaltará e glorificará ao Senhor. À medida que se aniquila, Deus se eleva.

Nesses momentos amai a paciência. Deus, ao enviar tentações, as deixará permanecer, apesar de tudo o que fizerdes, até que Ele mesmo as retire. Humilhai-vos na paciência e evitareis muitas tristezas, muitas enxaquecas. Empregar somente a luta é violentar-se, é adquirir o hábito de irritar-se, é tornar impaciente e colérico tanto o caráter como o coração. Nessas ocasiões, se nos fosse possível, arrancar-nos-íamos a alma, para livrar-nos desse fogo, desses espinhos que nos devoram. Mas que fazer? Conservar-se no monturo com o santo homem Jó, enquanto aprouver a Deus.

Que bela lição de moral nos dá Nosso Senhor nestas palavras: "Lembrai-vos de produzir frutos na paciência". Os Apóstolos teriam querido conquistar a Judéia e o mundo todo num só dia, e tão persuadidos estavam do Poder do divino Mestre, que não compreendiam como se lhes podia oferecer resistência, nem acreditavam nos obstáculos. Vede Pedro e o próprio João. Mas Nosso Senhor lhes disse: "Produzireis frutos na paciência", e morreu primeiro, sem ter podido converter nem a Judéia, nem Jerusalém; os próprios Apóstolos só converteram alguns, poucos, infiéis, haja visto São Tiago na Espanha, que ganhou apenas sete pagãos a Jesus Cristo.

A paciência é apenas a humildade posta em prática e só é encontrada na confiança em Deus e na humildade pessoal.

Em tudo o que diz respeito ao homem velho em vós, nas aflições, na esterilidade, na incapacidade e nas provações, quaisquer que sejam, recomendo-vos ter a própria Paciência de Deus, ter piedade de vossa alma.

Não é Deus a mesma Paciência com as almas convosco? Irrita-se, por acaso, até romper com violência? Não. Ele espera anos e anos pelos frutos das suas sementes; cada dia faz o pouco que lhe permite nossa cooperação: recomeça o que nossas culpas demoliram. É a própria Graça da paciência; e nosso modelo.

Não meçais vosso adiantamento no progresso que podeis observar em vós, nem no êxito em praticar as virtudes, mas sim na paciência maior, mais firme, mais suave, mais humilde. Não vos cabe avaliar com tanta exatidão vossos progressos, ou vossos lucros.

Nunca Nosso Senhor glorificou tanto ao Pai como no seu malogro junto aos homens, quando aceitou com paciência as imperfeições, a grosseria, a incapacidade de seus Apóstolos; na paciência em esperar pela Vontade e pela hora do Pai para operar; na paciência em não lograr êxito durante sua Vida pública senão à medida que o desejava o Pai e pela sua paciência na Paixão, consentindo em passar por aquilo que, naturalmente, havia de aniquilar sua obra para todo o sempre.

Que vossa virtude vise, portanto, vos fortalecer na paciência e quando conseguirdes ser humilhadas, alcançareis em tudo o fim desejado. Em deitar-vos ao pé da árvore, qual adubo está vossa virtude. Prendei-vos a raiz, bem baixo, e não aos ramos que se podem partir.

É na humildade que Deus vos quer atrair a Si; por isso desceu tão baixo até se aniquilar. E quanto mais descermos, nas humilhações, onde Ele se conserva e nos espera, tanto mais nos elevaremos junto a Ele.

Os maiores santos estão sinceramente convencidos de que são grandes pecadores. Falam como pensam e suas palavras são tidas por exageradas. É impossível, dir-se-á, que assim se julguem. E, se estão intimamente convencidos de sua miséria, se confessam, perante Deus, que são os maiores pecadores, é porque possuem a verdadeira humildade e paciência.

A oração também requer paciência. Rezamos e desejaríamos ser logo atendidos; pedimos uma coisa e só a essa queremos. Deus, pelo contrário, apraz-se em nos fazer esperar, ou em nos conceder outra Graça. Prova-nos assim continuamente. Pedimos fervor, amor, e Ele nos coloca no entorpecimento do coração e na desolação; pedimos luz e Ele nos lança nas trevas; sentimento, e nos mergulha na aridez. A nós, parece-nos que mais valeríamos se ardêssemos em amor por Deus e em zelo pela sua glória. Ele assim não julga, encontrando maior glória em nossa paciência e humilhação. Pensai com Ele que melhor sabe os meios que lhe rendem glória, e aceitai o que vos envia. Então qualquer estado em que Ele colocar a alma a satisfará, enquanto Deus saberá sempre contentá-la.

Devemos positivamente pedir a Graça e as virtudes que nos são necessárias e dizer sempre: "Falai, meu Deus. Que hei de fazer para vos agradar?" Repetidas vezes Ele não vos responderá, deixando-vos na privação; fá-lo-á, porém, para vos fazer crescer em paciência e humildade – de valor superior às mais formosas obras. É o sistema, o método empregado por Deus para nos conduzir ao seu santo amor, à verdadeira santidade. Na paciência, a alma se poderá exercer em todas as virtudes. Amai a Deus pela paciência e sereis meigas, humildes, caridosas, pois só quem é paciente no trato com o próximo e nos acontecimentos da vida o será também com Deus.

Pela paciência amareis a Deus mais que a seus Dons, pois Ele é sempre o mesmo, igualmente amável quando prova ou quando consola. A Ele devemos amar sobre todos os seus Dons. Se não fordes pacientes, nunca sereis almas interiores, almas santas, nem mesmo almas virtuosas.

A natureza é lenta, e os que a cultivam sabem esperar. Deus é ainda mais lento e lentamente procede em tudo quanto faz, a fim de vergar o nosso orgulho, bem como o apoio e a segurança que temos em nós mesmos e em nossos meios e nos tornar dependentes de sua Graça, de sua conduta, dele mesmo.

A santidade não consiste no fervor do amor, mas na paciência em trabalhar sem esse fervor e em suportar as delongas divinas.

Deus, antes de conceder à alma uma Graça de oração, de contemplação, a mergulhará numa profunda tentação de terror, seja pela vista de seus pecados, seja do inferno que mereceu, a fim de fazê-la crescer em paciência, em humildade, enquanto aguarda a hora de Deus. E, fôssemos atentos e ouviríamos Nosso Senhor dizer-nos a todo momento: "Espera, espera e reza!" Sempre paciência! Mas esta a toda obra torna perfeita.

Nesta vida cultivamos a semente da Glória divina de nossa santidade, de nossa felicidade eterna. Todas essas plantas celestes, em vez de germinar e de brotar ao alto, devem desabrochar embaixo, pois aí encontrarão a atmosfera e o sol que lhes são propícios; se brotassem do nosso lado, definhariam até morrer, expostas ao ar e ao sol do mundo. Trabalhai, pois, embaixo, na paciência, na humildade e na pobreza, virtudes essas que são o trono de Deus em nós e nos asseguram o trono da glória no Céu.

Da confiança e do repouso em Deus só

Vosso coração deve estar contente com Deus, que neste retiro foi tão bom para convosco e vos concedeu Graças tão preciosas! Mostrou-vos não somente toda a verdade da santidade, como também a verdade do amor que vos tem. Já é muito conhecer a Verdade de Deus, suas Graças e seus direitos, mas conhecer o Amor que vos tem, saber que Ele vos ama, e quanto vos ama, é um conhecimento arrebatador.

E, admiradas, exclamastes: "Eu também amarei a Deus, grandemente, generosamente, puramente; seu amor será minha vida e minha fé; será minha norma de mortificação e de pureza. Mais ainda, esse amor será a lei de minha transformação em Deus, da dedicação de minha vida, pois não quero viver em mim mesma, mas que Jesus viva em mim e que eu seja apenas sua natureza humana, um membro de seu corpo. Ele será minha personalidade, meu princípio vivo".

Aspirais a muito! Mas é justo. Deus vos predestina, não somente vos chamando, mas vos recolhendo em verdade para seus filhos, filhos de Deus, segundo a palavra de São João. Se esta Graça é concedida a todos, com razão maior vos será dada a vós, chamados por Ele à vocação contemplativa, a primeira de quantas, aquela que, no dizer de Nosso Senhor mesmo, é a melhor parte.

Quanto mais contemplativas e adoradoras fordes, mais constantes, mais chegadas, mais íntimas serão vossas relações com o Senhor. Vossa vida passa-se sob seu Olhar, no seu Santuário; compõe-se toda inteira de relações familiares com Ele; é um serviço doméstico junto à sua Divina Pessoa. Ah! se o amásseis apenas como a gente do mundo, quão indignas seríeis de tão sublime vocação! Deveis ser qual círio que arde, mas não diminui, e arder cada vez com pureza maior.

Amai, pois, e vivei de amor e do dom de vós mesmas: se receberdes muito, muito vos será exigido e no fim da vida um juízo severo vos espera. Nosso Senhor vos pedirá conta de tantas Graças; que nem uma só permaneça estéril. E, se não responderdes a tanto amor, se as Graças semeadas em vós com tanta profusão não produzirem frutos, pedirão vingança; podeis contar com um Purgatório terrível. Já que Nosso Senhor tanto vos amou, se não o amardes com toda a pureza, sereis cruelmente castigadas. Vede vossas Graças, mas vede também a responsabilidade que acarretam. "Quero obrar bem, direis, mas receio; não ouso prometer-me perseverar, nem descansar em mim mesma, por conhecer minha fraqueza".

Que isso não vos detenha! Folgo muito saber que não quereis descansar em vós mesmas, mas para ser mui fiéis, em que podeis descansar? Eu vo-lo direi, pois forma e objeto desta meditação: colocai cuidadosamente a base, a razão de vossa esperança, de vosso apoio, de vossa força em Deus só e nunca em vós, nem nas criaturas, sejam elas santos e anjos humanos. Nos próprios superiores, e naqueles que Deus vos deu para vos conduzir, procurai atentamente a Nosso Senhor, vendo sempre a Ele neles. Descansar na criatura seja qual for, é descansar numa cana, numa palha.

Não ponhais na estima da criatura a prova de vossa virtude, nem mesmo talvez na do confessor, do superior, por estar sempre sujeito à ilusão, à procura de si mesmo, do amor-próprio.

A maior tentação, para toldar a pureza do amor, está na aparência de santidade. Os santos e as santas são muito queridos; é um prazer vê-los, falar-lhes e deles receber um testemunho de santidade, e julga-se que tudo vai bem quando se lhes mereceu a estima.

Aproxima-vos Deus dum servo seu, dum santo? É uma Graça; servi-vos dele fielmente, enquanto vo-lo permitir, mas não descanseis nele, antes, pelo contrário, aproveitai-vos dele para vos apoiar mais firmemente em Deus só. Se confiardes em demasia nele, vossa confiança em Deus diminuirá, e, ao ser repartida com a criatura, perderá algo de sua delicadeza, pois sempre que dermos preferência a esta será em prejuízo de Deus. Cada vez que descansardes numa criatura, seja um anjo terrestre, perdereis de vista ao Criador; não digo que seja pecado, mas tende a lançar poeira no ouro da caridade.

Para as almas que são as almas de seus filhos, Deus serve-se de tutores, de Anjos Rafael. Estão ao vosso lado, para suster-vos nas fraquezas e conduzir-vos pelo caminho reto da obediência; aproveitai-vos bem dos seus socorros; amai-os e prezai-os, mas amai sobretudo a Deus que vo-los dá e nele só descansai como vosso fim.

Só Deus julga as almas e seria erro considerar-vos santas porque os santos vos prezam, até dizer: "Estou certa de que Deus me ama e posso estar tranqüila já que os santos me estimam". Basear-vos nisto é expor-vos a vos iludir, é deter-vos junto à criatura, é paralisar a ação e glória de Deus e vereis então como Deus se mostrará cioso, pois não quer repartir com pessoa alguma nossa confiança final; não quer intermediário algum entre Ele e o coração humano.

Mas é um santo, um anjo! Talvez, mas não deixa de ser uma criatura, um vaso que se poderá partir, sujeito à miséria, e Deus não vos permitirá encontrar nele aquilo que procuráveis com demasiada ânsia; ele não poderá mais esclarecer vossa alma; sua dedicação diminuirá; ele mudará e por fim se tornará uma provação, talvez uma tentação, e tentação mui dolorosa.

Que fazer então? Pôr vossa confiança só em Deus, acima de qualquer criatura, qualquer santo ou anjo, dizendo: "Aquilo que eu não puder encontrar junto a eles, Deus mesmo quer dar a mim".

Quando, em verdade, recorremos a um santo unicamente como meio de chegar a Deus, quando a confiança, o olhar e o coração se firmam só em Deus, então nada é mais justo. Vai-se livre, independente; mas quando descansarmos na criatura, então tornamo-nos inquietos e perturbados. Há algo de misto, que provoca uma nuvem nos olhos, lodo nos pés e tudo corrompe.

E nada nos faz sofrer tanto como as almas piedosas e criteriosas, quando as relações não são bastante sobrenaturais. E vós, não sendo exceção, já o experimentastes.

Gloriamo-nos na amizade dos santos, na direção de um homem tido por tal, e nos tranqüilizamos; mas, subitamente, quer nos repreenda, quer nos abandone, julgamos tudo perdido, atormentamo-nos, desesperamos: nada disso provém de Deus.

Quanto a vós, cuja vida se passa intimamente aos pés de Nosso Senhor no Santíssimo Sacramento, que assim não seja; habituai-vos em presença do sol a esquecer as estrelas e colocai sempre o Mestre antes dos servos.

Nosso Senhor faz muita questão de que a flor e o primeiro movimento de vossa confiança sejam para Ele. Quando agistes por motivos naturais, quando, à menor aflição, em vez de recorrer a Ele, correstes aos seus servos, pedindo às criaturas aquilo que não vos podem dar, a menos que primeiro o recebam dele, podeis estar certas de que em vão o chamareis e procurareis na Adoração seguinte. "Já que não mereço vossa confiança, ide procurar vosso santo. Eu nada tenho a vos dizer." O Amor divino é suscetível, cheio de zelo, vinga-se pelo seu silêncio desse esquecimento tão pouco delicado. Nosso Senhor é cioso do coração que se deu a Ele e que Ele aceitou, dando-se em troca. Por que, então, injuriar ao vosso Esposo por uma confiança maior em seus servos que nele?

Certamente já o experimentastes quando, aos pés de Nosso Senhor, vossa alma se sentiu incapaz do menor afeto, imersa num frio glacial. Nesses momentos, dizei sem receio: "Pago minha falta de delicadeza; apressei-me em procurar, levada por motivos naturais, aqueles que Nosso Senhor me dera para me conduzir, e antepus o servo ao Mestre".

Confiai, portanto, em Nosso Senhor Jesus Cristo unicamente; ide a Ele procurar a Graça: por que esperar que venha da criatura, que não vo-la pode dar? A Graça é prerrogativa de Nosso Senhor, que só a distribui a quem se dirigir a Ele com confiança e a receber puramente.

Empregai toda delicadeza neste ponto e ao divino Mestre entregai vosso coração. E por que não haveis de depositar nele absoluta confiança? Quando vos chamou a esta vocação de adoradoras, chamou-vos para viver com Ele, concedendo-vos desde logo uma Graça particular, uma espécie de Graça de estado que vos facilita procurá-lo e dele viver; dai-vos, por conseguinte, inteiramente a Nosso Senhor por Ele mesmo, a Jesus, por Jesus com Maria. Procurai os santos de Jesus por Jesus, ide a eles, mas para que vos levem a Ele.

Ele vos confia a uma direção, a que devereis obedecer; mas resta ainda a vida da alma, da oração e do amor e dessa vida Nosso Senhor quer ser Ele mesmo o Mestre. Vossa alma está entregue aos cuidados de Jesus e ninguém possui, como Ele, o segredo daquilo que mais lhe convém.

Pela vossa vocação destes a Jesus vossa personalidade para que vos guie e vos dirija Ele mesmo em tudo. Se vos aproveitardes da vossa Graça, sabereis ir ter com Ele, e nele só vos contentar, pois toda vocação torna fácil e untuoso o dever que impõe. Tende, portanto, confiança em vossa regra, certas de que Nosso Senhor vo-la preparou antes da adoração, do dever, do sacrifício. Ele se obrigou para convosco, em virtude do seu Amor, a ouvir-vos, a guiar-vos sempre, mas lho deveis pedir e a Ele compete vos dirigir. Tende confiança nele.

Tende confiança em seu Amor! Nosso Senhor amavos com um Amor constante, infinito, eucarístico, um

Amor de vocação, e Ele nada vos pode recusar no que se refere a esse Amor.

Se amardes a Nosso Senhor com um amor puro, como é de dever e de graça, se recorrerdes a Ele em todas as necessidades, dizendo-lhe: "Meu Deus e meu Senhor, peço-vos vosso amor e esta Graça unicamente, a fim de melhor vos servir por vós, ó meu único Senhor, e nunca por mim", Nosso Senhor, sensibilizado, por ver que só desejais a Ele e ao seu melhor serviço, nada vos há de negar.

Tal oração agrada-lhe, glorifica-o e dá prazer ao Pai Celeste, que disse: "Este é meu Filho dileto em que pus todas as minhas complacências: ouvi-o".

E quanto maior for vosso amor, maior também será vossa confiança e maior vossa força sobre o Coração de Deus. Nosso Senhor aí está e vai bater à porta para entrar; não espereis que o faça, ide-lhe ao encontro, preveni-o pela vossa confiança, pois essas são as verdadeiras relações do amor.

Habituai-vos a proceder assim e quanto maior for a confiança, mais se dilatará, já que todo hábito cresce com a prática e se faz mais fácil. Quanto mais freqüentes os sacrifícios, tanto mais agradáveis serão. É acrescentar uma Graça à Graça que já era vossa e que, juntas, acabarão por constituir uma rede que nada poderá romper, um laço de amor que nada poderá desatar.

Então exclamareis com São Paulo: "Posso tudo naquele que me fortifica", e ainda com São Paulo: "O amor de Deus me impele, me atormenta, me consome", e animar-vos-eis a empreender por amor grandes feitos, porquanto ele parece, e com razão, dizer que o amor é uma prensa. O amor, notai-o bem, prova-nos e nos comprime todo inteiro, a fim de nos fazer penetrar em Jesus, qual a mó, que mói e mistura diversas espécies de grãos, de que sairá apenas uma qualidade de licor.

Mesmo no desânimo, quando o corpo ou o espírito, reduzidos à impotência, se recusarem a vos auxiliar, tende confiança em Jesus e dizei: "Não descanso em mim, mas em vós, ó meu Deus; tudo posso em vós se me quiserdes ajudar; nada tenho e quase nada posso fazer: mas eu começarei e vós acabareis". Então principiai, fazei o pouco que estiver ao vosso alcance e Deus se encarregará do resto.

Ele se apraz em multiplicar as dificuldades; detém-vos e vos torna de tudo incapazes; quiséramos e nada podemos. Que angústia! "Não, nunca poderei elevar-me até Deus!" Mas rezar, chamar já é dar um passo, e Deus há de vir. Ele vos dará asas de amor e, admiradas, voareis na liberdade e na Graça.

Vamos! Nosso Senhor está ao vosso dispor. Ide a Ele com confiança, exercitai-vos nessa confiança; confiai sempre nele e desconfiai de vós mesmas, eis o que vos desejo hoje e a todo momento.

Retiro pregado aos membros da Sociedade dos Irmãos de São Vicente de Paulo

Aviso

As instruções deste retiro foram dadas pelo Santo Eymard aos membros da Congregação dos Irmãos de São Vicente de Paulo.

Esse piedoso instituto datava de poucos anos. Fundado em Paris pelo Reverendo Padre Le Prévost, de venerável memória, seu fim é procurar a glória de Deus e a salvação das almas, abrindo à classe operária patronatos, centros, casas e igrejas, onde nos domingos o dia todo e diariamente à noite, os operários possam encontrar um descanso benfazejo, recrear-se honestamente e receber boas instruções.

O espírito da Obra é um zelo ilimitado e uma absoluta dedicação aos operários, que são procurados, atraídos e retidos por todos os meios que a caridade sobrenatural possa inspirar. Então, o padre, o religioso de São Vicente de Paulo, não poupa esforços para ganhar para Jesus Cristo esses pobres corações, e deverá, em dadas circunstâncias, saber até se tornar mártir, como o Padre

Planchat, martirizado durante a Comuna, e que era irmão de São Vicente e diretor do Patronato do bairro de Santo Antônio, por ele fundado.

Estas ligeiras noções esclarecerão certas passagens do retiro em que o Santo Eymard se refere ao fim do Instituto, às suas obras, à sua fundação.

Não reproduziremos as instruções na ordem em que foram dadas. Destinadas agora antes a leituras espirituais que a meditações de retiro, o proveito será maior se juntarmos aquelas que têm relações lógicas entre si, para se fortificarem e se esclarecerem mutuamente.

Todavia, se alguém desejar seguir o retiro tal qual foi pregado, bastará restabelecer a ordem que o pregador se propusera pelo espaço de cinco dias.

1.º dia I - Das Graças do Retiro.

    II - Da oração: sua necessidade, seu caráter.

    III - Do estado religioso.

2.º dia I - Do Serviço de Deus.

    II - Da oração: dom de nosso espírito.

    III - Amar-me-á Deus?

3.º dia I - Amo eu a Deus?

    II - Da oração: dom de nosso coração.

    III - Do amor do perdão.

4.º dia I - Da humildade.

    II - Da oração: dom da vontade.

    III - Da mansidão.

5.º dia I - Da Eucaristia, princípio da santificação do religioso.

    II - Da Regra, santidade do religioso.

    III - De Jesus na Eucaristia, modelo dos três Votos.

E, para rematar, o sermão sobre a profissão dos Votos.

Das Graças do Retiro para o religioso

"Estote perfecti, sicut et Pater vester cœlestis perfectus est." "Sede perfeito assim como vosso Pai celeste é perfeito."

Eis em poucas palavras todo o Evangelho; eis o fim da vinda de Jesus Cristo, o fim de toda vida cristã. Tudo o mais no Evangelho indica apenas os caminhos e os meios para alcançar esse fim. Ser perfeito como Deus é perfeito, santo como Deus é santo, eis o alvo de todo esforço, e jamais o alcançaremos ao ponto de parar e descansar. Tudo tem seu limite neste mundo, só a perfeição não o tem. É uma participação da Santidade de Deus, que é infinitamente Santo.

Há grandes dificuldades a enfrentar para alcançar a santidade no mundo, mesmo para os que têm a melhor boa vontade.

Primeiro, o fato de estarmos entregues a nós mesmos, o que por si já é muito perigoso; depois, o estarmos absorvidos pelo trabalho, pelas necessidades da vida, pelas ocupações que as circunstâncias ou a vontade nos impõem, e, finalmente, por ignorarmos quase sempre o caminho que devemos trilhar.

Felizes daqueles a quem Deus se dignou misericordiosamente chamar à vida religiosa, que os separa do mundo e dos seus perigos, lhes abre uma vereda certa, lhes assegura meios já provados e eficazes e emprega todos os recursos de que dispõe a caridade mais ativa, para lhes facilitar a perfeição e a santidade.

Na vida religiosa toma-se o tempo necessário para cuidar da alma e não se hesita em tudo interromper, em deixar todas as obras, até as melhores, para dar ao religioso a oportunidade de se conhecer a si mesmo, de pensar unicamente em si e no negócio magno de sua salvação e do seu aperfeiçoamento. É uma Graça insigne dispor do tempo, dos meios, da facilidade de tudo deixar para ficar a sós com Deus e consigo mesmo. É a Graça do Retiro, Graça de renovação, onde pomos em dia as contas, e examinamos as minúcias recônditas da consciência, os motivos mais secretos das ações, para despojá-las dessa ferrugem espiritual – a rotina – que se prende inconscientemente às almas, quais moluscos aos flancos da embarcação, tornando-os mais pesados e retardando-lhes a marcha e o vôo para Deus. Ora, o Retiro oferece-nos três meios principais de renovação interior.

I

O Retiro purifica a alma do pecado, principalmente do hábito do pecado e da afeição ao pecado.

Caminhais pela estrada larga onde o vento levanta uma poeira turva que, recaindo sobre vós, agarra-se-vos, a despeito da vossa vontade, cobrindo-vos por completo.

Bem sei que fazemos todas as noites cuidadoso exame: será o bastante para sacudir a poeira grossa e a que mais dá na vista; mas lançando um olhar atento, não é verdade que se encontram na alma pecados veniais antigos e inveterados, que permanecem a despeito dos exames quotidianos?

Em geral, até, são esquecidos na própria Confissão e não se cogita tampouco em outros meios de perdão; já se tornaram hábito e nem chegam a nos impressionar, parecendo fazer parte de nós mesmos. Ora, mais a vida é aparentemente regular, mais expostos estamos a conservar esses pecados veniais habituais. Estudai-vos à luz do Retiro: encontrareis certos hábitos de pusilanimidade, de negligência, de amor-próprio, saliências de caráter, intemperanças da língua, que estão de tal forma enraizados em vós que recaís constantemente, facilmente, a todo propósito, do modo mais natural: dir-se-ia uma função de vossa vida. Ignorais a causa, desconheceis a raiz. Como vos desfazer deles?

O Retiro vos proporcionará uma luz mais viva; dar-vos-á um conhecimento mais exato de vós mesmos; revelar-vos-á o recôndito de vossa alma e, indicando as causas, tornará possível cortar o mal pela raiz e livrar-vos finalmente dele. A Luz, Luz divina que penetra na obscuridade mais ou menos involuntária que existe em nós, purificando-nos, eis o maior bem do Retiro, pois tudo está em ser puro. Só a pureza é exigida para o Céu. Uma santidade ornada mais ou menos de virtudes, uma oração mais ou menos elevada nos acompanha no Céu; ninguém, porém, entra sem a pureza, e a pureza de alma a todos basta.

Como haveis de receber a luz purificadora do retiro? Mergulhando-vos em exames diligentes, minuciosos; concentrando-vos em vossa consciência, qual sábio, que estuda os insetos minúsculos da água ou do ar por meio da lente? Os exames, de certo, são necessários e devem ser sérios, sinceros e rigorosos; mas aconselho-vos, ao fazê-los, colocar-vos à Luz de Deus, de compenetrar-vos do sentimento de delicadeza, de amor e de piedade filial para com Deus; não vos encerreis de modo a entravar a liberdade de agir e de mover-vos, mas ide a Nosso Senhor, vede o que vos pedia seu Amor, o que Ele ainda se digna pedir-vos apesar de vossas recusas prolongadas; ouvi com atenção aquilo de que vos acusa, vede em que pé estão vossas obrigações de amor para com Ele. Procedei, porém, com real desejo de remover o obstáculo, de fazer todo o possível para vos tornardes puros. Refleti bem. Na hora da morte não pensaremos nos méritos, nem nas virtudes, mas perguntaremos receosos se fomos puros, se o fomos bastante, para comparecer perante o Deus de pureza.

II

A segunda Graça do Retiro é renovar-nos no espírito de fervor.

É um axioma incontestável que a alma, por si mesma, vai sempre perdendo terreno na santidade, qual fogo que se consome a si mesmo e tende sempre a se extinguir, apesar de arder com toda a sua beleza. E no campo de batalha, quando se escapa da morte, a própria vitória cansa, gasta as forças e faz com que o vencedor dê às suas tropas o tempo necessário para se refazerem no repouso.

Os exercícios e os combates da vida espiritual abatem as forças da alma, que carece de descanso para se fortalecer. Isso é mais necessário ainda na vida ativa, onde a alma saca muito sobre si mesma para espalhar em redor a caridade. Se esta teoria se aplica a todos os religiosos, aplica-se com maior razão aos que levam vida ativa. Deixe um religioso de cumprir por oito dias sequer os exercícios da vida interior, suas orações, sua meditação, seu ofício, em suma, sua vida espiritual, e veremos o que se tornou nesses dias, se porventura não se perdeu de todo!

Somos apenas reservatórios, e quão pouco profundos! Não trazemos em nós a fonte, e se quisermos nos difundir, precisamos recorrer alhures sob pena de secarmos rapidamente. Ah! vós, sobretudo, que dais muito aos outros, que vos despendeis em tantas obras, começai por vos fartar, sede primeiro santos, e depois ide santificar os outros; glorificai primeiro a Deus em vós, e depois ide glorificá-lo nos outros!

Jesus Cristo orou longamente, e orou antes de se entregar à sua missão exterior; os Apóstolos passaram cinqüenta dias em oração antes de se espalharem pelo mundo, e Nosso Senhor, após a primeira missão deles que, todavia, durara tão pouco, chamou-os ao deserto.

Olhemos atentamente e vejamos se, em vez de gastar apenas os juros do capital, não sacamos sobre os fundos e a renda, o que nos havia de arruinar. Levantamo-nos sempre acima de nossas ocupações habituais? Dominamos sempre nossos trabalhos? Somos levados, conduzidos, ou dirigimos nossa vida sob o olhar, sob o império da Graça de Jesus Cristo?

Mais nos entregamos às coisas santas, mais necessidade temos de nos concentrar, de escrutar nosso coração e sondar-lhe o recôndito.

Não vos digo de olhar para vossas virtudes e nelas vos comprazer, de examiná-las com orgulho e enumerar vossos méritos; mas o receio da complacência e da satisfação possíveis não vos deve impedir de vos estudar e de prestar conta exata de vossa situação. Conseguis dominá-la, vencê-la? Bendito seja Deus! Tudo vai bem. Sois um serafim, ide, voai para Deus; que fazeis nesta terra? Nada mais exige vossa presença neste mundo! Não haverá, todavia, equívoco?

III

Finalmente o Retiro vos prepara uma Graça superior a todas essas, sobre a qual em geral passa-se de leve. Qual será?

É a Graça que nos faz gozar de Deus em comum, em família, na reunião fraterna em que todos se grupam em redor do pai. Um religioso faz voto de se imolar por amor a Deus; ele tem em sua frente a perspectiva do sacrifício, da luta e da morte, no topo do Calvário. Tudo isso é desconsolador e triste; há sempre novos esforços, novas fadigas.

Pois bem, o Retiro vos proporciona tempo e Graça para poderdes gozar de Deus. Viestes de longe para vos reunir, estais em família, o Retiro vos fará fruir das doçuras da caridade fraterna que saberá encontrar novos laços mais estreitos, mais íntimos.

Cada religioso tem as Graças que lhe são próprias, mas Deus lhe distribui ainda as Graças de sociedade. Ele recebe as primeiras como eleito de Deus, para santificar-se pela fidelidade pessoal, e recebe as segundas como membro dum corpo que Deus formou para servir a seus desígnios na Igreja. Ora, essas Graças de Jesus Cristo, nós as recebemos pelo canal do superior. As Graças obedecem a uma ordem hierárquica; passando do chefe universal, que é Jesus Cristo, aos chefes secundários, se espalham por entre os membros. Assim foi que as Graças do Pentecostes foram derramadas primeiro sobre Maria, causa mais extensa da Graça depois de Jesus Cristo, para então se difundirem nos Apóstolos. É o Papa, como seu chefe visível, que transmite à Igreja todas as Graças que ela recebe. Do mesmo modo a totalidade das Graças concedidas a uma sociedade religiosa passam pelo superior para depois se repartirem entre todos os membros do corpo; daí resulta a unidade de espírito, baseada na unidade de Graça.

Ora, o Retiro vos coloca em posição especial para receber as Graças de espírito, de vocação, de corpo e de sociedade, vossas Graças religiosas, aproximando-vos a todos do vosso superior e unindo-vos mais diretamente a ele. Pode-se dizer em geral que, no corpo religioso, não se confia bastante na Graça do Superior; crê-se, é verdade, que ele representa a Jesus Cristo e por espírito de fé deseja-se obedecer-lhe e honrar a Jesus Cristo em sua pessoa. Não basta: é preciso também ter fé em sua Graça, isto é, nesse poder que lhe é próprio de comunicar a Graça a todo o corpo e de lhe dar a unidade de espírito que, como corpo religioso, lhe constitui a força e a santidade.

É nessa união dos filhos em redor da mesa paterna que Deus se comunica a cada um de vós com bondade, com doçura, com desvelo. Em verdade, esse retiro deve ser o Pentecostes do Amor. Para sairmos fortificados e dispostos a retomar com alegria nosso trabalho quotidiano, é mister termos gozado de Deus; é preciso ouvir-nos Ele nos nossos caprichos, qual mãe carinhosa.

Ai! é triste dizer, mas somos tão miseráveis que temos medo da Bondade de Deus, medo de gozar dela por demais, medo de nos entregar a ela, de submergir nas suas águas. De bom grado queremos ver a Santidade, a Verdade, a mesma Misericórdia de Deus; porém, tudo isso permite ainda certa distância entre Deus e nós, dando-nos, por assim dizer, o tempo de nos evadirmos e de não nos deixarmos arrebatar por Ele; continuamos entregues a nós mesmos, e sabemos o receio que nos inspira a idéia de não mais nos pertencer, por quebrar os últimos laços que nos prendem ao mundo e ao amor-próprio!

Fugimos de Deus! De Deus Bom, terno, inefavelmente expansivo, que nos aperta ao Coração e nos faz provar do seu Amor na união perfeita! Ah! é porque se Deus penetrar de vez em nós e nos invadir com seu Amor, se Ele se mostrar uma vez sequer, se nos fizer cair num único pranto cheio de amor e de reconhecimento, acabou-se, não nos pertencemos mais, somos enredados pelo seu Amor e não mais poderemos nos desenredar. Entregamo-nos incondicionalmente.

Ele nos arrebata em seu Amor, nos leva nos Braços, e, feridos no coração, só nos resta uma palavra: "Senhor, que quereis vós que eu faça? Sou todo vosso para sempre!"

O amor é arrebatador, fornece asas, lança o fogo na alma. Ah! deixai Nosso Senhor vos tornar felizes! Se assim acontecer, uma vez que seja, sereis todo dele. A quem deseja defender seu coração no meio do mundo, diz-se: "Guardai-vos de jamais derramar lágrimas ou permitir que sejam derramadas em vossa presença; seria perder toda a vossa força, seria deixar de vos pertencer".

Aqui, porém, trata-se de Deus, de Jesus Cristo. Deixai-vos inebriar pela sua ternura, arrebatar pelo seu Amor!

Ponde-vos sob a proteção de Maria, se quiserdes fazer um bom Retiro. Ela é a Mãe das almas interiores e dispõe dos tesouros secretos da Bondade de Jesus. Que ela vo-las faça gozar em abundância. Que ela vos obtenha a luz que vos falta, luz nítida, sã e viva, que seja capaz de produzir o fogo do coração e a chama expansiva da vontade!

Do Serviço de Deus

I

Devemos servir a Deus porque somos criatura sua e bens seus. Ainda que Deus nos dê liberdade, Ele não pretende desistir dos seus direitos sobre nós; pertence-mos-lhe, somos propriedade sua, e, se tentarmos nos esquivar pela desobediência, que vem a ser um verdadeiro roubo do que é seu, uma negação dos seus direitos, é a guerra declarada a Deus. Cabe-lhe, então, afirmar novamente seu direito de posse e fá-lo-á pelo castigo, pois, se deixasse impune a revolta, não seria mais Deus.

Deus não faz nada sem visar a um fim determinado. Quando, por conseguinte, nos deu um espírito, um coração e uma vontade, era intenção sua tornar-nos aptos a conhecê-lo, amá-lo e servi-lo. E quanto nos honra tal fim!

Que Deus se digne tornar-nos capazes de amá-lo, que deseje receber nosso amor, é a grandeza da Graça cristã, a prova mais insigne de sua infinita condescendência. O inferior não pode pretender amar a quem lhe é superior; o amor supõe ou provoca igualdade, obriga de lado a lado. Ora, Deus não pode consentir em ser nosso igual, exceto pelo amor de condescendência. E concordou nisso, porque deseja ser amado. Desde então Ele assume uma obrigação para conosco. E certamente Ele não terá receio de percorrer em toda a sua extensão essa vereda de Misericórdia e, encarnando-se, enviando seu Verbo para ser nosso irmão, Ele se torna em verdade nosso igual.

Mas se, como Verbo, Ele se abaixa até nós, como Verbo Humanado, Ele nos eleva até Ele, de modo que, em Jesus Cristo, Ele nos ama infinitamente, e nós também podemos, em Jesus Cristo e em virtude de seus Méritos, amá-lo infinitamente. Amando-o, necessariamente havemos de servi-lo, pois não o podemos amar sem o conhecer, e esse conhecimento leva-nos a servi-lo, porque no-lo mostra como Deus, Senhor nosso e nosso Mestre, e coloca-nos na categoria de criaturas que lhe devem tudo o que têm e tudo o que são.

Assim, também, a necessidade de servir a Deus decorre do conhecimento do que Ele é, da graça de amar que nos concede, assim como o resultado provém da causa natural.

Mas como servir a Deus do modo que o merece? Quais os motivos que nos devem animar a servi-lo bem?

II

Em primeiro lugar, é um dever de justiça que nos obriga a observar a lei positiva em tudo quanto ela exige, e essa lei deve ter preferência sobre tudo o que for vontade particular.

Primeiro, portanto, a lei de Deus, o Decálogo, depois as leis da Igreja, todas elas, e por fim nossas leis de estado, nossa regra, eis o testemunho da Vontade expressa de Deus. Isso deve passar antes de todos os deveres que voluntariamente nos impusemos.

Mas ai! sob o pretexto de fazer mais, quantos infiéis fingem ir além do prescrito, quando na realidade violam a lei. Quantos pecados contra a simples lei de justiça!

Firmai vossa santidade nessa rocha estável e que o primeiro fundamento da vossa vida religiosa seja a observância exata e rigorosa da lei positiva e da lei de justiça, porquanto a vida religiosa, que se adstringe aos Conselhos, não dispensa da lei comum. Ao crescerem os deveres, crescem também as Graças, e é preciso seguir os Conselhos e não omitir a Lei.

O Senhor, em sua Misericórdia, prometeu uma recompensa a quem cumprisse com a justiça. Ele tem direito a ser servido por si, sem retribuição alguma, mas deseja multiplicar as formas do seu Amor, e depois de no-lo ter dado para que possamos merecer, Ele o coroa em nós pelas obras que em nós realizou.

Amados e acautelados desse modo, não faremos por Deus o que faríamos pelos homens? Se o fizemos, fomos miseráveis; preferimos o demônio e a vaidade ao serviço de Deus! Talvez o fizemos inconscientemente, mas a desculpa é fraca, pois a ignorância não dá direito de insultar a Deus.

III

É preciso servir a Deus, por ser interesse nosso, por termos tudo a ganhar nesse serviço e por ser magnífica a recompensa. Aqui, ainda, aparece a Bondade de Deus;

poderia Ele ter exigido de sua criatura um serviço absoluto, sem recompensa alguma. Todavia assim não fez. Ele quer que o seu mesmo serviço nos seja útil a nós, e que, servindo-o, trabalhemos ainda mais por nós que por Ele. Com efeito, suas leis, enquanto nos fornecem socorros sobrenaturais, estabelecem também preceitos; elas nos erguem e suprem a nossa indigência natural. Tornam-nos felizes neste mundo e no outro; aqui nos ensinam a ordem, fazem-nos gozar da paz e da alegria que dela resulta e dos bens espirituais que nela florescem e, depois desta vida, dão-nos a felicidade divina para sempre. Em verdade, ao servir a Deus é a nós mesmos que servimos mais que a Ele! E apesar disso, nem por interesse se quer servi-lo! Quer-se, a todo o custo, poder abusar de sua liberdade e desprezam-se as magníficas promessas de Deus! Corre-se, diz a *Imitação*, para obter uma prebenda e não se quer nem levantar um pé para o Reino de Deus. Ó cegueira da ingratidão!

IV

É preciso, porém, servir a Deus por amor. Servi-lo por interesse já é bom, mas não é a perfeição. Deus é um pai, sirvamo-lo como filhos, com a dedicação que não se mede, que nada espera, mas que se dá pelo impulso do coração, para pagar amor com amor. Os filhos, porventura, cobrarão aos pais os serviços que lhes prestam? O amor filial nenhuma recompensa deseja senão amar e se dedicar por gratidão.

Por ocasião da Guerra da Criméia, chegou-se a mim um soldado que desejava se confessar antes de embarcar.

Alistara-se como voluntário, não fora chamado; dera-se para sustentar seus velhos pais, achando isso a coisa mais natural do mundo e acrescentando que apenas cumprira com sua obrigação, e que, por esse motivo, partia tranqüilo. Eis de que é capaz o amor filial, eis o que conseguem pais humanos. Não faremos o mesmo por Deus? E esse Pai tão bondoso não poderá excitar em nós um amor filial, generoso e desinteressado? Que vergonha!

Alegareis talvez que abandonastes a tudo por amor a Ele. É verdade, mas examinai-vos para ver se realmente deixastes a tudo.

Sirvamos a Deus, é de justiça. Temos muito que reparar, e quanto maiores foram nossas ofensas, tanto mais rigorosa deve ser a observância de suas Leis.

Sirvamo-lo por interesse, para fazermos doravante por Ele pelo menos tanto quanto fizemos outrora por nós mesmos.

Sirvamo-lo sobretudo por amor, como a um pai, a um amigo, como a nosso Salvador, a fim de retribuir com um pouco de amor o Amor Infinito com que Ele nos cumulou e ainda nos cumula cada dia.

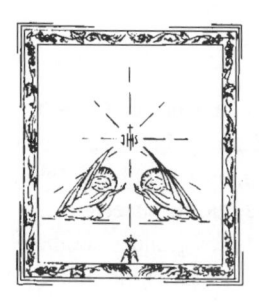

Do estado religioso

Na Igreja o estado religioso constitui, com o episcopado, o estado de perfeição. Existe entre eles a diferença que o episcopado supõe a perfeição já adquirida, enquanto o estado religioso tende essencialmente ao mesmo fim, mas por meios certos e perfeitos.

Feliz do religioso que se pode dedicar inteiramente à sua salvação, concentrar nesse negócio magno todos os seus esforços, todas as suas Graças. O Padre secular, que é ministro de Deus junto às almas, um intermediário, está longe de dispor dessas facilidades, por pertencer sobretudo aos outros. A vida religiosa é, pois, a Graça de segurança e de misericórdia.

I

É, com efeito, a maior Graça de misericórdia. Nosso Senhor vê uma alma, pobre e fraca, cercada de inimigos, indefesa, que há de sucumbir infalivelmente, e Ele a chama à vida religiosa, encerra-a nessa cidadela onde lhe será fácil evitar os grandes combates em campo raso. Aí, Ele a cerca de Graças, de luzes, de experiência, de recursos salutares. A vida religiosa é um favor, um privilégio, que Deus concede à alma. Para compreendê-lo, examinai-vos a vós mesmos. Ah! se jamais provastes o veneno mundano, se jamais caístes na cilada da vaidade e do pecado, se, numa palavra, já experimentastes vossa fraqueza e verificastes de que éreis capazes, sabereis quão grande é a Graça que vos chamou à vida religiosa! Não se dá a devida importância a esse lado da vocação, isto é, de ser uma prova de Amor privilegiado de Jesus Cristo. Por isso, é preciso agora prender-nos, agarrar-nos fortemente a ela, como a única tábua de salvação. Quantas probabilidades de se perder tem aquele que, depois de abraçar a vida religiosa, a abandona! Que temeridade sair dessa fortaleza para nos expor aos perigos de que nos livrara a Bondade previdente de Deus, por não podermos enfrentá-los! Breve é o caminho que vai da cela ao Céu: não o abandonemos!

É claramente um favor divino. Por vezes acha-se que o mérito em ter abraçado o estado religioso é grande e julga-se ter praticado um ato heróico. Mas ai! sois devedores para com a Misericórdia, que tudo fez por vós. Sois vós quem lucrais; não servis, sois servido. A sociedade a que pertenceis, seu chefe, seus outros membros, suas Graças, suas virtudes, sua santidade e sua experiência, a Vontade de Deus a vosso respeito, tudo isso vos é oferecido, aproveitais de tudo, como se tudo vos pertencesse. Ai de quem pensa ser alguma coisa numa sociedade, acha-se que esta muito lhe deve pelo mero fato de ter nela entrado até se tornar o fim dos serviços que ela presta! Não. Notai o que vos digo: somos todos agraciados, o que damos nada é em comparação do que recebemos. É dever nosso amar a nossa Sociedade com amor reconhecido, proclamar que tudo lhe devemos e agradecer incessantemente a Deus a Misericórdia que nos dispensou, chamando-nos a ela.

II

A vida religiosa é uma Graça de amor todo especial, de predileção, uma Graça extraordinária. Foi a seus discípulos, aqueles a quem distinguira com seu Amor, a quem escolhera, que Nosso Senhor disse: "Ide, vendei tudo quanto possuís e segui-me".

Todos os meios de que dispõe a vida religiosa participam da nobreza de seu fim; todas as suas Graças são eminentes, todas extraordinárias; tudo nela é feito para nos levar a uma santidade fora do comum, a uma santidade eminente, e é preciso ser santo sob pena de ser de todo infiel; não há meio termo, todo religioso é chamado a ser um grande santo e recebe as Graças apropriadas a tão sublime vocação.

De mais, todos os meios são certos e provados: os santos se santificaram empregando-os fielmente; o caminho está traçado com clareza; é o mesmo Deus – ou seus Anjos – quem conduz. Na verdade, é como no deserto, o governo exclusivo de Deus, representado por anjos visíveis. Deus vos fala pela sua lei, a regra, e pela sua boca, as ordens do superior. Feliz do povo a quem o próprio Deus conduz, no meio do qual reside e cuja direção não confia senão a si mesmo e a seus Anjos! Os Judeus, querendo ter juízes e reis, fizeram sua própria desgraça. Não quiseram permanecer sob o cuidado imediato de Deus, que, na vida religiosa, faz nossas delícias. Saibamos apreciar bem essa Graça: não nos seria dado encontrá-la no mundo!

Além disso, na vida religiosa as Graças recebidas prestam um serviço mútuo, há reciprocidade; as forças e os méritos centuplicam-se pela virtude e pelos méritos dos irmãos. Já não é muito? Se as pessoas do mundo soubessem o que é a vida religiosa, as comunidades seriam assaltadas e ninguém permaneceria no século!

III

Finalmente, a vida religiosa é uma Graça de honra excelente e singular, que nos concedeu Jesus Cristo. O religioso é, em relação a Nosso Senhor, o que os Cardiais são, moralmente, em relação ao Soberano Pontífice: é príncipe de sangue, familiar de Nosso Senhor.

Aos religiosos, o Pai confia seu divino Filho e, como a São João, confia Maria. Entrega-lhes a salvação das almas; encarrega-os de salvar o mundo. Salvar as almas, ser vítima de salvação e de vida para o mundo, é a essência da Graça religiosa. Deus criou os religiosos, apóstolos e chefes de seu povo escolhido. E, quanto a vós, vede a honra que vos confere, confiando-vos esses pobres meninos. Entregamos a educação daqueles a quem amamos sobremaneira a mestres criteriosos e de toda confiança. Pois bem, Ele vos dá os pobres, seus filhos prediletos, para salvar, preservar e instruir, e a vida religiosa vos assegura a plenitude da Graça do vosso Apostolado, o mais belo de todos nesta terra!

Não vos compete, à vista disto, ser santos? Mas quão triste é verificar em que pé estamos! Cabe-nos, por conseguinte, entregar-nos de vez à obra de santificação. Com efeito, a única resposta digna que podemos dar a estas palavras: "Deus me amou com um Amor privilegiado", é dizer: "E eu o amarei sem reserva".

A Graça que tendes é tanto maior quanto viestes desde a origem e fundação da Sociedade. Aqueles que virão mais tarde terão maior glória; vós, porém, tereis maior mérito. Os vossos sucessores viverão do fruto de vossos trabalhos e sacrifícios. Quanto a vós, vivei do amor puro de Deus, e imolai-vos à vossa obra. O Calvário mais vale que o Tabor!

Se existir ainda em vossa Sociedade algo de vago, apenas esboçado, pouco ordenado, pequeno e humilde, amai-o. Será um acréscimo de glória não terdes sido nada, não terdes aparecido e terdes servido a Deus e a vossa obra nas dificuldades da formação.

Tendes a Graça do momento. Nosso Senhor dá-se a conhecer no Santíssimo Sacramento para salvar o mundo. Por vós, Ele agirá sobre o povo. A reforma do mundo começará pelos miseráveis. Os que estão em primeira linha nas letras, na ciência, no destaque social, estão muitas vezes corrompidos pelo vício ou extraviados pela indiferença e pelo racionalismo, pois a fortuna favorece freqüentemente o mal. Por outro lado, o ódio dos pequeninos, dos que sofrem sem Deus, ameaça devorar a tudo num incêndio assustador. Urge apagar esse ódio, amassar de novo esse lodo do povo e insuflar-lhe o sopro de Jesus Cristo; urge conduzir novamente os pobres a Deus e restituir Deus aos pobres. Eis vossa missão. Procurai, buscai os pequeninos e dai-lhes Jesus Cristo, seu Irmão, seu Pai, seu Salvador.

Da oração, sua necessidade, seu caráter

"Oportet semper orare et non deficere." "Cumpre sempre orar e não desanimar."

I

A oração, a oração incessante, ou, noutras palavras, o hábito da oração, é necessário a todo cristão; a sua Graça a todos foi concedida no Batismo, e é o Espírito Santo que nos faz clamar a Deus: *"Abba, Pater!"*. "Pai, Pai!" É um dom, uma graça, uma força que pertence a todos e nada podemos fazer de bom, nem praticar virtude alguma, sem a oração que nos obtém a Graça do bem e da virtude. É a essência de todas as virtudes, e a própria fé, princípio de justiça, não é senão o exercício da oração.

Por isso o profeta agradecia a Deus deixar-lhe, no meio dos seus desfalecimentos, de suas tribulações e de suas quedas, a faculdade de orar e dizia: "Bendito seja o Senhor Deus, que não retirou de mim nem minha oração nem sua Misericórdia". *"Benedictus Deus, qui non amovit orationem meam et misericordiam suam a me"*, como se poder rezar e obter misericórdia fosse uma só e mesma coisa. Ele compreendia a importância da oração e sabia que orar é possuir o Coração de Deus e salvar a sua alma.

Mas é preciso rezar com confiança, e essa nos é infiltrada pelo próprio Espírito Santo. É Ele quem nos dá o espírito de filhos de adoção, essa confiança que faz com que nos dirijamos a Deus como a nosso Pai. Está em nós como um dom permanente e como um hábito que devemos exercer.

Tal na ordem da Graça, tal na ordem natural. A criança é essencialmente pedinte, é-lhe necessário pedir e dirigir-se à mãe para obter tudo de que carece. Fá-lo-á com confiança – uma das manifestações de seu amor. Uma mãe, desolada, queixava-se de que o filho nunca lhe pedia nada e concluía daí, e com razão, que esse não a amava.

Pedi, pois, a Deus. Exercitai sua Bondade. Que fará Ele das Graças que lhe enchem as mãos, se não as pedirdes? Eis na prática uma idéia boa e fecunda: fazer trabalhar a Bondade de Deus ocupando-a ativamente na distribuição das Graças, que pediremos com confiança. Queremos sempre nos aproximar de Deus por meio das nossas misérias e não podemos, naturalmente, dispensar a humildade em sua Presença; porém, não abusemos desses sentimentos. Notai que, apesar de pecador, sois sempre filho, e Ele, Pai, e não procedais, portanto, a todo momento, como mendigo que suspira à porta, ostentando suas misérias. Lembrai-vos do vosso título de filho, o mais belo, o mais poderoso dos vossos qualificativos.

Fortificados por essa confiança, dirigi-vos a Maria: "Doce Mãe, chego-me a vós, confiante, pois é direito meu invocar-vos como Rainha da Misericórdia". Dizei a

Jesus Cristo: "Bom Mestre, que tanto sofrestes por mim, não permitais que se percam os Frutos dos vossos sofrimentos; aplicai-mos vós mesmo em abundância".

"Ó Jesus, adquiristes tesouros de Méritos, e vosso maior desejo é tornar-me participante deles. Ah! deixai-vos levar pelo Coração. Salvai-me, dai-me a vosso Pai e serei o troféu de vossa Vitória. Vossa glória brilhará com maior esplendor. Ouvi minha prece, eu vo-lo rogo pelo vosso Nome e para vossa glória".

A oração será, então, todo-poderosa. Em vez de se apoiar em nossa miséria, apóia-se, como ponto de partida, no próprio Deus; em vez de ser uma contemplação dolorosa de nossa indigência, torna-se um combate de amor. Tal o dom da oração.

II

Muita gente diz: "Não sei rezar, e se, no Batismo, recebi o dom da oração, não sei me utilizar dele".

Esse pretexto encobre muita ilusão. A oração não é uma montanha a escalar; o processo é mais simples. Orai, por conseguinte, com a Graça do momento, a Graça de estado; orai na qualidade de religioso, de sacerdote; apresentai-vos tal qual sois; empregai os pequenos meios de que dispondes, as faculdades, tais quais são, que Deus vos concedeu.

Digo que vosso estado, como religioso, é um estado, uma profissão de oração: aperfeiçoemo-nos em nossa arte. As pessoas do mundo têm um talento todo especial para se aperfeiçoarem em seus ofícios, quaisquer que sejam. Estão sempre inventando coisas, encurtando o tempo de fabricação, tornando-o menos penoso, menos difícil, esforçando-se por embelezar a tudo, tornar a tudo mais cômodo. Só nós permaneceremos sempre inaptos a nos servir dos instrumentos da nossa profissão? E não iremos nunca além do *Pater* e das *Ave*? Limitar-se-á nossa meditação a um exame de consciência, uma prestação de contas dos nossos erros? Passaremos o tempo todo encarando nossas misérias, recitando-as?

Cuidemos em fazer da oração uma virtude prática, de todos os instantes, cujos atos nos sejam fáceis e naturais. Nada supre essa virtude. Tal oração, tal vida. *"Ille recte vivere novit, qui recte novit orare."* Se rezardes mal, pobre será vossa vida religiosa, nada irá bem e sereis tão- somente um estorvo para vosso superior. É preciso que esse exercício domine os outros pelo fervor, pela assiduidade. As orações prescritas pela Regra, que são indispensáveis e estão em primeiro lugar, não bastam, de ordinário, para suster o fervor da vida interior, pois fazem-se por intervalos regulamentados. Ora, devemos rezar incessantemente. Eis porque, na pratica, é bom ter em andamento – assim fizeram os santos – algumas orações suplementares, uma novena, por exemplo, ou devoções apropriadas ao tempo e ao estado da alma. Demais, é necessário variar a mesma oração, dirigindo a intenção ora sobre um ponto, ora sobre outro, pois não haveria vantagem, e sim perigo em acrescentar sempre novas fórmulas de orações às antigas. Devemos, porém, variar-lhe as intenções segundo as circunstâncias. Almas simples há que, pelo terço, obtêm todas as Graças e são esclarecidas por luzes especiais em qualquer situação em que se encontrem.

A oração requer um talento inventivo. É necessário adquirir a facilidade de rezar por si mesmo, e essa oração opera milagres, porque emana das profundidades do coração, do coração sobrenaturalizado pela presença da caridade, da Graça do Espírito Santo. Procuramos por todos os lados meios de orar, como se a oração devesse proceder naturalmente do nosso espírito e do nosso coração. Que orgulho nos persuade que somos nós que devemos rezar e faz com que empreguemos esforços extraordinários? Ah! é o Espírito Santo que quer orar em nós! Por nós mesmos somos de todo incapazes, mas o Espírito de Jesus Cristo, que em nós reside, quer auxiliar nossa impotência, e rezar pelos seus inefáveis gemidos. Fazei com que esse Espírito de Amor fale e ore; a oração que procede dele é a verdadeira e boa prece do coração, aquela que penetra os Céus e tudo obtém. Como a oração é, por conseguinte, algo de mais simples do que no-la representa o demônio! Calar-se, dissipar o obstáculo para deixar orar o Espírito Santo, e unir-se à prece que Ele faz em nós, eis o exercício e a virtude da oração.

III

Sede, todavia, fiéis à oração, ao exercício de tão necessária virtude.

Há rezas que não devem ser abandonadas facilmente, fórmulas repassadas da infância, cuja virtude está em sua antiguidade e fazem como que parte da nossa alma. Guardai-as, a menos que vossa carga esteja por demais pesada. Evitai, com razão maior, abraçar essas orações novas que se multiplicam por toda parte e que cada qual compõe à vontade. Precavei-vos, principalmente, contra as rezas compostas por mulheres, que inundam as veredas da piedade e que nem sempre estão livres de erro, cuja ortodoxia deixa, por vezes, a desejar, por ter a imaginação parte sobressalente. E consentireis que vossa oração, isto é, vossa conversa, vosso meio de união íntima com Deus, se baseie em erros de fé! Mostrai a vosso superior e submetei-lhe todas as orações novas, porquanto ele possui a Graça necessária para distinguir a verdade do erro, o substancioso do ilusório.

Não confieis tampouco implicitamente nos livros de devoção. São bons e úteis, não há duvida, e sei que vos auxiliam, mas auxiliam também, e muito, a indolência. Digo isso pelo respeito que merecem vossa oração, que é sagrada, e vossas relações íntimas com Deus. Há, hoje em dia, tantos iluminados, almas convencidas de que Deus as esclarece, quando só a fascinação de sua imaginação é que se intromete e faz profetizar, sem que o Espírito Santo as inspire.

Rezai pela graça da Fé. Ah! rezar pela Fé, pela submissão à Vontade de Deus, pela adoração do seu Ser, de suas Grandezas, de suas Belezas e de suas Bondades, isso não está sujeito à ilusão.

Rezai pelo coração e ponde vossa prece, vossos sentimentos, tudo o que brota do coração, sob os raios da Graça e do Amor.

Quanto às orações vocais, não vos descuideis jamais daquelas prescritas pelas Regras. Bastam, quase, por si.

Rezai também com o espírito, submetendo-o à Graça do Espírito Santo, do Espírito de oração. Que haja em vós uma espécie de criação perpétua de bons pensamentos, ajuntando-lhes também a afeição, pois o espírito, por si só, havia de cair logo no trabalho e em breve havia de se cansar.

Os santos aproveitam-se admiravelmente de tudo para de tudo chegar aos afetos na oração. É porque estão unidos a Deus e vêem tudo nele, enquanto tudo os aproxima dele e dá motivo a que o amem. A oração é sua aspiração, sua respiração. A corrente de seu afeto a Deus não sofre interrupção, e realizam, desse modo, o *"Oportet semper orare"*.

Os pensamentos não podem ser sempre novos, mas a afeição pode ser sempre dirigida a Deus; o coração alia-se a todas as faculdades, aplicando-se a todas elas. Auxiliados pela oração incessante, os santos encontraram o tempo necessário para compor obras magníficas, para percorrer o mundo e realizar um ministério infatigável. E, enquanto o seu coração rezava, sua afeição convertia seus trabalhos em oração.

Para conseguir esse fim, é preciso desejá-lo, pedi-lo a Deus com instância, como a Graça das Graças, e fazer nesse sentido atos freqüentes, com uma sanção exterior que nos lembre nossa resolução, obedecendo a certos sinais externos que despertem nossa atenção.

O religioso que ora é um santo, ou se encaminha para a santidade; aquele que não ora, nunca fará nada que preste. E, ao receberdes um postulante, verificai bem se ele ama a oração, se essa o atrai. Em caso afirmativo, recebei-o sem receio, seja doente ou incapaz: essas incapacidades que oram são pára-raios e apóstolos que salvam o mundo. Quanto aos outros, procurar-se-á em vão conseguir deles alguma coisa, mesmo tendo por dote as mais belas qualidades naturais.

Da oração, dom do nosso espírito

A oração é a homenagem que tributamos a Deus de todo o nosso ser, de todas as nossas faculdades. Deve, por conseguinte, começar pela oferta de nós mesmos à Majestade divina, o que nos introduzirá no verdadeiro espírito de oração. Sendo um preito, um reconhecimento da Grandeza de Deus e da nossa dependência, cabe-nos, em primeiro lugar, prostrar-nos interior e exteriormente para render a Deus a homenagem do ser, da alma, do espírito e do coração.

Essa homenagem deve ser profunda e silenciosa. É o ato de adoração que se aniquila: Como no Céu, não se diz nada e se diz tudo.

É preciso, portanto, primeiro calar-se, adorar e aniquilar-se perante Deus.

I

Agora, então, começa a meditação propriamente dita, que é um exercício de santificação das nossas faculdades; aí operarão o espírito, o coração e a vontade; quanto ao corpo, cumpre adormecê-lo o mais possível e dar-lhe o repouso necessário, pois se o fizermos sofrer demasiadamente, estorvará a ação das faculdades.

A primeira que se deve exercer na oração, é a faculdade do espírito, da inteligência, da razão, que nos fará perceber as relações das coisas entre elas, compreendê-las, esclarecendo-nos a respeito.

Ora, é mister santificar o espírito, sobrenaturalizar a inteligência, cuja educação espiritual só se fará por Deus, no comércio com Ele, na oração. Todo espírito que não tiver recebido as lições de Deus na oração, que não for rompido e refeito por ela, não terá mais que uma educação sobrenatural falha. Não confieis muito naquele que não se fez um hábito desse exercício. Os livros e os mestres ensinam apenas o método da oração; levam ao santuário; mas uma vez lá, o homem entrega seu espírito a Deus, e só Ele pode enchê-lo da Luz divina e fazer sua educação sobrenatural, único meio de formar almas sérias.

Para meditar, começai por formular em vosso espírito considerações e pensamentos; estudai-os, considerai-os atentamente, recordai-os, comparai-os, remexei a tudo para descobrir a faísca luminosa. Esse exercício do espírito é essencial, pois produzirá o afeto do coração. É mais importante que o próprio afeto, que não poderia se inflamar, nem ter duração, se o espírito, que é o seu centro, não fosse bem alimentado. Ama-se o que se vê, e no Céu é a Visão de Deus que leva à união, à transformação, à felicidade. O conhecimento dum objeto produz em nós esse objeto, e não podemos sentir o contato intelectual duma coisa sem aderir pelo coração e pelo amor. Logo, tudo descansa no conhecimento, que é a base, a fonte, o foco da oração. Ver é amar, é possuir.

Se a piedade hodierna é tão lânguida, tão pouco profunda, é que nos apegamos a muitas práticas, enquanto nos descuidamos da principal. Estimula-nos o sentimento, ferve-nos a imaginação, mas não aplicamos bastante o espírito, obrigando-o a refletir, a estudar, a aprofundar, e, por isso mesmo, caímos nas devoções de rotina. O coração e a vontade são levados à piedade pelo hábito por uma espécie de instinto, de necessidade que se contraiu, mas não há nele solidez, nem profundeza, nem grande generosidade; falta-lhe o alimento do espírito que, fornecendo-nos novos motivos, renovados constantemente, nos mostraria Deus, com tudo o que lhe devemos, numa clareza maior.

O espírito é a sede da Fé. É a Fé que recebe o cunho de Deus, e que o comunica ao coração; é na Fé, sobretudo, que Deus reside, muito mais que no coração ou na vontade. Os movimentos do coração variam a todo momento, tendo a vontade maior ou menor ímpeto, segundo as circunstâncias mais diversas. A Luz da Fé, porém, é imutável; procede da Verdade de Deus, descansa no que Ele é, na sua Palavra, e domina todas as disposições, todos os estados de alma.

É essa Luz que sustenta a alma, elevando-a e dirigindo-a. É a recompensa da fidelidade. "Se praticardes os meus preceitos, diz o Salvador, Eu me aproximarei e me manifestarei a vós." Ele promete a Luz, essa Luz da Fé que nada apaga, que nenhum vento humano dissipa; é o farol que se percebe, imóvel, por entre as mais violentas tempestades do coração e dos sentidos. Gravada, ateada em nós pelo próprio Espírito Santo, ela se conserva, apesar de todos os abalos.

Não quero dizer que se deva separar tão radicalmente o espírito do coração, de modo a contentar-se com as luzes da inteligência. Pelo contrário, a luz recebida no espírito, formada nele, deve descer até o coração, para que então a vontade se aproveite dela e adquira novas forças, tão necessárias. Somos uma só e mesma coisa, e não nos é possível isolar nossas faculdades; elas estão ligadas, auxiliam-se reciprocamente, e são todas necessárias para completar nossas operações vitais. Mas entendo que nos cabe empregar ativamente o espírito, enchê-lo de Deus pela Fé, por ser isso o começo, o princípio de tudo. É mister antes de assimilarmos a comida e de nos aproveitarmos de suas forças inerentes, recebê-la e tomá-la: tal é a função do espírito.

São Paulo, convertido por Jesus Cristo, é logo, no momento de sua conversão, uma imagem completa da meditação. O Senhor o abate e se dá a conhecer: *"Quis es, Domine?"* Toca-o imediatamente: "Sou Jesus, mas Jesus a quem persegues". Seu coração comove-se, descobre a Jesus, e Jesus Crucificado, e sua vontade se abrasa: "Senhor, que quereis vós que eu faça?"

II

Como devemos exercer nosso espírito? Compete-nos, primeiro, preparar o objeto da nossa meditação; é essencial conhecê-lo. Não precisamos saber de antemão tudo o que havemos de dizer, mas sim o que havemos de meditar.

Depois deveis ir do conhecido ao desconhecido, do natural ao sobrenatural, isto é, empregar todos os meios ao vosso alcance para facilitar o estudo da Verdade que vós vos propusestes.

Dispondes sempre de uns pensamentos, de umas recordações provenientes de leituras ou de lições, a respeito dos Mistérios, das Verdades da Religião. Aproveitai-vos deles para começar, aplicai-os a vosso objeto, e resultará uma luz mais viva pela sua aproximação à Verdade que ora considerais. Essa tem a Graça que lhe é própria: atingida, ferida, produzirá sua faísca e, pouco a pouco, a luz se tornará forte e Nosso Senhor se patenteará à nossa boa vontade.

Que vosso ponto de partida seja quer vossa miséria, quer alguma verdade negativa, se não dispuserdes de nenhum dado positivo sobre o Mistério ou a Verdade a considerar. Vede a falta que vos faz, como estais aquém dela, como é feio o vício contrário. Descobri alguma coisa, estabelecei alguma conexão que ligue vosso espírito, que desse modo ficará preso ao vosso objeto, porquanto a Graça nunca deixa de corresponder à boa vontade humilde e reta.

Não procureis, no entanto, ultrapassar vossas forças intelectuais; não tenteis meditações dignas de Bossuet, se não tiverdes seu gênio. Compenetrai-vos de que a meditação tem duas chaves, dois processos: a verdade negativa e a verdade positiva.

A verdade negativa resulta do conhecimento do nosso nada, dos nossos pecados, das nossas tentações, numa palavra, das nossas misérias. A alma que parte dessa verdade, que a toma por base de sua meditação, não permanecerá ociosa, terá sempre um ponto de partida, donde se lançará nas Verdades Divinas. É um bom método, e é mais fácil, por nos infundir a humildade e a lembrança de que somos lodo, além de nos ser sempre proveitoso, por avivar a lembrança donde viemos.

O método positivo, pelo contrário, penetra imediatamente na Verdade considerada em si, no amor do Mistério. Ele tem por fim, de modo especial, exaltar a Deus, reconhecer seu Amor, seus Atributos em tal Mistério, suas Perfeições em tal virtude, a glória que lhe traz a maneira pela qual Jesus Cristo a praticou.

Se, por exemplo, meditais sobre a Morte de Nosso Senhor, o método do amor positivo vos levará logo a pensar no imenso Amor de que nela nos dá provas, e a oferecer a Deus a glória que dela resulta para a sua Justiça e sua Majestade. É o amor, a glória, Deus ou Jesus Cristo neles mesmos que ela vos fará contemplar.

Obedecendo a outro método, a alma vê apenas a causa dessa Morte: seus pecados; e, examinando-se, procura qual deles motivou de modo particular os Sofrimentos e a Morte do Homem Deus, para então se entregar ao arrependimento, à humilhação pessoal.

Assim é que o positivo adora, exalta a Deus em Si, enquanto o negativo vê-se a si mesmo em Deus.

Qual é o preferível? Não convém confrontar dois métodos, nem tampouco separá-los na prática, pois ambos procedem do Espírito de Deus e ambos nos levam a amá-lo.

A vós, que não sois convertidos de ontem, aconselhar-vos-ei que, se desejardes vos recolher, unir-vos em pouco tempo e com maior presteza a Deus, o melhor é não vos concentrar tanto em vós mesmos, e não colocar sempre vossas misérias entre a alma e Deus! Preferi antes ver sua Beleza, seu Amor, contemplá-lo em Si mesmo, em suas razões divinas, para depois cuidar da vossa alma. Gostai de ver a virtude em Jesus Cristo, de estudar a perfeição e a intenção com que a praticava. Alimentai, numa palavra, vossa alma do próprio Deus, que vos aproximará cada vez mais dele e vos dará maior força de expansão. Deixai que Nosso Senhor vos coloque no negativo, vos mostre vossas misérias, vos mergulhe em vosso nada: fá-lo-á certamente. Assim foi que, no Tabor, Ele entretinha seus Apóstolos com os excessos de seus sofrimentos e de suas humilhações, por entre os esplendores que os envolviam.

Adotai o método negativo nas horas de trabalho, de fadiga, de impotência, quando vosso espírito carecer da força necessária para se elevar ao cume em que se contempla a pura Verdade, se avista a Deus e se encara a vida sob o prisma divino.

O resultado desta prática será que economizareis tempo na oração, sereis delicados para com Deus, menos egoístas, e cumprireis com maior probidade os deveres de amizade. Almas há que nunca falam a Nosso Senhor dele mesmo, que apenas o cumprimentam, mas não lhe prestam homenagem, ocupam-se de si, das suas necessidades e só se apresentam para logo mendigar. Quanto a vós, sede filhos, amai e falai!

Agradareis a Nosso Senhor falando-lhe dele, ocupando-vos um pouco com seus interesses. Sensibilizareis o seu Coração, como aquele leproso que, sozinho, entre outros dez, voltou para agradecer-lhe a cura. Jesus louva-o por ter dado glória a Deus. Esse pobre homem é um exemplo do amor positivo na oração. Vede como Nosso Senhor o soube apreciar e rendei vós também glória a Deus!

Da oração, dom do nosso coração

Já dissemos que a meditação é a homenagem da criatura e de todas as suas faculdades a Deus e a sua santificação por Deus. Já vimos como o espírito se deve comportar. Falemos agora do coração.

I

O espírito faz as vezes da agulha que introduz o fio no tecido, para desenhar o bordado; entra primeiro, levando consigo o fio, mas só esse permanece. Assim também com o afeto do coração: deve permanecer. E a razão pela qual se excita tanto a inteligência é para aquecer e sensibilizar o coração pelos motivos de fé e de amor, mais capazes de o comover, pois o coração segue e abraça o que o espírito estima e lhe prova ser bom.

É preciso, portanto, que haja analogia entre a afeição e a reflexão, que aquela provenha desta, que seja seu complemento e como que seu desabrochar e sua florescência. Alguns pensamentos, poucos, são o bastante para uma boa meditação. A afeição se apodera da idéia, cuidadosamente concebida e amadurecida, retémna, completa-a e estende-a, nutrindo-se dela. A idéia deve passar sem esforço do espírito ao coração. Guardai-vos de travar luta e de puxar vossa alma para cá e para lá. Dai a vosso coração para ruminar apenas os pensamentos que o espírito já pesou e aprofundou e contentai-vos de desenvolver, pelo coração, a idéia que estava em vosso espírito, convertendo-a simplesmente em afeto.

Que a afeição brote espontaneamente do pensamento e esteja de acordo com a natureza do coração. Amemos a Deus na oração como amamos aqueles a quem devemos amar, amemos pelo coração, segundo sua natureza, sua força, sua vida, com maior ou menor ardor, com maior ternura ou maior rigidez. O tempo, a idade, as circunstâncias modificam-no infinitamente e a Graça sabe se conformar à índole individual. Não é o temperamento, nem a natureza, que Deus deseja ver destruído em nós, mas sim o pecado, as inclinações e os hábitos que deles derivam.

II

A afeição, de natural que é por se amoldar à nossa natureza, deve-se tornar sobrenatural à medida que a formamos em nós pela união com a Graça divina, que a eleva e purifica, e pela sua correspondência aos movimentos do Espírito Santo.

Dispomos de três meios para sobrenaturalizar a afeição: 1.°) unindo-a à Luz da Graça atual, que o Espírito Santo suscita em nós; 2.°) deixando-a seguir o impulso desse Espírito divino em nós; e 3.°) sobrenaturalizando nossa afeição pela aceitação e pelo oferecimento do estado em que nos encontramos, quando não percebemos nem o chamado, nem o impulso íntimo da Graça. Não sentimos nada? Confessemos interiormente nossa miséria, nossa paralisia, nossa incapacidade e até nossos pecados. Deus há de acolher essa confissão do coração humilhado, há de suprir às afeições mais doces e elevadas. Essa inércia é o próprio Deus quem no-la envia, talvez por estarmos por demais aferrados às reflexões e nos querer delas desapegar. Lançar-nos-á por terra e nos extenuará para impedir-nos de nos extraviar nas veredas do amor-próprio. A tendência de Deus seria apertar-nos junto ao Coração, mas nosso bem exige que nos guarde à distância, que vaze nosso coração de todo sentimento de amor.

Humilhemos nosso coração neste estado, até que a Graça o visite novamente.

Necessário é a aflição descer das generalidades às particularidades e aplicar-se a gozar do Amor de Deus no que lhe diz respeito de um modo especial e particular no Mistério ora apresentado pelo espírito.

Já admirastes a inefável Presença de Jesus Cristo no Santíssimo Sacramento; agora exclamai do fundo do coração: "Como sois bom de permanecer aí por amor de mim!" Confrontai cuidadosamente vosso coração com os benefícios pessoais que Deus vos concedeu; convencei-vos de que tudo é para vós e só para vós, na Vida, nos Sofrimentos, no Amor e na Morte de Jesus Cristo, e vosso coração se há de consumir diante dessa fornalha ardente do Amor de seu Deus, e maravilhado exclamará: "Amou-me, amou-me!", e a conclusão desse amor será: "Quem poderá doravante separar-me daquele que me amou e a quem eu amo?"

Já disse que não era necessário meditar muito para chegar ao afeto, porém, precisamos nesse caso nos precaver contra a preguiça. O espírito é indolente para com as coisas da Graça e devemos evitar que deslize pela reflexão, pois agiria de bom grado como o tribuno Félix, que, só ante a idéia de ser esclarecido por São Paulo sobre a Verdade que ele não desejava compreender, tremeu e dispensou o Apóstolo, dizendo: "Outro dia te havemos de ouvir".

É indício evidente de preguiça não se aplicar a meditar seriamente com o espírito, sob o pretexto de conhecer desde muito seus deveres. Toda virtude que não procede da reflexão é instável e a convicção não a sustenta. Os sentimentos passam, vão e vêm; só a Verdade permanece.

Não exageremos, todavia, e se for desejo de Nosso Senhor transportar-nos de súbito à afeição, sigamo-lo. Ele fez por si mesmo nosso trabalho preliminar.

Assim também quando vosso espírito não vos puder abrasar, recorrei ao livro. É assaz raro amar-se bastante para que a meditação se sustente a si mesma; almas há, é verdade, que possuem tal dom; são poucas. Mas, ao abrirdes o livro, não julgueis tudo feito, cumpre ainda adaptá-lo a vosso espírito e às vossas necessidades. Nenhum livro convém igualmente a todos, por variarem infinitamente as Graças e nenhuma se assemelhar completamente à outra. O melhor livro é aquele que nos foi dado pela obediência, mas se vos bastar hoje, já amanhã não vos dirá nada, uma vez que nenhum satisfaz para sempre. Quando, porém, se tem boa vontade, são todos bons. Mas o livro que deveis ler a todo momento é o da vossa alma. Evitemos, todavia, procurar sempre um trabalho já feito e amemos com o próprio coração e com a Graça que o Espírito Santo desenvolve em nós.

Da oração, dom da vontade

A oração é nossa santificação por Deus e deve, por conseguinte, produzir a reforma dos costumes. Não nos esqueçamos de que, principalmente nesse ponto, não são os que dizem: *Senhor, Senhor,* que possuirão o Reino dos Céus, porém os que cumprem com fidelidade a Vontade do Pai que está nos Céus.

Mas como proceder para emendar-se? Que meios empregar, que regras observar?

É a arte das artes; é ciência dificílima conduzir almas e santificá-las. Ditar bons princípios, regras maduras, não pertence a todos. Quantas almas há mergulhadas no século, no seu espírito, que, bem dirigidas, se tornariam heróicas na santidade! Mas elas só dispõem de meios limitados, caminham dia a dia, passo a passo, sem seguimento, ignorando os grandes princípios que se aplicam a tudo e nos fazem dar passos de gigante.

O princípio fundamental é que a santificação da alma deve obedecer à inclinação da natureza e da Graça que lhe são próprias. Não que esta dependa daquela, ou lhe esteja subordinada, mas porque a Graça age somente sobre a natureza, que é a matéria de suas operações e que por esse mesmo motivo deve ser-lhe associada e levada em conta. Todavia, é na Graça, sobretudo, que se deve medir o modo de santificação, a ela que, em último caso, se devem conformar as regras práticas que se desejar empregar para dirigir a alma no caminho da santidade.

Tomemos como exemplo dois homens: um tem apenas a Graça da conversão, o outro pertence desde muito a Deus e é atraído à santidade.

I

Ao convertido é necessário dar orações de conversão, que ataquem o mal, orações, de luta, de guerra.

Ao homem sensual, ao impudico, se deverá fazer ver as conseqüências funestas que podem advir de semelhante estado para a sua salvação eterna; mostrar-lhe os castigos sobrenaturais, os novíssimos do homem, a morte, o juízo, o inferno que merece, o Céu que se lhe fecha, a Cólera de Deus, a sua Justiça, que reclama vingança. Fazei-o sentir as torturas da consciência, ouvir os gritos do remorso: será sua oração. Conservai-o nesse plano, e não trateis de convertê-lo, mostrando-lhe apenas as conseqüências lastimáveis dos seus pecados, quanto ao temporal e ao natural. Adota-se, hoje em dia, por demais esse critério: é querer corrigir um vício por outro, é carecer de Fé no poder sobrenatural da Graça.

Como fruto de suas meditações, como conclusão prática, deverá usar para consigo de severidade, tratar suas paixões como inimigas declaradas. As paixões têm por base os sentidos e o corpo. Ora, o corpo desconhece a razão e as considerações e só a força brutal lhe pode dar combate. São Paulo, tentado, implora ao Senhor: não basta; a revolta continua a sublevar a carne: ele a flagela e a castiga para sujeitá-la. *"Castigo corpus meum."*

O escravo, diz o provérbio, tratado com brandura, se revoltará contra o amo: *"Sentiet contumacem"*.

É na luta contra a carne que o Reino de Deus exige violência; é preciso empregar força contra os sentidos e dominar o corpo pelos golpes, único meio que o atinge. Deve-se, não há dúvida, observar as regras da prudência, mas essas regras não cabe a nós, e sim aos que nos dirigem, fixá-las. Paixões há contra as quais, apesar de toda prudência, é preciso lutar muito tempo sem trégua e sem piedade. Embora viéssemos a desfalecer no campo de batalha, deixando lá um pouco de vida, não haveria mal.

Admira-se a mansidão dos homens mortificados, mas se são brandos para com os outros, não o são para consigo mesmos! Conseguiram essa semelhança com Jesus Cristo unicamente pela mortificação e pelo chicote. Um santo é um soldado de Cristo que conheceu os trabalhos, as fadigas e as lutas sangrentas, cujas cicatrizes traz em si.

E todo cristão é lançado na luta para combater, primeiro contra si e, depois, contra o mundo que está nele e que o cerca. *"Militia est vita hominis super terram."* E tudo isso requer o emprego da força.

Nosso Senhor se mostra terno e cheio de desvelo no começo, dispensando somente carícias à infância da vida espiritual. Não demora, todavia, em conduzir à luta aqueles que o querem, em verdade, amar. Sua Graça é o mel na goela do leão. Ele empregará primeiro a doçura e finalmente a força. Depois das carícias de sua ternura, infligirá os golpes de sua mortificação. É manso, e violento de uma vez.

Se não podeis, como Ele, aliar a brandura ao ódio do mal, conservai a este e armai-vos de força, que vos será mais necessária.

Acusam-se injustamente os convertidos de serem austeros, rudes e severos. "Vede como é áspero!" Paciência! Ocupado continuamente em se castigar a si mesmo, escapam-lhe alguns golpes contra o próximo, perdoemos-lhe, pois emprega contra si a violência. Sua tentação será antes a impaciência.

Eis como é preciso se haver na reforma das paixões, cuja base se encontra nos sentidos exteriores.

Tratando de desarraigar um pecado do coração, a tática será outra. O coração é tão delicado e sensível quanto o corpo é cego e brutal. É todo de afeição; possui e é possuído pelo amor; age só por simpatia. Urge afastar seu ídolo, trocar sua afeição, desviá-lo de sua simpatia.

Na oração cumpre considerar o nada que adora, a vaidade do que ama e a vergonha inerente a seu estado. Aos ídolos que criou, oponde-lhe a Beleza do Bem increado. Guardai-vos, porém, de jamais retirar o que lhe foi dado apreciar, sem o substituir por outro objeto que possa amar, mais belo, mais digno, mais suave que o primeiro. O coração não pode ficar vazio; retirai-lhe o mundo, mas dai-lhe Deus; pela sua natureza, pela sua essência forçoso lhe é apegar-se, amar. Se o deixardes só e desocupado, voltar-se-á sem demora a seu primeiro amor. Dai-lhe, dai-lhe Deus, o Amor dos amores, Jesus Cristo, seu Salvador, infinitamente Bom, infinitamente amável.

As pessoas cujo coração é dominante devem ser levadas e instruídas por ele. É mister fazer-lhes sentir suavemente sua desgraça e perceber a felicidade que haveria em se entregar a Deus para amá-lo. Não sejais rudes demais, seria despedaçar-lhe o coração, mas sede até carinhosos, sem todavia deixar que vos enredem. Cuidado! A tendência dessas almas é se apegarem a vós: não o permitais, sem no entanto as repelirdes e afastardes bruscamente. Ao começar, forçoso é destilar um pouco de bálsamo no coração, apiedar-se dele, e não o rebater.

O traçado a observar para a reforma do coração será, pois, o raciocinar a respeito de sua aflição, do seu estado de desventura – insistamos nesse ponto –, mostrar-lhe um bem maior, uma felicidade mais pura e mais perfeita, substituindo finalmente a afeição à criatura pelo amor ao Criador.

Mas se a alma, vendo o mau estado em que se encontra, reconhecendo-o, confessando-o, hesitar, repetir os mesmos pretextos, faltando-lhe coragem para romper definitivamente, arrebatai-a corajosamente, arrancai-a sem hesitar, embora violentamente, porque se vai perder! É preciso, sem tardar, afastá-la do perigo, e para isso não precisamos de licença: a ameaça constitui um motivo mais que suficiente.

O modo de proceder em relação ao espírito será outro. Enquanto o coração se deixa levar pelo sentimento, o espírito quer ser convencido pela razão, e só se rende à evidência. Raciocinai; será preciso muito tempo para convencê-lo e mesmo assim dificilmente, e raras vezes, será persuadido radicalmente, sobretudo em se tratando de pessoa orgulhosa.

Que a meditação seja, pois, de razão e de luz e que esta seja forte, a fim de causar uma impressão viva. Que o espírito se compenetre dos seus erros, que veja a injustiça do pecado, o mal que faz a Deus, sua fealdade e deformidade, e repita com Santo Ambrósio, respondendo a Teodósio que se desculpava do seu erro alegando a Davi, rei pecador: "Se o imitastes no seu crime, imitai-o também na sua penitência!" Aí está a razão, a evidência que convence e à qual nada se pode opor. Agi da mesma forma para converter o espírito e reformá-lo. Uma vez convencido de seus erros, a luz o levará a se submeter.

II

Tudo o que acabamos de dizer se refere aos penitentes, aos que acabam de deixar o mundo e o pecado.

Para aqueles que pertencem a Deus pela fé e pela caridade – por uma caridade mais ou menos grande, é verdade, mas que não obstante estão nas veredas da salvação –, a reforma dos costumes obedece a outra norma. Consiste mais na aquisição das virtudes cristãs que na destruição do pecado. E como pôr isso em prática?

Existem dois meios, ambos bons; podemos empregar um ou outro segundo as atrações da Graça. De acordo com o primeiro, a alma deseja com energia alcançar a virtude por apreciar o bem moral, a honestidade e a beleza sobrenatural que encerra e ver quanto convém ao cristão. Verifica também que, sem o zelo pelas virtudes cristãs, a salvação corre perigo; que a prática perfeita do cristianismo produz já nesta vida inúmeros frutos, mormente o fruto da Vida Eterna. Esse quadro fá-la arder pelos progressos que percebe e nos quais se apóia, e trabalhar com fidelidade maior. Aí temos em verdade um bom método que deve levar à santidade.

Portanto, vós, religiosos, obrigai-vos primeiro à prática das virtudes inerentes a vosso estado: a pobreza, a castidade, a obediência. Cumpri primeiro com vossa obrigação. Todas as virtudes são irmãs; uma, dominante, atrai as outras, facilita-lhes a prática. Começai pela virtude mais urgente, pela mais necessária ao vosso estado, à vossa disposição. Sede, todavia, fiéis à prática escrupulosa das virtudes que são vossa lei, vosso primeiro dever, deixando para mais tarde as virtudes aconselhadas.

Esforçar-se por conseguir o bem da virtude pela recompensa que traz consigo, pelo fruto que produz, é, pois, um princípio, um bom método a seguir na reforma da vida e no trabalho da vontade. Outra há, no entanto, que lhe é superior: é trabalhar por amor, desejando apenas uma coisa: amar, e só nessa coisa desejar a tudo o mais.

Já não se trata das virtudes a adquirir, dos frutos de santidade a colher, mas sim de amar, de desejar a Deus sobre todas as coisas, em tudo, e a tudo por amor a Ele. Trata-se somente de se compenetrar dessa verdade, de se convencer desse princípio, de que é preciso amá-lo e santificar-se por amor a Ele. Amar, eis o começo, o ponto de partida e o fim. E as medidas que adotarmos, que empregarmos, visarão unicamente a aplicar esse princípio, conseguir esse fim. Aquele método procede pela análise na aquisição das virtudes; este pela síntese. Este grande princípio de amor se aplicará segundo as necessidades e os progressos da Graça. O importante é firmá-lo ao começar, tomá-lo como base, segui-lo em tudo, agarrando-o qual tocha, qual fio condutor.

Demais, é um princípio que corresponde admiravelmente à nossa natureza e à Graça de Deus em nós. Somos filhos do homem. Ora, a mãe procura antes de tudo acender em seu filho a chama do amor, para então pedir-lhe os sacrifícios da obediência, da submissão, do estudo, numa palavra, todos os sacrifícios de educação. Exige-os apoiada em seu amor, de que dá sobejas provas e como demonstrações do reconhecimento e do afeto do coração de filho. Se esse for bem-nascido, há de compreender-lhe a linguagem e chegará a fazer, por amor filial, coisas heróicas.

Além de que, somos filhos de Deus, e como tais recebemos no Batismo o espírito de adoção filial, que consiste no dom e no hábito de amor. O Espírito Santo, Amor substancial e subsistente, reside em nós, ocupando nossas faculdades, nossa alma, levando-as ao amor por hábito e por estado e excitando-as, mediante seu impulso, a atos de amor. E mais que a própria alma está em si mesma, o Espírito divino está nela, pois envolve-a, educa-a sobrenaturaliza-a, transforma-a nele, no seu Amor, Amor essencial. O Amor e a Graça são uma só e mesma coisa. O espírito da Graça é, por conseguinte, espírito de Amor, e compete ao movimento e à atitude da Graça obrar por esse mesmo Amor, pois todo ser age segundo sua natureza.

Já vos compenetrastes de como esse espírito de amor corresponde fielmente ao que temos em nós de mais íntimo: à natureza e à Graça como filhos de Adão e filhos de Deus? Por que então não tomarmos o amor de Deus como ponto de partida para alcançarmos as virtudes? Coragem! Partamos deste princípio que concentra a nossa maior força!

Esse amor revestirá, na aplicação e na prática, todas as formas de virtudes. No dizer de Santo Tomás, a perfeição reside essencialmente no amor. Santo Agostinho, e São Paulo antes dele, dizia que todas as virtudes se reduzem a uma: amar. Ser perfeito, segundo o Doutor Angélico, não é "senão amar bastante para vencer todos os obstáculos que se opõem à nossa união com Deus, fim de toda perfeição". O amor se tornará, então, castidade, pobreza, obediência, paciência, mansidão, humildade, e tudo isso tende a uma só coisa: amar fazer um ato de amor, destruir um obstáculo ao amor, ou prestar um auxílio ao amor e à união com Deus. Unidade admirável, ponto de partida sem igual, princípio luminoso, força tanto mais forte quanto mais concentrada, ponto de vista sempre igual, sem divisão, sem dispersão da força, da atenção, do coração, da alma!

A verdade é que Nosso Senhor só baixou à terra para fazer com que amássemos a seu Pai cuja Beleza Ele personifica, e recomendar-nos em suma, apenas isto: que o amássemos acima de todas as coisas e a tudo o mais por sua causa. E o resumo de sua doutrina é este: "Permanecei no meu Amor". *"Manete in dilectione mea."*

É esse o estado que Ele pede, o único que aconselha como estado e como hábito, por ser o centro de toda vida cristã e sobrenatural. O trajeto do centro à circunferência é fácil e garantido porque há raios em todos os pontos.

Firmai-vos bem neste princípio, tomai-o por base da reforma de vida, dos trabalhos, das virtudes e da santidade. E, volvendo à nossa idéia inicial, repetirei que a reforma dos costumes, a santificação da vida, a aquisição da santidade de Jesus Cristo é o alvo da oração e o fim da vida religiosa: *"Estote perfecti, sicut et Pater vester coelestis perfectus est".*

Amar-me-á Deus?

Raras vezes perguntamo-nos se Deus nos ama. É erro. E, conquanto seja bom verificar se amamos a Deus, é muito útil também convencermo-nos de que Deus nos ama.

I

Deus, em verdade, nos ama! Ama-nos com um Amor Eterno, sem princípio, sem fim, sem sucessão, sem vicissitudes; somos eternos em seu Amor. Séculos e séculos sem fim antes que fôssemos, e já Deus nos concebera em seu Pensamento, nos desejara em seus decretos, Pensamento e decretos de Amor!

Ah! jamais o amaremos como Ele nos amou! Poderemos dilatar nosso amor, estendê-lo, ultrapassar os limites, estaremos sempre aquém do reconhecimento, sempre devedores de amor! Ai! não o amamos, nem mesmo nos poucos instantes que nos concede nesta vida para que lhe testemunhemos livremente nossa gratidão, ao passo que Ele nos amou desde toda a eternidade! Aí temos a fonte das lágrimas inconsoláveis que os Santos derramavam na terra. O presente dá apenas para corresponder ao seu amor atual, mas como satisfazer ao peso de amor acumulado durante séculos? Essa incapacidade de amar bastante, de reparar as faltas de amor, é o tormento das almas santas; desconsolam-se, choram e o mundo não as compreende!

É claro! Nós choramos nossos pecados somente para obter-lhes o perdão, e os Santos choram por não terem dedicado todo o seu tempo ao amor, e, se jamais ofenderam a Deus, suas lágrimas são perenes. Vede São Pedro, perdoado, confirmado na Graça, Chefe da Igreja, chorando incessantemente. O raiar do dia o encontrava de joelhos, banhado em lágrimas, lágrimas que acabaram por deixar um sulco no rosto, emagrecido pela chaga incurável de seu arrependimento. Ah! quão grande é nossa miséria. Apenas alguns atos de arrependimento em reparação pelo amor perdido, ofendido. Ai de nós! É o amor que ateia e conserva o fogo dos danados e seu mais vivo pesar é não ter sabido amar.

O Amor Eterno de Deus manifestou-se a nós pelos benefícios do tempo. Só existimos em virtude de uma criação benevolente desse Amor Divino e só nos conservamos devido a nos ter Deus em seus Braços.

Esta vida, porém, nos foi dada para unicamente amá-lo, e nisto está a perfeição do homem. Será boa enquanto ele amar a Deus, fim que o Criador lhe fixou na liberalidade do seu Amor. Por isso parece que, se Deus, ao criar o homem, essa obra de sua Mão, não disse, como de todas as outras, que era boa, é que o homem só estará acabado e perfeito quando o tiver amado e provado o seu amor pelas obras.

Há, por parte de Deus, tanta condescendência em querer ser amado por nós, em conceder-nos a faculdade e a Graça de amá-lo, quanto em nos amar Ele mesmo, em nos cumular com testemunhos de seu Amor.

II

Criados em seu Amor, é seu Amor que nos resgata: anui à nossa natureza, às necessidades de nosso coração. E visto este se ter materializado e só amar o sensível, Deus nos aceita tal qual somos e torna- se sensível para substituir os ídolos materiais a que o consagramos.

Ouvi este Conselho de Amor: "Quem de Nós se dirigirá ao homem?" Isto é, qual das três Pessoas divinas, eternas, essencialmente espirituais se fará Amor, Amor Humano, sensível e visível a fim de ganhar o homem, uma vez que seu coração unicamente por esse meio se renderá? E o Verbo se fez Carne: *caro*. Não se vê, não se ouve, senão Amor, como a própria palavra o indica. O Espírito Santo teria podido dizer: *homo*, fez-se Homem; contudo, disse *Carne*, que é um amor mais sensível, mais conforme a nosso coração carnal. *"Caro factum est."*

E Jesus Cristo é tão-somente o Amor de Deus Humanado, dado ao homem por todos os modos, sob todas as formas, em todos os estados para lhe provar o Amor de seu Criador. Como duvidar do Amor que Deus nos tem, quando o Verbo no-lo veio dizer pela sua Palavra, pelos seus Olhos, pelo seu Coração, por tudo quanto a criatura humana pode sentir e compreender?

Veio unicamente para insistir sobre este ponto: *"Sic Deus dilexit"*, "Deus amou tanto o mundo!" Ele nos ama, ama-nos como Deus, isto é, infinitamente. Seu Coração tomou a si todo e qualquer amor que nos pudesse tocar, dando-nos disso inúmeras provas.

Por ser o amor dos pais o mais natural e o mais forte, e ter sua raiz no sangue e nas origens da vida, Jesus quis chamar-se nosso pai e fez-se nosso irmão.

Por ser a amizade que se baseia na igualdade das posições e dos caracteres, uma forma do amor, Ele fez-se nosso amigo. O amor dos pais implicando uma desigualdade, certa distância inspirada pelo respeito e pelo temor, Jesus amou-nos como irmão, como amigo. Então não há nem distinção, nem distância, e sim a mesma condição, o mesmo nome, a mesma mesa, a mesma vida. E, se quis nascer criança e passar por todas as fases da vida, foi para que em todos os estados, em todas as horas da existência, os homens pudessem ver nele um irmão, ver o Amor de Deus Humanado e feito conforme a eles.

Não lhe bastava tornar-se semelhante a nós pela natureza, quis ainda participar das tristezas, das misérias, dos sofrimentos humanos, a fim de confundir-nos pela evidência e nos obrigar a exclamar: "Na verdade, Deus nos amou!" E fê-lo. Tomou a si todos os nossos crimes, carregou-os sozinho, aceitou o castigo terrível que acarretam, penas interiores, dores de alma, sofrimentos horríveis do Corpo, a Paixão interior e exterior. Eis aí as provas de seu Amor. Pediremos mais alguma? Desprezaremos um Amor que se manifesta pelo sofrimento, pela morte? Quem faria o que Ele fez? Ninguém! Seremos nós injustos somente para com Deus e recusar-nos-emos a admitir que Ele em verdade nos amou?

III

Sim. Deus nos ama, mas não lhe basta amar-nos na generalidade, como se formássemos um bloco, o que já seria de certo muito e bastaria, de sobra, para nos salvar. Ele quer levar o amor ao infinito e amar-nos pessoalmente, particularmente, como se estivéssemos, cada um de nós, só no mundo. Se vos dissessem que Deus quis amar-vos com amor, e que para vo-lo provar criou, só para vós, este mundo com suas maravilhas, e que vós lhe bastais e sois por vós mesmo o fim de todas essas obras da natureza, da Graça, da Glória... Se Deus fosse mais longe ainda e acrescentasse: Dar-vos-ei meu Filho único, que por vós morrerá, por vós instituirá a Igreja e os Sacramentos, e, ainda, por vós permanecerá no Santíssimo Sacramento até o fim do mundo, continuando lá sua Vida de Amor, renovando incessantemente sua Paixão e sua Morte por Amor de vós e só para vós!... Se vo-lo dissessem, se o próprio Deus vo-lo afirmasse, havíeis de acreditar nele? E se, depois disso, fosse preciso confessar que não haveis de amar, que tudo isso não basta para conquistar vosso coração: ah! qual seria vossa resposta? Não, não haveria nenhuma possível e abaixando os olhos, corando, sentir-vos-íeis inferior aos próprios demônios!

Pois bem, assim é. Deus nos ama, a cada um de nós pessoalmente, e em todas as suas obras lembrou-se de nós individualmente. Todas as criaturas, todas as Graças, todos os tesouros de santificação, todas as maravilhas da Graça, estão à disposição de cada qual, e todos devem exclamar com São Paulo: *"Dilexit me!"* Amou-me, a mim, a mim somente, e para provar-me seu Amor, entregou-se por mim, só por mim, à Morte da Cruz! Com quanto maior razão fez Ele tudo o mais as coisas visíveis e invisíveis, por mim, unicamente por mim!

E todo esse Amor de Deus resume-se, condensa-se, afirma-se no dom que Ele me fez de seu Filho, que Jesus Cristo me fez dele mesmo na Santa Comunhão. Torno-me seu último fim. Limita-se a mim, termina em mim! Tudo, desde o começo do mundo, e antes que o mundo fosse, era para mim, e só para mim, e serviu apenas para preparar esse Dom de Amor pessoal que Ele me faz do seu Corpo, do seu Sangue, de sua Alma e de sua Divindade, do que é, e do que tem, porquanto tudo isso confina-se em mim, em meu coração, em minha alma.

Cristão, eis o que tu vales: o próprio Deus! *"Tanti vales, quanti Deus."*

Ah! compreendo o inferno depois de tanto Amor. E não amamos a Deus! Arrancar-se-ia a vida no desespero e na vergonha para castigar tanta ingratidão!

E o homem não ama a Deus! Antes, pelo contrário, o ofende! Deus se faz desprezar devido a seu grande Amor, e dir-se-ia que assim o deseja! E vós, havíeis de vos deixar desprezar e insultar desse modo por vossos filhos, por vossos subordinados? Deus sobrecarrega o homem de bens, cumula-o de benefícios, apesar do seu pecado, dos seus pecados quotidianos, para que volte e se deixe vencer.

Para não amar a Deus é preciso ter corações de demônios! E Nosso Senhor encobre os ingratos e, enquanto os amaldiçoa, desculpa-os: "Pai, perdoai-lhes, que não sabem o que fazem!" Ah! Deus não tem mais dignidade, não tem mais honra: só tem Amor! Aflige-me a idéia e afasto-a. O ímpeto seria matar-se de amor!

O demônio exclamava um dia pela boca dum possesso: "A vós, homens, Deus amou-vos demais!" É verdade. Deus se enganou. Amou-nos demais! *"Propter nimiam charitatem qua dilexit nos..."*

Amo eu a Deus?

Amamos nós a Deus? É o único necessário, e essa pergunta requer uma resposta positiva, que não ofereça nem dúvida, nem rodeio: amamos, ou não, a Deus?

Não há aqui meio-termo: ama-se ou odeia-se. Amamo-lo? Afirmar que sim sem receio, seria proclamar-se santo ou coroar-se a si mesmo. Compete-nos, portanto, verificar se não o ofendemos; mais ainda, se somos delicados para com Ele. Ama-se a Deus quando o trato com Ele é atencioso, porquanto o amor é apenas a delicadeza da fidelidade, da honra, da generosidade.

I

Temos nós a fidelidade delicada do servo para com o amo? Estamos obrigados, pelo menos, a obedecer a nosso soberano Senhor – é o menos que se possa exigir. Devemos-lhe uma obediência absoluta, submissa, limitada, passiva, obediência igual à que prestamos aos senhores da terra. Por acaso não merecerá Deus tanto? Ele nos diz que tal ação o fere em sua autoridade, opõe-se a seus desígnios, e, mesmo assim nós a fazemos. Será isso fidelidade, delicadeza? Pelo contrário, merece-nos um castigo exemplar, pois Deus não pode permitir, sob pena de não ser mais Deus, que se lhe viole impunemente as leis. *"Morte morieris."* "Hás de morrer de morte", é a sentença que a Justiça Divina pronuncia contra nós todas as vezes que violamos a sua autoridade. Por outro lado, se não desobedecermos, recompensar-nos-á, sendo que nenhum senhor se contentaria em pedir tão pouco quanto Deus.

Ai! está escrito que os inimigos do homem serão seus próprios servos, seus familiares. Desmintamos esta afirmação no que diz respeito a Deus, armando-nos da fidelidade delicada que cumpre exatamente com a Lei, com toda a Lei. É o dever primeiro que nos impõe o título de criatura; é aí que reconhecemos logo se amamos a Deus.

II

Precisamos também ter a delicadeza do filho para com seus pais, prova indubitável de amor.

A atenção filial não se contenta com o dever, mas procura, adivinha o que agrada, para fazê-lo, e o que desagrada, para evitá-lo.

À medida que a alma cresce na piedade, torna-se mais delicada, porque a delicadeza, apoiada no amor, floresce e desabrocha naturalmente. Uma alma impregnada desse sentimento fugirá dos pecados veniais – veniais por natureza, mas mortais para seu coração – com a mesma solicitude com que outra fugirá dos mortais.

A delicadeza filial evita tudo o que possa desagradar, embora não seja pecado. Ah! quantos pecados havíamos de evitar, se fôssemos delicados!

III

Somos mais que filhos da casa, pelo nosso título de religiosos, que nos une a Deus por livre escolha, de lado a lado. Deus chamou-nos, enlevou-nos e nós o desposamos; ora, são as relações tão cheias de delicadezas, do esposo para com a esposa, que devemos ter para com Nosso Senhor.

Isso requer uma incomparável pureza, porquanto a união com Jesus será mais ou menos íntima segundo o grau de pureza. Ele não quer habitar numa morada repleta de pecados veniais, com pessoas que os trazem inconscientemente e os cometem tão facilmente. O religioso é obrigado a uma perfeita pureza, como o próprio Sacerdote, pois vive e está em relações constantes com Jesus Cristo, que não pode suportar nem a vista do pecado venial. Quereis então transformar a corte do Rei num hospício de leprosos?

Ah! sede delicados quanto à pureza de vida, de consciência, sem procurar adquirir de preferência as virtudes que vos coroam aos olhos dos homens e aos vossos próprios olhos. Sede puros. Trabalhai para preservar e aumentar vossa pureza, não tolerando sequer a aparência do mal.

Nosso Senhor ama a Maria, a São José, às crianças, com Amor de complacência, por serem puros. Esse Amor, Ele o reserva para a pureza; enquanto aos outros, demonstra Compaixão e Misericórdia. Ah! sede puros! evitai a menor mácula como se evita a serpente. Sede delicados na pureza!

Ora, para ser delicado na pureza, basta amar a Deus mais que a si mesmo, mais que tudo. Quem ama desse modo, não ofenderá, terá horror de melindrar, pois a pureza brota espontaneamente do amor, não podendo ser ensinada como uma ciência; insinua-se; sentimo-la; o amor a produz qual bela flâmula branca. Quando se ama realmente, leva-se a delicadeza até a severidade, até o extremo. O amor delicado detesta a mistura, destrói o nebuloso e só vive na pureza.

A primeira criação de Deus foi a luz perfeita. E foi também a luz que Ele criou na alma antes do mais. Fomos batizados nela. Outrora os neo-batizados eram cognominados os iluminados. Deus só trabalha na Luz, e essa reflete o Amor sem mácula.

O estado de Graça não é senão a pureza, que dá o Céu como prêmio a quem a reveste. Mas, tivesse eu todas as virtudes e espalhasse pelo mundo os meus milagres, se não tivesse o amor, isto é, o estado de Graça e a pureza, tudo seria em vão.

A santidade é, portanto, o estado de Graça purificado, iluminado, embelezado pela pureza mais perfeita, isenta não somente dos pecados graves, como também das menores culpas. É, em resumo, a pureza da Luz preparada para a Glória e a Vista de Deus.

O mártir, purificado pelo fogo, voa ao Céu em virtude do direito inerente à sua pureza perfeita. O trabalho da Graça consiste em purificar-nos incessantemente e cada vez mais, depois de nos ter tornado puros, assim como a chama, que começa por fazer cair a ferrugem do ferro, para então abrasá-lo, transformá-lo em fogo ardente, uma vez estabelecida a simpatia entre ambos. Da mesma forma, o fogo secará o pau e destruirá toda umidade antes de o abrasar. Purificai-vos sempre, cada vez mais. A pureza vos tornará santos, isentos de todo mal, e Jesus Cristo vos dará seus bens em abundância e se dará a Si mesmo, pois Ele penetra em nós e nos comunica a sua Vida à medida que abandonamos a nossa, que nos desfazemos do pecado: *"Dilata os tuum, et implebo illud!"*

Se fordes puros, se vos purificardes continuamente, então amareis verdadeiramente a Deus – o único necessário.

Do amor de perdão

I

Deus ama-nos pessoalmente, já que nos criou, e a tudo por nossa causa, e nos remiu pela Morte.

Há uma prova maior ainda do Amor que Deus nos tem, e é ensejo que nos proporciona de, quando o ofendemos, obtermos o perdão. A Bondade divina, a que sobressai por entre todas, é a bondade que perdoa.

Até que ponto ama-me Deus? Ama-vos tanto quanto vos perdoa, vos perdoou e deseja vos perdoar! Deus é Bom, ama-vos, visto perdoar-vos quando o ofendeis. Tal prova dispensa outra. Nenhuma é mais positiva, ou nos toca tão profundamente. Foi no Amor que lhe perdoara, que São Paulo sorvia seu amor apostólico, foi na Misericórdia que lhe remitira tantos pecados, que Santo Agostinho se impregnou daquele amor que o inflamou, traspassou seu coração, transformando-o num coração seráfico.

O Amor que Deus nos tem é antes Misericordioso que benevolente, porque, pecadores como somos por natureza, carecemos sobretudo de compaixão. E, durante nossa vida, é a Misericórdia que Ele espalha pela terra, de preferência a todos os seus outros Atributos. O mundo é seu império: o tempo é seu reinado.

A Misericórdia baixou dos Céus e, ao descer, envolveu o homem, cobrindo-o. É-lhe a atmosfera, o meio, a vida, o ar que respira, a luz que o esclarece.

Ela subtrai o pecador da Justiça que deveria punir cada pecado detendo-a e retardando-a até o fim. Segue o homem, acompanha-o por toda a parte, sem nunca o deixar, nem mesmo na morte e, derradeiro esforço da Misericórdia divina para com o pecador, vai com ele ao Purgatório, prisão de chamas, a cuja entrada está escrito *"Misericórdia Dei"*.

A Misericórdia de Deus para com o homem é Infinita, jamais se esgotará, jamais a ingratidão a poderá abafar, enfadar ou irritar. Há de perdoar sempre, perdoar a tudo, e, ainda quando o crime é patente, exclamará: "Pai, perdoai-lhes, que não sabem o que fazem".

Quando a rejeitamos, a maltratamos, não desanima, mas nos persegue, quer ainda vencer. "Judas, trais o Filho do homem com um beijo?... Ó meu amigo!" A grandeza dos nossos pecados atingirá a grandeza da Misericórdia de Deus.

Uma, todavia, há contra a qual ela não pode: é o orgulho dos dons sobrenaturais, que repele, cientemente, a Bondade divina, infligindo-se um golpe de morte.

II

As santas Epístolas contêm inúmeras provas dessa Misericórdia. Deus as multiplica propositadamente, porque dela carecemos de modo absoluto. O pecador desespera-se como que necessariamente; é o efeito que sempre acompanha o prazer do pecado, e que é bem mais positivo que o outro. Adão e Eva, que fogem e duvidam da Misericórdia, Caim que a rejeita e exclama: "Meu pecado é grande demais para ser perdoado", representam o pecador depois da queda. Desespera, porque foi infiel, e é ainda o desespero que, em geral, retém aqueles que adiam sua conversão. "É impossível que eu seja perdoado; ofendi demasiadamente a Deus." O dia em que vierem a verter lágrimas, será o dia de sua conversão.

E a alma devota, por que cai ela? Também pelo desespero. Desanima por alguma queda, por não lograr êxito, por não correrem as coisas conforme esperara. O demônio aproveita para lançá-la na desconfiança – o melhor segredo de que dispõe para penetrar na alma e arruiná-la. Que esse sentimento nunca vos desanime. Duvidareis da Misericórdia de Deus? Nunca! Se apeastes, elevai-vos novamente pela confiança humilde e arrependida. A humildade que quer permanecer em seu lodo não passa de orgulho humilhado e irritado. A humildade voa a Deus com asas de confiança. *"Oratio humiliantis se, nubes penetrabit."*

À medida que crescerdes na piedade e na virtude, aumentarão as tentações de desânimo. Confiamos demais em nós mesmos; tememos lançar-nos nos Braços de Deus. No entanto, se quisermos fazer um bom ato de contrição, em vez de descer ao inferno para descobrir o lugar que nos compete, façamos um ato de Fé na Misericórdia divina. Cheguemo-nos a Deus pelo seu lado fraco, seu Coração, suas entranhas. Quem se deixar apanhar pelo lado sensível, dará tudo o que possui e mais alguma coisa. Mostrai, pois, a Deus que sua Glória está em vos fazer Misericórdia, que essa não se pode exercer com maior proveito que sobre vós, a quem deverá sua vitória e sua obra-prima. Aproximai-vos de Deus pelo seu Coração!

Era idéia minha que, quanto mais perto estivesse a alma de Deus, tanto menos sujeita estaria às tentações de desespero e que, nessa vizinhança, se firmaria para sempre na confiança perfeita. Segundo Santo Afonso de Ligório, as tentações que a Providência envia aos santos atacam a fé, a confiança, a castidade e a pessoa do confessor, isto é, o representante visível de Deus junto à alma. Ai! é bem verdade! Essas tempestades são terríveis! Deus as suscita para colocar-lhes a virtude no grau supremo de confiança, de fé pura, apoiada apenas em sua palavra. À medida que caminhamos para Deus, que a vida se purifica e se transforma, quando, sobretudo, estamos na véspera de findar-nos para entrar no gozo do Céu e da felicidade, todas as virtudes nos acusam, os pecados crescem e vemos tão-somente os defeitos dos nossos atos, tudo conspirando contra a confiança e a Misericórdia divina.

Já vi uma alma – e quão santa era! – num desespero desolador. Não eram suas culpas que a tinham reduzido a semelhante estado, era a acusação que se fazia, por entre lágrimas geladas pela aflição, de não ter amado bastante! As Graças recebidas a amedrontavam, por convencer-se de que não as aproveitara suficientemente. Impossível fora restituir-lhe a confiança: nem exortação, nem oração, nem argumentação lhe valeram. Estava abatida pelo desespero e como que esmagada pelo seu próprio peso. Não houve remédio senão fazê-la dizer: "Pois bem, aceito este estado; irei ao inferno, mas, ó meu Deus, levar-vos-ei comigo". E nesse ato heróico de confiança recobrou a paz.

Quanto às tentações de desespero e de desânimo, as tentações contra a confiança em Deus não as guardeis jamais em vossa alma, um minuto sequer, mas abri-vos logo com vosso superior, vosso confessor, pois atacam as fontes da vida espiritual, e secam a própria vida corporal. O desânimo e o desespero geram a tristeza, a que o Espírito Santo chamou de traça que rói a medula dos ossos. A Misericórdia divina é a vida, o lindo sol da vida: *"Melior est misericordia tua super vitas!"*

III

Mas vede como Deus perdoa, como seu perdão difere do perdão humano. Ao perdoar, o homem humilha a quem perdoa, e o receio de se expor a essa humilhação impedirá o filho de pedir desculpas ao pai. Deus perdoa com Bondade, e seu perdão é uma Graça que honra, purifica, santifica e embeleza. É um só e mesmo ato ser perdoado e ser feito santo. Ele concede sem demora, a quem a pede, a veste dos filhos, a veste branca. Se nos abaixamos, é tão-somente para sermos erguidos, no mesmo instante, pela Misericórdia.

Os homens se cansam de perdoar, são mais severos para com a recaída, impondo-lhe condições mais duras. A Misericórdia divina, ao contrário, parece crescer à medida que perdoa, e os grandes pecadores que volvem a Deus são seus maiores amigos. Tendo vindo à terra para sarar os enfermos, Ele deixará os Anjos para salvar o pecador. Conquanto haja humildade e confiança na Confissão, temos sempre certeza de ser bem recebidos.

Ele perdoa sem voltar atrás, perdoa para sempre e, no dizer da sagrada Escritura, lança ao mar, pelas costas, os pecados, que não surgirão mais para nos acusar, e o escarlate dos crimes se torna, no banho de Misericórdia, a alva neve da inocência. Agrada-me esse sentimento dum grande número de teólogos, pelo qual, nem no último Juízo serão citados, atendendo ao que disse o Senhor: "Perdoar-vos-ei e esquecerei para sempre vossos pecados".

É preciso, no entanto, obter-lhes o perdão cabal, e guardar-nos de conservar-lhes a cauda. Os homens exigem uma punição em troca do perdão pela perda, seja da posição, seja da honra civil. Jesus Cristo nos confere novamente nossas dignidades, nos restabelece nos nossos direitos como antes do pecado. Assim foi que, depois de sua queda, reintegrou a São Pedro e o confirmou no cargo de Pastor Supremo.

Ele enobrece ao perdoar: de Madalena pecadora, faz a heroína do amor sobrenatural, louvando-a publicamente com o mais belo elogio que um Deus possa fazer: *"Dilexit multum!"* "Ela muito amou!" Abaixa-se para evitar que a pecadora core, nada lhe pergunta quanto a seu crime, culpando pelo contrário a seus acusadores: "Onde estão aqueles que te acusavam? Ninguém te condenou?" Coloca-a acima de todos: "Vá e não tornes a pecar".

Ele escolhe os pecadores e fá-los príncipes de sua Misericórdia e de seu Amor, como a São Mateus, a São Paulo, a tantos outros. E haverá ainda quem desespere! Compenetrai-vos de que Nosso Senhor tem necessidade de perdoar, e que a idéia de nos condenar oprime-lhe o Coração. Chora sobre nós, e quando nos perdoa é-lhe um alívio dilatar-se pela Misericórdia. E, se pudesse sofrer ainda, seria ao ver-nos desesperar de sua Misericórdia e não lhe implorar o perdão.

Mas essa Misericórdia manifesta-se sobremodo para conosco, sacerdotes e religiosos. Por causa dos nossos pecados, deveríamos ser rebaixados de nossa dignidade. Tal a regra do mundo relativamente aos magistrados e aos oficiais de Estado; porém, se assim fosse, não haveria mais Padres para perdoar aos outros pecadores.

Nosso Senhor trata-os de melhor modo: sua Compaixão torna-se mais abundante, seu perdão mais cheio de Bondade, porque carecemos dum perdão maior que os outros. E isso nos deve tornar misericordiosos para com os pecadores. Pecadores nós também, perdoados tantas vezes, necessitando ainda de perdão para o futuro, como não havemos de perdoar?

Tenhamos, pois, Fé na Misericórdia de Deus que não se cansará enquanto a implorarmos com confiança e humildade. A eternidade não será longa demais para agradecer-lhe suas Misericórdias infinitas, que tantas vezes nos fizeram tornar à vida e que nos hão de salvar no dia da Justiça Divina.

Da Eucaristia,
princípio de santificação do religioso

Nosso Senhor Jesus Cristo no Santíssimo Sacramento do Altar deve ser, é justo, o princípio de vossa santificação. Não sois hospedados por Ele? Não é sua morada que vos agasalha? O servo reside em casa do amo, é por ele alimentado, portanto, deve-lhe o trabalho. Ora, Nosso Senhor vos há de santificar se trabalhardes segundo sua inspiração, sob seu Olhar, e por amor a Ele.

I

É mister trabalhar sob a inspiração de Jesus Cristo, e nada fazer, sem ser levado por Ele. Atendei. Há duas inspirações que determinam uma tarefa, seja qual for. A primeira é sensível, a ordem do superior, ou a voz do sino. Agir só por essa inspiração talvez não baste para tornar uma obra meritória, por ser nossa obediência apenas material, semelhante à senha que executa o soldado por ordem do chefe. Obedecer ao sinal exterior é só o corpo da virtude da obediência. É-lhe preciso alma, e esta é a inspiração interior de Nosso Senhor ao sinal que vo-la impõe.

Como inspirar-se em Nosso Senhor e obedecer-lhe em tudo quanto se fizer?

Lembrando-vos da sua Presença no Santíssimo Sacramento, pedindo-lhe que vos guie. Não procureis a Deus no Céu. Está mais perto. É bom, não resta dúvida, aspirar de vez em quando pelo trono glorioso; na prática diária da vida, porém, é preciso tê-lo mais junto de vós e é no Santíssimo Sacramento que o deveis procurar e encontrar. Ele vos dirá: "Por que vos descuidais da minha Presença aqui? Pensais então que não tem importância e que podeis passar sem ela? No Céu, sou o Deus de Glória para os Eleitos; no meu Sacramento, sou o Deus de Graça para os que combatem". Inspirai-vos, por conseguinte, na sua Presença eucarística em tudo quanto fizerdes.

Mas como? Pela adoração, prostrando-vos em espírito a seus pés, renunciando às luzes, aos sentimentos naturais, para perguntar-lhe o porquê e o como de todas as coisas. Pedi-lhe em tudo que indique o melhor meio, o melhor modo, que vos inspire o melhor pensamento, confessando vossa cegueira e incapacidade. Nosso Senhor nada fazia senão inspirado pelo Pai. Nele lia como devia pensar, julgar, falar e agir. Procedei da mesma forma para com Jesus Cristo, e operareis pelo seu Espírito. Ele vo-lo enviará, porque o Espírito procede dele, e vos comunicará o pensamento e a intenção sobrenatural e divina de Nosso Senhor Jesus Cristo.

Essa primeira inspiração é muito importante, por dar à ação movimento e caráter próprios. Trabalhemos, pois, com Cristo, sob suas ordens desde que Ele se digne associar-nos a Ele. E, deixando-lhe a direção, sejamos fiéis em segui-lo, tornando-nos seus instrumentos dóceis e merecedores, submetendo-lhe todas as nossas faculdades, toda a nossa atividade, para que Ele mesmo as dirija. Compete-lhe, como órgão e principal Chefe do corpo espiritual, dar animação e direção; a fé não basta por si, é mister a união das almas no amor.

II

É preciso agir sempre sob o Olhar de Jesus Cristo no Santíssimo Sacramento para agir corajosamente, santamente, alegremente.

Lembremo-nos de que o Olhar de Jesus Cristo nos acompanha. Como então ousaríamos ofendê-lo, visto que nos vê como o veríamos a Ele, se o véu das Santas Espécies tombasse? Mas, a exemplo dos anciãos culpados, de que falam as Escrituras, esquivamo-nos desse Olhar para pecar – senão jamais ousaríamos ofendê-lo. Os Judeus, para insultá-lo no pretório, cobriram sua Face adorável: seu Olhar os teria sensibilizado ou fulminado.

Ah! se imaginássemos que Nosso Senhor, que está tão perto de nós em seu Altar e em seu Tabernáculo – um único teto nos cobre a nós e a Ele – é a Testemunha ocular de cada uma das nossas ações, e que, chegada a noite, nos será necessário comparecer em sua augusta Presença para dar-lhe conta do dia, quão fiéis seríamos, quão diligentes e santos no cumprimento de nossos deveres! Fazei como Abraão e ouvi a Nosso Senhor dizer-vos do seu Tabernáculo: "Anda em minha Presença e serás perfeito".

Deus, é verdade, está em toda parte, mas precisamos que Ele se aproxime de nós sob aparências sensíveis, como o faz no Santíssimo Sacramento. .

Lembrai-vos, por conseguinte, de que Ele está sempre lá. Presença essa mais doce e mais fácil de reter na memória que a Presença da Divindade insensível e impalpável. É menos esquecida. Tende-a sempre presente ao espírito, seja qual for vossa ocupação; é seu Olhar humano, os Olhos de seu Corpo glorioso e ressuscitado que vos seguem através das muralhas, sem nunca vos perder de vista.

III

Procedei sempre por amor a Nosso Senhor no Santíssimo Sacramento. Fazei tudo para Ele, só para Ele. Não entrastes na vida religiosa para conseguir uma posição, nem sois mercenários e trabalhadores assalariados. Foi o Amor que vos atraiu e viestes imolar-vos a vós mesmos, para que daí em diante desapareça vossa personalidade, que já não é vosso alvo.

Amai também as mesmas coisas e pessoas da religião, os meios e as Graças que lhe são próprios, porque fazem parte da família e são os recursos de que dispõe para o Serviço de Nosso Senhor, sem todavia encarar a isso como vosso fim. Quereis fazer de uma pessoa, dum emprego, ou de uma obra o alvo de vosso amor? Todas essas coisas são criadas e finitas como vós, quereis, porventura, trabalhar para o homem? É falhar a vosso destino. Vosso amor só pode visar a Nosso Senhor Jesus Cristo, que, ele só, inspirará vosso trabalho. Que todas as ações sejam ditadas por esse sentimento: "Meu Senhor e meu Deus, amo-vos, e, para vo-lo provar, praticarei tal ato". E Deus, estando contente, dai-vos por satisfeitos: que vos importa o resto?

Fazei tudo em vista da Comunhão, porque Jesus no Santíssimo Sacramento deve ser fim e eixo do dia, centro da vida, princípio e termo de todas as coisas. Tudo deve ser uma preparação para recebê-lo, ou uma ação de graças depois de o ter recebido. Como a Comunhão aqui na terra é o objeto de todos os Mistérios da Vida de Jesus Cristo, que o seja também da vossa. Só ela merece ser o fim em que vos poderei firmar, descansar, visto que só ela vos dá a Jesus Cristo dum modo perfeito e vos permite permanecer nele. As virtudes, as boas ações, são apenas meios para alcançar a união perfeita com Ele.

Com esse objeto em vista, munidos dessa intenção, vossas ações se juntarão para formar um ramalhete que oferecereis ao Salvador na próxima vez que se der a vós, depois de amanhã, amanhã mesmo. Ele virá para cunhar vossas ações com seu remate final, e vossos méritos com maior vigor pela sua união íntima convosco. Ao renovar o amor, renovará também os hábitos de virtude e, aumentando-os, aumentará também o amor; estreitará o laço e o fortificará, tornando mais eficazes a sociedade e a ação mútua. Agireis com Ele num só ato, numa só intenção; vossa vida não será mais que uma ação de graças prolongada, onde Jesus Cristo vos inspirará e conduzirá, e onde apenas executareis e reproduzireis exteriormente, pelas vossas faculdades, pelos vossos membros e pela vossa vida exterior, a sua Vida divina em vossa alma, e, então, não vivereis mais; Ele é quem viverá em vós.

Conservai esses princípios de vida. Vivei com Nosso Senhor sob sua inspiração, debaixo de seu Olhar, no seu Amor, sem receio algum. Só assim se vos tornará a vida religiosa suave e agradável; de outro modo, seria uma galé, onde nos condenamos a trabalhos forçados à perpetuidade. Ide diretamente a Ele; vivei dele, vivei nele. Pela linha curva atingireis tardiamente o vosso destino. Não percais o tempo empregando caminhos diversos, pois esse é o grande meio, o princípio verdadeiramente fecundo. Amai a Santíssima Virgem e os Santos; invocai-os, ajudai-vos com seus exemplos, implorai seu auxílio; mas que isso sirva apenas para vos ajudar a alcançar a Nosso Senhor, para então lhe oferecer vossas ações e vossa vida, pois é vosso centro, vosso fim, centro e fim dos próprios Santos.

Jesus na Eucaristia, modelo dos três Votos

Nosso Senhor é, em seu Sacramento, nosso modelo, além de ser o princípio de nossa santidade. A lei não nos basta: para compreendermos, precisamos ver fazer, e Jesus se apresenta como nosso modelo, aquele a quem devemos seguir e reproduzir: *"Veni, sequere me"*.

Ora, é preciso procurar a Nosso Senhor onde Ele se mostra a nós, isto é, no Santíssimo Sacramento. Quanto ao Evangelho, Ele o continua sob nossos olhos: a Eucaristia será o nosso. É um Evangelho vivo. Por que nos privar da vista de sua Pessoa para ler sua Palavra, que só nos chega através de dezenove séculos? Demais, o próprio Evangelho, quando Nosso Senhor não o abre, é um livro fechado, e é no Santíssimo Sacramento que Ele o desenvolve, o comenta, o esclarece com suas virtudes, renovando-as, continuando-as em nossa presença. O religioso tomará, por conseguinte, a Nosso Senhor Sacramentado por modelo. Estudai-o na Eucaristia, pois estas palavras: '"Olha e faze segundo o exemplar que te mostrei", bem como estas outras: "Segue-me", foram ditas para todos os tempos, dirigindo-se, portanto, a nós também.

E que é um religioso? É o homem que se oferece e se imola a Deus – assim o promete para sempre – na pobreza, na castidade, na obediência.

I

Sede pobres e cumpri com vosso Voto. A pobreza consiste em nada ter, e em contar com a caridade até para as necessidades da vida. Verdade é, todavia, que, devido à instabilidade dos tempos e do espírito perverso dos governos civis, a Igreja se vê constrangida a não mais admitir Congregações com Votos solenes, em que o religioso renuncia totalmente a seus bens. O Voto simples de pobreza fá-lo desistir somente do direito de se utilizar e dispor deles, reservando-se, no entanto, a propriedade radical, mas, na prática, o Voto simples não difere do Voto solene.

Tudo o que está a vosso uso é-vos emprestado pela Congregação e se o considerardes como vosso, não praticareis a pobreza; se disserdes: é meu, roubareis. O superior é obrigado a afastar do religioso tudo aquilo a que parece querer apegar-se, a fim de impedir que transgrida o Voto. Vigiai, para que, tendo renunciado a coisas grandes, não vos afeiçoeis às pequenas e que vosso coração não se deixe levar agora pelas bagatelas mais que outrora pela abundância dos bens de fortuna.

Aí tendes um ponto de exame, muito necessário. Vede, observai se tendes inteira liberdade em todos os pontos ou, antes, olhai para Nosso Senhor em seu Sacramento e comparai vossa pobreza com a sua.

Que possui Ele? De que goza exteriormente? Nem de Glória, nem de Majestade, nem de Atributo algum de sua

Divindade, nem tampouco das faculdades de sua santa Humanidade. Deixa no Céu todos os seus bens, para deliciar os Bem-aventurados. Ao dar-se a nós, traz consigo apenas seu Ser divino e humano, mas a Santa Comunhão não o despojará até disso? Permanecei, como Ele, mas sem nada possuir além da boa vontade. Os fiéis fornecem a Nosso Senhor tudo aquilo de que necessita e Ele consente em receber a esmola do teto que o abriga, dos móveis que servem para seu Sacrifício e para a Comunhão e até do linho alvo sobre o qual repousa. Nada, porém, possui integralmente, podendo-lhe ser retirado a todo momento sem que a isso se oponha. Mas ai de nós! Ele renunciou a se possuir a si mesmo e faz-se dele o que se quer, sem que ofereça a menor resistência a coisa alguma.

Nosso Senhor não se aborrece em ser servido pobremente, conquanto haja boa vontade; nada rejeita e digna-se servir-se de tudo. Ah! Ele desposou a santa pobreza, que se tornou sua companheira inseparável.

Se por vezes a pobreza vos custa, levantai os olhos, fitai-os em Jesus-Hóstia, sua pobreza é ainda maior que a vossa, possui menos. Jamais sereis pobres como Ele, que conserva apenas as espécies e renuncia até ao pouco de substância que representaria uma partícula, se essa permanecesse pão; mas tem somente as aparências do pão e do vinho, acidentes sem objeto. Existe algo que se assemelhe tanto ao nada? É toda a propriedade de Jesus Eucaristia. Ah! estudai e imitai essa augusta pobreza. Não é chegado ainda o dia em que vos haveis de separar inteiramente de todas as coisas e de vós mesmos.

Só então encontrareis a liberdade. No dizer da *Imitação*, para ser livre, é preciso procurar ter menos que mais.

A pobreza é a independência do liberto de Jesus Cristo, do seu escravo voluntário. O dia em que os corpos religiosos se tornarem ricos, será o dia de sua perdição.

Quando o religioso disser: "Estou rico e não preciso de mais nada", então deixará de ser religioso e a Cólera de Deus envolverá os alicerces da Ordem que se permite semelhante linguagem. Enquanto um corpo trabalha, esperando, confiante, o socorro divino, há de prosperar e seu êxito estará garantido. Isso não é dizer que uma sociedade nada possa possuir; compete todavia à regra providenciar.

II

Nosso Senhor é o modelo da castidade. É esse o segundo dos três votos pelo qual prometemos a Deus não amar senão a Ele, não amar a outrem de modo a repartir o amor que lhe é devido e que, em virtude do belo Voto de castidade, lhe pertence inteiramente.

E a Graça da pureza só nos vem de Nosso Senhor. A Comunhão confere-a, fortifica-a, preserva-a, mantém na contra todos os assaltos do inferno, do mundo, da carne. Nela bebemos o Sangue virginal do Cordeiro Imaculado e temos, como verdade absoluta, que, sem a Comunhão, não podemos ser castos.

Nosso Senhor é a própria essência da pureza na sua Eucaristia; tão puro que não se une a corpo algum, nem mesmo à substância do pão, uma vez que a destrói ao substituí-la; nem aos acidentes visíveis, quer substancial, quer pessoalmente. Ele não deseja senão uma forma sem substância, para que não o possa atingir.

Aí aprendereis a não amar a ninguém, a não vos unir a quem quer que seja, por motivos naturais. Uni-vos às almas por amor a Nosso Senhor, nunca por elas mesmas. Que não haja dessas uniões mais ou menos substanciais, onde os corações se confundem, as almas se perdem uma na outra e se absorvem por assim dizer. Que não haja ligação, nem mistura. É preciso a virgindade de coração bem como de corpo.

Se perdestes outrora esse belo tesouro, sabei que, ao abraçardes a vida religiosa, sois refeitos, recriados. O Batismo nos criou em Jesus Cristo, e que é a Profissão Religiosa senão um batismo comparável, segundo alguns autores, ao Martírio? Com uma nova vida, bebestes nela nova pureza; conservai-a cuidadosamente, empregando para esse fim a Sagrada Comunhão. Que Nosso Senhor venha a vós para excitar em vós a santa virtude da pureza.

Em épocas de tentações, quando estas redobram de força e se tornam ameaçadoras, pedi, suplicai, que vos concedam a Santa Comunhão extraordinariamente. Apagai esse fogo impuro do inferno pelo fogo do Amor divino. É Jesus Cristo quem manda aos ventos e às tempestades, que se acalmam à sua voz. Recebei, por conseguinte, freqüentemente a Pureza em sua Essência, Jesus Cristo, o Deus de toda pureza.

III

Com o Voto de obediência, Voto essencial da Religião e que por si poderia bastar, por compreender eminentemente os outros, consome-se o sacrifício do religioso. Esse Voto completa o holocausto iniciado nos bens de fortuna pela pobreza, continuado nos bens do corpo pela castidade, por oferecer a Deus a liberdade, a vontade, a própria essência do homem, seu livre-arbítrio, sua personalidade.

Adorai a obediência de Nosso Senhor no Santíssimo Sacramento. Que prontidão! Que submissão passiva, cega, absoluta, incondicional e sem reserva! O Sacerdote é seu senhor, a quem obedece, quer seja santo e fervoroso, quer não; obedece igualmente a todos os fiéis que o obrigam a vir a eles pela Santa Comunhão, sempre e todas as vezes que se apresentarem; obediência permanente, constante, diligente. E Ele é o Filho de Deus, que manda a todo o universo. E é Ele próprio, é sua força, que dá a vida e a conserva, àqueles mesmos a quem deseja obedecer com a submissão absoluta do escravo, outorgando-lhe todos os direitos sobre seus atos, sobre seu corpo, sobre sua própria vida!

Entrega, por conseguinte, sua própria vida. Sacerdotes há, a quem seria lícito perguntar se oferecem o Sacrifício três vezes santo ou se, antes, não executam uma paródia insultuosa: *"Sacrificat an insultat?"* E Nosso Senhor não recua tampouco ante os sacrilégios dos que o vêm receber; ser-lhes-á obediente, sempre obediente, até a morte!

Tanto não vos será exigido, provavelmente. Mas, pelo menos, para prestar homenagem à obediência de Nosso Senhor, obedecei-lhe nos vossos superiores e nos seus mandatários, lendo na regra as ordens que ditou. Não olheis para a pessoa que manda, nem para o ato a fazer, querendo verificar se é glorioso ou humilhante: foi-vos determinado, executai-o. Só existe um princípio de autoridade, Deus, que fala por diversos instrumentos, e quanto mais humilde for seu órgão, mais meritória será vossa obediência.

Não percais de vista, no entanto, a Nosso Senhor em seu Sacramento de obediência, se quiserdes obter a força para obedecer sempre, em tudo, pronta e alegremente. Quereis, porventura, que Nosso Senhor se dê segundo vosso desejo na hora por vós escolhida, e sereis juiz das vossas disposições? Quando vos apresentais, Ele já vos espera e recusar-vos-eis a ir para onde vos manda pela voz do superior? E não vos prestareis a tudo quando Ele quiser? Sois porventura maior que Ele?

Não. Obedecei militarmente; parti à primeira palavra, cumpri pontualmente a ordem recebida. O soldado ignora os obstáculos à sua senha e, em se tratando de obedecer, nada toma em consideração. Imitai-o.

Obedecei como os Anjos, cujas asas estendidas indicam com que prontidão e alegria executam a menor Vontade de Deus.

Obedecei como Nosso Senhor Jesus Cristo. Que consolo poder dizer que, devido aos Votos, fazemos o que Ele faz! Ele será no Sacramento vosso modelo na prática das virtudes religiosas, assim como é vosso princípio e fim.

IV

Ele fará mais ainda: virá Ele mesmo praticá-las em vós. Em virtude da vossa união com Ele, constituireis, é justo, uma só pessoa moral, de tal modo que Ele dará Vida, Inspiração, Graça e Mérito, enquanto, por vosso lado, agireis simplesmente como seu membro, seu órgão.

Compenetrai-vos desse grande princípio. Nosso Senhor, que revestiu, no Santíssimo Sacramento, o estado de todas as virtudes, de posse de sua Glória, não pode mais praticar atos meritórios. No entanto, a isso deseja ardentemente para glorificar seu Pai. Quer reviver, encontrar novamente uma alma capaz de merecer, faculdades suscetíveis de amar, trabalhar e sofrer em verdade. Para conseguir esse fim, une-se a seus fiéis, que se tornam seus membros. Ele é o chefe, a cabeça, o coração moral e sobrenatural: influi neles obras meritórias e satisfatórias, retomando sua Vida peregrina, encarnando-se de novo; e o Pai o verá novamente pobre, casto, obediente, manso e humilde como nos dias de sua Vida mortal. Ele revive em nós. Nossos atos são seus, tanto quanto nossos. A vida sobrenatural está toda nessa união de sociedade e de vida em que devemos penetrar para depois mantê-la cuidadosamente, torná-la mais íntima, até chegarmos a nada fazer, absolutamente nada, por nós mesmos, pela razão, pelo coração, pelas faculdades ou pelos sentidos humanos e naturais, pois nada disso atinge a Deus, nem produz algo para sua Glória, nem mesmo para nossa felicidade eterna, nem em relação ao próximo! Que toda a nossa vida, nossas ações e nossos pensamentos nos sejam inspirados por Jesus Cristo, que se fez nossa alma e nosso corpo, nosso espírito e nosso pensamento, que se fez todo em nós, e em todos, e que deseja substituir nossa vida pela sua, nosso ser natural, o ser de Adão, pelo seu Ser sobrenatural, o Ser do Filho de Deus. Numa palavra, procura substituir nossa personalidade pela sua, a fim de nos identificar nele, de agirmos unicamente pelo Pai, para o Pai, em Jesus Cristo, seu Filho, e em seu Espírito Santo. Então seremos em verdade religiosos e santos e Deus encontrará em nós sua glória e em nós porá suas complacências.

Da humildade

Quais são as bases da santidade? A resposta é breve: Jesus Cristo é o modelo, a Graça e o fim de toda santidade.

É o modelo necessário. Para compreender as virtudes, precisamos vê-las nele. Uma virtude não é senão a reprodução duma de suas ações, a imitação de Jesus Cristo num dos seus atos; querer defini-la em si é teoricamente bom, mas para entendê-la bem, e mormente para reproduzi-la sobrenaturalmente, é mister estudá-la em Jesus Cristo. De outra forma só vemos e só praticamos virtudes naturais.

Ele é, por conseguinte, a Graça, assim como o modelo de toda virtude. "Sem mim nada podereis fazer." Carecemos do seu auxílio, pois o trabalho da virtude é apenas uma cooperação à Ação divina de Jesus Cristo em nós. Ele nos ajuda e nos ensina a fazer o que Ele mesmo faz.

Ele será, portanto, o fim das virtudes e da santidade. Toda virtude deve, para ser aceita por Deus, tornar-se sua, e nós só seremos coroados nele e por Ele, enquanto membros sob o Chefe único.

Dado isso, estudemos por dentro as virtudes de Cristo, as mais necessárias ao religioso.

I

Ora, a grande virtude de Jesus Cristo é a humildade. "Aprendei de mim que sou manso e humilde de Coração." Ele faz da humildade sua virtude própria e dominante, o fundo do seu Coração e de seu caráter divino e humano. Deus, humilha-se; Homem, humilha-se ainda. Em tudo, por toda parte, descobrimos essa humildade que é seu nome, sua marca, seu distintivo. "Nomear a Jesus Cristo, disse Santo Agostinho, é mostrar a humildade". *"Cum Christum nomino, maxime vobis humilitas commendatur."*

Nosso Senhor, não se podendo humilhar pelos pecados que não tinha, abraça a humildade por amor, por eleição, por complacência.

Quanto a nós, devemos ser humildes pelo duplo motivo dos nossos pecados – humildade negativa – e do amor de Jesus Cristo humilhado – humildade positiva.

Jesus Cristo manifesta sua humildade na dependência que mostra para com seu divino Pai. Devolve-lhe toda a Glória e declara receber dele seu Ser, sua ação, sua palavra, seu pensamento. Ao ser proclamado bom, responde que só Deus é Bom; se lhe imploram milagres, dirige-se ao Pai antes de os realizar, como para lhe pedir o Poder enquanto confessa que, por si, o Filho nada tem. *"Non potest Filius a se facere quidquam."* É Homem. Sua natureza é criada e dependente de Deus e Ele deseja mantê-la nessa dependência ao ver de todos, a fim de nos deixar o mais sublime exemplo de humildade, pois essa mesma Humanidade, enquanto unida ao Verbo, era digna de agir por si e de receber toda homenagem e toda adoração. Nosso Senhor quer, porém, inculcar a humildade, praticando-a pela dependência voluntária e absoluta de seu Pai.

Quando se trata de dificuldades, de humilhações, Ele as abraça solicitamente, sujeitando-se a todas as conseqüências, aceitando a humilhação decorrente da fraqueza, da fadiga, da tristeza, do abatimento, do temor, do desânimo, da repugnância. E então falará e se queixará, como homem.

Eis a humildade de Jesus Cristo. Não se nega que, por si, a humilhação seja desagradável, mas se a encararmos em Jesus Cristo, se a praticarmos com Ele e nele, como mudará de fisionomia e se transformará! Não é mais a humilhação, é Jesus Cristo humilhado, que em parte alguma é tão amável como em suas humilhações.

Estudemos também esta virtude em Maria. Isenta de pecados, sem receio de os cometer, já que seu amor a une indissoluvelmente a Deus não estando, portanto, condenada à humildade, é, todavia, a mais humilde das criaturas; é humilde por amor, por escolha, humildade positiva, que não é senão a renúncia, a abnegação total de si para só receber, só viver, só depender, em tudo, de Deus, a quem Maria encantou pela pureza e se tornou Mãe pela humildade.

II

É esta a primeira humildade que devemos imitar, apesar de pecadores e condenados a nos humilhar por necessidade de estado.

Tudo pertence a Deus. Devolvei-lhe suas Graças, que Ele apenas vos empresta para que, em vossas mãos, frutifiquem em seu proveito e glória. Não vos orgulheis dos Dons divinos e, em vez de apropriá-los como vossos, confessai que são de Deus. Não vos apoieis neles, como se fizessem parte do que vos é devido naturalmente, mas conservai-vos numa dependência contínua e atual de Deus, como sempre recebendo e nunca possuindo. Reconhecei que a mesma Graça que permanece em vós e que vos parece conatural, decorre atualmente de Deus, é mantida por uma Vontade positiva de sua Misericórdia. Por vós mesmos só tendes o nada e a absoluta impotência. Notai que Lúcifer só caiu por ter considerado, como seus, os Dons de que gozava, e achado que se bastava a si mesmo, ao passo que só existia, só agia pela influência divina da Graça.

Alegareis, talvez, que, visto agirdes pela Graça, o resultado vos cabe em parte, e que é de direito repartirdes os frutos, como sucede ao administrador que valoriza as terras do senhor. Mera ilusão! Vosso trabalho só vale em virtude da Graça que, tendo-o começado, o acompanha, o eleva, tornando-o sobrenatural e meritório. Deus certamente vos há de recompensar, mas, em vossos méritos, coroará seus Dons. De forma que não há um só momento, nem ao começar, nem ao continuar, nem ao acabar, em que possamos considerar que obramos por nós mesmos, pelas nossas forças; somos sempre movidos, elevados, impelidos pela Graça, por Jesus Cristo, no dizer da teologia, como membro que só opera sob a direção da Cabeça, em conjunto com ela, pelo espírito, pelo movimento e pela Vida que esta lhe comunica. Ora, Jesus Cristo é nosso Chefe, *caput*. A esse augusto Chefe, a honra e a glória da vitória, o fruto e o resultado do trabalho! Como no Céu, cantam-se a honra, a força, o poder e a ação de graças a Deus e ao Cordeiro que venceu!

Ah! como se rouba a Deus na vida espiritual. Digamos com São Paulo: "Eu, por mim, nada sou, mas a Graça de Deus em mim!" E reflitamos bem na palavra de Jesus Cristo: "Sem mim, nada, absolutamente nada, podereis fazer".

Mas, na prática, o homem é naturalmente pelagiano e julga poder se bastar a si mesmo. Recorre primeiro a seus próprios recursos, emprega os meios ao seu alcance, faz seus planos antes de pedir o auxílio divino. Está tão pouco convencido de sua absoluta insuficiência e de sua dependência necessária em relação a Deus. Consente que o ajudem, e reza para solver dificuldades, mas não se dirige a Deus antes de iniciar uma obra. Renunciai, portanto, a vós mesmos; sabei, com ciência certa e habitual, que por vós nada podereis, nem aqui, nem lá, nem hoje nem amanhã, nem para isso nem para aquilo, e ide pedir a Deus sua cooperação antes de empreender seja o que for. Além de ser isto a verdadeira humildade, quantas tolices não nos havia de poupar, quantas maravilhas não nos faria realizar, pois seria sempre Deus operando em nós. Faz-se, todavia, exatamente o contrário. Quanto tempo perdido nas experiências, ora abandonadas, ora retomadas, para depois falharem! Quantas torres de Babel! Trabalha-se, sua-se, cansa-se, e não se há de renunciar ante a falta de êxito. O orgulho se intromete e quem quer, na verdade, prefere morrer a recuar. Como, porém, Deus não fora consultado, nada se conseguirá. E, olhando para esse belo trabalho, Ele o arruinará e confundirá. Reflitamos bem. Quando há tenacidade na execução de um trabalho e não nos move a santa obediência, é o orgulho que nos impele. Tudo será em vão!

Sejamos humildes, antes, durante e depois. Ser humilde é depender de Deus, estar sob sua vigilância, não se apoiar em si, mas unicamente nele.

III

Eis em que consiste a humildade positiva, independente do pecado. A negativa é aquela a que nos obriga a culpa original e o estado em que nos coloca perante Deus. Apesar de o Batismo nos ter purificado, pesa-nos, além da pobreza absoluta e de uma miséria que faz pena, uma natureza corrompida e ferida pelo pecado, cujos poros estão abertos ao mal. Ai! temos um espírito pobre e um coração viciado! Saibamos reconhecê-lo, convencendo-nos disso, confessando-o a Deus e aos homens, o que provocará em nós um sentimento inato e como que natural de humildade, semelhante à criança fraca e ignorante, que dirá com toda a simplicidade: "Não posso, não sei". Urge, pois, se não vos tornardes, principalmente neste ponto, semelhantes às crianças, não entrareis no Reino dos Céus.

Mais ainda. Os pecados que nos são próprios, constituem outra fonte, e mui profunda, de humildade e de humilhações. Sou pecador, mais pecador que todos os homens, porquanto poderia ter feito, poderia fazer ainda tudo quanto eles fizeram e, dispondo eles das mesmas Graças, teriam sido melhores que eu. É pura verdade. O homem realmente humilde considera-se inferior a todos e, sabendo que merece o último lugar, nele se coloca. Demais, pondo de lado comparações e hipóteses, já ofendestes uma vez sequer a Deus? Então crucificastes, independente de outros, a Jesus Cristo em vós. Não vos basta isto? E se o ofendemos inúmeras vezes, a que abismos de humildade não devemos descer para neles nos esconder? Multiplicamos, nós, a Paixão, a Crucifixão, a Morte de Jesus Cristo: *"Rursum crucifigentes"*. Lembrai-vos disso e sereis humildes. Alegareis, todavia, não poder mais viver atormentado por tal pensamento? Indubitavelmente, deveríamos morrer de vergonha e de tristeza! Nosso Senhor, porém, movido de Compaixão, perdoa-nos, encobrindo nossas culpas por mera Bondade, qual pai ao filho pródigo. Perdoa-lhe, tudo esquece, e cobre sua roupa maltrapilha com o traje de gala, mas o filho – e aí está a verdadeira humildade – continua a se acusar, a se humilhar, repetindo suas faltas. Pois bem, se Deus nos perdoa, não nos perdoemos nós; se Ele esquece, não esqueçamos nós. Não receemos descer: Deus nos há de erguer. O soberbo permanecerá na humilhação e, cinicamente, se glorificará no seu lodo. A Graça, porém, ergue a alma humilde e fá-la crescer em proporção a seus abatimentos voluntários. A humildade é a fonte de água viva que lança seu jato poderoso até a Vida Eterna: *"Qui se humiliat, exaltabitur"*.

Da mansidão

A mansidão é, com a humildade, uma das virtudes características de Jesus Cristo, e, por conseguinte, uma das virtudes fundamentais da perfeição evangélica. Toda santidade, não impregnada de suavidade, é falsa. Nosso Senhor aponta-nos a mansidão, a par da humildade, como sendo a virtude dominante de seu Coração.

I

Em que descansa essa sua importância, e o que lhe faz merecer essa posição honrosa por entre todas as virtudes? É o fruto do amor sobrenatural de Deus, é a palma da vitória do homem sobre o orgulho; é a renovação e a transformação, na sua integridade, do homem natural. O velho Adão é colérico por natureza e o será tanto mais quanto mais orgulhoso for. Todo homem soberbo é irascível, duro e colérico, e a impaciência se nutre do orgulho, é sua voz, seu gesto. A cólera descansa no amor que o homem tem a si mesmo, a seu repouso, à sua felicidade natural; é a resistência que é oferecida quando se lhe quer arrancar aquilo que ama, é o brado do amor-próprio e do egoísmo. Ora, tudo isso, por ser da essência do caráter humano, se enraíza profundamente no homem; abrandá-lo equivale a reformá-lo profundamente e sobrenaturalizar toda a sua natureza.

Somos todos sujeitos à cólera. O ímpio desconhece os limites da sua paixão e arremessa-se contra Deus depois de já se ter declarado contra o próximo.

E essas índoles piedosas, aparentemente tão tranqüilas e tão doces, se forem inflamadas, se tornarão terríveis em sua cólera; só o tempo a esta apagará e, mesmo então, as cinzas quentes cobrirão por largo tempo o carvão pronto a se acender novamente. A cólera do fleumático é a mais custosa de se apaziguar, e não é muito difícil de excitar.

A mansidão não é, portanto, uma virtude natural. Não a alcançaremos nem pelas nossas próprias forças, nem só pelo desejo.

É a virtude própria de Jesus Cristo, toda sobrenatural e, para praticá-la, carecemos de sua Graça, e de uma Graça poderosa. Trata-se, em suma, de vencer radicalmente o amor-próprio, coisa dificílima. Então agradaremos a Jesus Cristo, que se entretém com a alma branda. Possuiremos o Reino dos Céus. Ganharemos almas a Deus. Reinaremos com o Cordeiro.

II

É preciso ser manso para com Deus, que por vezes é severo. Ele encobre sua Bondade sob aparências irritadas, enquanto parece suspender seu auxílio, interrompendo os canais da Graça.

Consentirá que tudo quanto empreendermos venha a falhar, até as coisas que visam à sua glória. Surgem por todos os lados, dos maus e dos bons, dos amigos e dos inimigos, a contradição e a calúnia. Somos abandonados, como o santo Jó no seu monturo.

Então desanimamos, abandonamos a tudo por desgosto. A tristeza, aliada à inexperiência, nos invade; sentimos borbulhar a irritação secreta da alma. É chegado o momento de sermos brandos para com Deus, de quem tudo isso provém. A mansidão nos fará exclamar: "Meu Deus, sei que sois tão Bom quanto Justo, e aceito tudo de vossas Mãos, adoro-vos nessa via misteriosa e na vossa Vontade a meu respeito, qualquer que seja, ciente de que tudo provém do vosso Coração paterno".

Sofremos, submissos, todavia, servindo a Deus como nos dias em que se digna mostrar-nos o sol radiante de sua Face. Deus se deixa então vencer pela submissão da alma dócil; cede, feita a experiência exigida e verificado que o amamos a Ele mais que a seus dons.

É indispensável adquirir essa mansidão para com Deus, sem a qual não aceitaremos sua Vontade, mas combateremos contra o próprio Deus e daí ao murmúrio, às blasfêmias, ao desespero o declive é rápido.

Jó, a quem o Espírito Santo louvara em sua docilidade, é nosso modelo. Ele não vira a Cristo e todavia triunfou de Deus, suportando com paciência sua visita.

E quão dócil foi Jesus Cristo para com seu Pai, que lhe impôs todos os seus sofrimentos! Que o fez passar, com todo rigor, por tudo quanto Jesus aceitara desde a eternidade, não lhe suavizando pena alguma! E o próprio Jesus repetia: "Cumpra-se toda a justiça!" E quão amargo foi o cálice! Tão amargo, que não se pôde conter de rogar ao Pai que lhe poupasse bebê-lo até às fezes, acrescentando, todavia: "Seja feita a vossa Vontade, ó meu Pai!" E na Cruz, que martírio ser abandonado pelo Pai e quão desolador foi esse grito do Salvador: "Meu Pai, meu Pai, por que me abandonastes?" Mas nunca se irrita: é o Cordeiro que é degolado e se deixa imolar, podendo dizer, ao acabar-se a vida: *"Consummatum est!"*

Deus vos fará passar por essas provações, pois assim o exige o amor. Ah! como vos será preciso então opor a mansidão a Deus! Humilhai-vos suavemente; confiai-vos em sua Misericórdia, em sua Bondade, que não vos deixará para sempre e não escruteis vossos pecados para procurar a chave de vossos sofrimentos, pois só resultaria perturbação e terror. Não. Entregai-vos à Misericórdia divina, dizendo: "Tudo se fará segundo vosso desejo, ó meu Deus; nada haveis, porém, de perder, porque hei de vos servir apesar da provação".

III

A mansidão é necessária no trato com o próximo. O seu princípio reside na caridade. Sereis brandos para com ele, se virdes nele os dons de Deus, se amardes a Deus em sua pessoa. Amar os homens por eles mesmos é perder tempo e energia. São quais sacos furados: quem depositar neles seu tesouro, pode estar certo de perdê-lo.

Se virdes a Deus nele, suportareis seus defeitos e o repreendereis sem aspereza. Tratá-lo-eis do mesmo modo que a Jesus Cristo, dirigindo-se ao Calvário, a Cruz às costas. Sua miséria inspirar-vos-á piedade e jamais irritação, e prestar-lhe-eis serviços com paciência e bondade. Mas só há um meio de conseguir esse resultado: amar a Deus nele. Nada, todavia, é mais necessário, sobretudo nas comunidades, que essa doçura no trato com o próximo, sobre a qual descansa a paz e a união fraterna. Não se pode negar que este exerce nossa paciência, mas é preciso tolerá-lo suavemente, lembrando-nos que é apenas uma troca que fazemos, já que, por nossa vez, não deixamos também de exercer a sua. A mansidão evita as contendas e as altercações; foi a virtude recomendada por Nosso Senhor a seus discípulos, antes de se dispersarem, na última refeição que tomaram juntos, na Ceia Eucarística.

IV

É preciso ser brando para consigo mesmo. Há de parecer, à primeira vista, contrário às palavras do Salvador: "Quem ama sua alma, a perderá". Todavia, não é assim. Tratando-se de evitar, de fugir das ocasiões, de combater o hábito, de punir a culpa, ah! então não se cogita de mansidão, e sim de energia e de força.

Mas por que vos irritar contra essa fraqueza que em nós está no fundo de toda tentação? Pertence à nossa natureza corrompida, e por que, a menos que nos incite a algum ato pecaminoso, nos deixar atormentar por ela? Não importuneis inutilmente as faculdades, já tão doentias.

Contra a miséria natural, contra essa fraqueza que se arrasta, que se eleva apenas, que recai em si mesma, não convém empregar o combate, nem a violência, mas a humildade e a paciência, fruto da mansidão. É preciso aceitar seu estado, apresentá-lo a Deus tal qual é. Sois fraco de espírito, ainda mais de coração? Oferecei essa fraqueza a Deus, de outro modo, como fazer? Impossível é matar-se para se transformar! Em vão vos irritaríeis e vos afligiríeis por não serdes perfeito.

Quereis, no entanto, parecer perfeito aos vossos olhos, presumindo, apesar de tudo, sê-lo deveras? Sereis como os ignorantes enfatuados, ou os pobres orgulhosos, que querem passar por sábios e ricaços. Nada é mais odioso.

Um mendigo chega-se a nós. Damo-lhe uma esmola por achar que é um necessitado, sem indagar das razões, mais ou menos justas, de sua pobreza. Que vantagens resultaria de perguntas e discussões? É pobre; aceitemo-lo como tal e façamos-lhe a caridade.

Procedei da mesma forma para convosco. Vossa fraqueza e indigência espirituais devem constituir o fundamento da vossa humildade. Resignai-vos suavemente à vossa incapacidade, o que produzirá certa paz, que vos unirá suficientemente a Deus.

A perfeição da mansidão seria agradecer a Deus a vossa miséria que glorifica suas inefáveis Grandezas; perceber as Graças, mesmo as menores, bendizendo a Deus pelos imensos favores que vos concede, apesar da vossa indigência.

O Serviço de Deus requer essa suavidade em todas as operações interiores, em todo o comércio espiritual com Deus, sobretudo na oração e nas relações diretas com Ele. Ides, por exemplo, fazer a meditação e não dispondes nem de pensamentos, nem de afetos, nem sequer de meios de produzi-los. Dizei então: "Meu Deus, nada posso. Permanecerei, porém, ao vosso lado. Não se expulsa o filho da casa paterna porque é idiota! Ao cão pertence o direito de deitar-se junto à porta, de recolher as migalhas que caem da mesa". Isso nos fará sofrer, mas é preciso aceitar tal estado, por ser agradável a Deus. Não nos culpemos, pois por nós mesmos não saberíamos agir melhor. A irritação seria o orgulho despeitado, o amor-próprio magoado, que sonha grandes coisas, achando-se capaz de empreender as mais difíceis.

Deus retém-nos no lugar que nos compete, para nos patentear o nosso nada: contemplemos a este suavemente, oferecendo-o a Deus com ação de graças, pois Ele não o desprezará, mas lhe enviará um belo raio para produzir pelo menos alguma florzinha, algumas espigas que os Anjos colherão e abrigarão nos celeiros celestiais. Ele não se recusou a contemplar o pobre no seu monturo e ergueu o homem dócil, cujo coração se partira.

O profeta dizia, e o sacerdote o repete cada manhã: "Por que estás triste, ó minha alma, e por que me perturbas?" *"Spera in Deo."* Espera em Deus! Eis a resposta, o remédio: mansidão, esperança, confiança na Misericórdia daquele que não despreza criatura alguma saída de suas Mãos, pois as criou a todas em seu Amor para fins de amor.

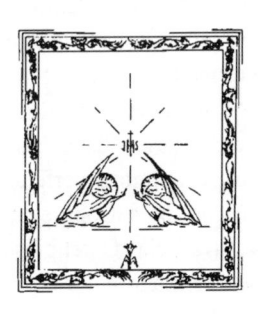

Da Regra, santidade do religioso

I

Que lei vos há de santificar? A Regra, a vossa Regra de religioso, a Regra da Sociedade a que pertenceis. A vossa santidade está em praticá-la, pois representa a Vontade expressa de Deus. Ela vos dirá os seus desígnios a vosso respeito, de que modo sereis por Ele conduzidos, que Graças vos serão concedidas. Só a Regra poderá santificar o religioso e sem ela nem devoções, nem observâncias particulares, poderão produzir algo de bom. Tudo o que for dado, sê-lo-á ao corpo em seu conjunto, sendo que aos membros compete receber a vida que provém da sua união com o corpo. Na vida religiosa só haverá salvação, se houver incorporação, isto é, enquanto se permanecer unido ao todo. Ora, a Regra é a alma que faz a unidade duma Religião, e Deus não tomará mais em conta vossas devoções particulares, mas procurará, em vós, o religioso perfeito de tal Instituto. Forçoso é identificar-vos à Congregação tornando-vos uma encarnação viva dela. O religioso santo, e não o homem santo, será coroado em vós.

Compreendei, portanto, quão importante é estimar a Regra, colocar sua prática acima de qualquer atração, por melhor que seja, inspirando-vos de seu espírito, encarando a tudo sob seu prisma, até que se torne vosso guia, vosso critério supremo?

Estimai-a, amai-a, praticai-a, e recebereis três grandes Graças que vos valerão contra três tentações mui perigosas.

1.º - A Regra é um defensivo contra a inconstância, o grande mal que aflige a piedade no mundo. Permanecestes sempre na mesma altura, ou, pelo contrário, não obedeceu vossa piedade a um movimento perpétuo de altos e baixos? A Regra retém-vos e impede-vos de vos inclinar ora à direita, ora à esquerda, bem como de recuar. Apodera-se do religioso para o impelir continuamente, clamando pela voz do regulamento, dos exercícios quotidianos, do sino: Vamos! Vamos! Além do mais, ao fazerem todos a mesma coisa, os ânimos se centuplicam mutuamente; é-se levado pelos que progridem, sendo difícil ficar aquém. Tanto o amor de Deus, como talvez certo amor-próprio, obrigam-vos a prosseguir. A Regra é um auxílio poderoso contra a fraqueza e a inconstância naturais.

2.º - A Regra é uma proteção contra a pusilanimidade e a negligência. Quando se trata da luta pessoal, surgem, a todo momento, inúmeras dificuldades e a tendência é crer que já se fez bastante. Mostraremos muita dedicação para com o próximo, sacrificar-nos-emos se preciso for para seu progresso, mas para conosco seremos demasiadamente condescendentes. Ser-nos-á fácil sair para servir o próximo, mas quão custoso é recolhermo-nos para nos sacrificarmos. A dedicação não basta.

Consome toda a nossa vida, como se suprisse a tudo o mais. É um grande perigo, e sob pretexto de servirmos aos outros, preparamos nossa própria ruína.

Ora, a Regra vos preserva desse perigo, determina os exercícios de santidade que vos são pessoais; marca-vos a hora em que devereis pensar só em vós e trabalhar tão-somente para Deus em vós; sede-lhe fiel. Esses exercícios são o pão da alma, o sustento da vida espiritual e nada os substitui. A única exceção que concedo é a necessidade evidente e, por conseguinte, muito rara.

Quanta ilusão nesta matéria! Queremos trabalhar, lutar sempre! Mas o combate não nutre, pelo contrário. Tudo quanto fizerdes por outrem estará aquém do que a Regra vos prescrevia e a que desatendestes. Os melhores motivos alegados não passarão de pretextos para encobrir o amor-próprio ou a pusilanimidade. Notai que há maior virtude em lutar contra si mesmo que em combater todos os vícios do mundo. A obra do aperfeiçoamento próprio requer mais força e uma dedicação mais sincera que o aperfeiçoamento alheio. Ide primeiro a Deus e depois aos homens.

Os exercícios de devoção prescritos pela Regra passam, portanto, antes de tudo o mais, sem exceção alguma. Que não haja nenhum exercício pessoal que vá de encontro à Regra, ou vos leve a vos descuidar daqueles que esta vos impõe, e que possuem a Graça abundante do Corpo, enquanto os outros têm apenas uma parcela de Graça individual. Além de que, deixar o comum pelo particular é a fonte de todo erro.

3.º - A Regra é também uma defesa contra o perigo do exagero, base da ilusão espiritual. À mocidade, junta-se um coração ardente, uma imaginação inflamável. Ao lerem-se as vidas dos Santos, descobrem-se nelas atos extraordinários e surge logo o desejo de imitá-los. Ou, então, encontra-se num livro a narração duma vereda mais secreta, mais fora do comum, trilhada por alguma personagem santa, e quer-se nela penetrar, achando-se que a santidade ali reside. Esquece-se a vida de todo dia que levaram essas pessoas, curvadas sob o jugo da regra, na prática dos deveres quotidianos, na mortificação das paixões, para perceberem-se apenas umas ações brilhantes, que Deus inspirara para manifestar, antes que aumentar, sua santidade.

Ora, começarei por vos perguntar se esses Santos pertenceram à vossa Ordem, se receberam a mesma Regra? Neste caso, imitai-os, senão deixai-os. A Graça que lhes foi concedida, vós não a recebestes, e se Deus vos quer violeta, por que aspirar a vos tornar cedro? O religioso abandona, ao fazer os Votos, todas as regras particulares seguidas até então. Seus Votos substituem qualquer obrigação que, porventura, contraíra previamente. Se fizestes parte de uma Ordem Terceira, se vos obrigastes por Votos particulares, os Votos religiosos a tudo comutam; guardai-os na afeição, é lícito, porém deixai as práticas inerentes. Limitai-vos à Regra, que vos bastará. Pedi, se quiserdes, penitências secretas, pois a autoridade do superior, intérprete da Regra, as santificará, ao permiti-las; a ele cabe vigiar para que não se introduza nada que peque contra o espírito da Regra, o que a tudo havia de viciar, tanto as penitências como o demais. Sede sóbrios, modestos, impregnai-vos do espírito de penitência, de mortificação; quanto às práticas, limitai-vos às ordinárias, guardando-vos das extraordinárias.

Devemos, afinal, nos santificar de acordo com a Vontade de Deus, e a Regra, só a Regra, vo-la indicará. Nela podeis descansar; possuis a Graça divina, possuis o meio de glorificar efetivamente a Deus. Tudo o mais será inútil de parte a parte, e até perigoso. Os passos serão largos, mas em desvio, como os grandes atos dos Romanos, e suas virtudes morais tão elevadas, de que falou Santo Agostinho, quando disse: *"Magni passus, sed extra viam"*.

Um Santo, referindo-se à regra de São Francisco, dizia: "Aquele que a praticar, certamente se salvará". Digo o mesmo da vossa e, sem ela, todo e qualquer esforço de vossa parte será em vão; nada conseguireis.

Tende-a sempre sob os olhos. Na dúvida, dirigi-vos ao superior, que é a Regra viva, seu intérprete autorizado.

II

Além de vossa santidade pessoal e das vantagens que acabo de enumerar, deveis praticar a Regra para vossa Congregação.

1.º – Deveis amar a vossa Congregação, com amor filial, com um reconhecimento que faça parte de vossa vida. Vós lhe deveis a Bem-aventurança Eterna, a paz que fruis, a facilidade de vos santificar e a felicidade que gozais desde já. Ajudai-a por todos os meios ao vosso alcance, e nenhum será superior à pratica da Regra. Lembrai-vos de que nunca pagamos dignamente à nossa Sociedade as Graças que esta nos proporciona; é-se sempre devedor para com a mãe, e os trabalhos diários apenas amortecem a dívida.

Ora, essa mãe só vos pede, em troca de tudo quanto dá, a fidelidade à Regra, condição essencial de sua vida. A não-observância lhe infligirá um golpe mortal e vos privará da vossa família de adoção e levará pouco a pouco à divisão, à anarquia, à guerra civil. Faltar à Regra, já por si é uma revolução, é atacar a santa cidadela. Que Deus vos preserve de jamais querer tocar numa Regra para alterá-la, modificá-la, e se faltardes a ela com facilidade, equivale, embora não formalmente, a derrubá-la. Sede-lhe fiéis, por conseguinte, a fim de conservar a vida da Sociedade, vossa mãe.

2.º – Deveis, à Sociedade, estendê-la, torná-la próspera e atrair-lhe numerosos filhos. Se não praticardes a Regra, as pessoas que vierem examiná-la retirar-se-ão, dizendo: "É desordem e nada mais!" E assim seca-se um Instituto na raiz; era viçoso, a Graça lhe fora dada em abundância e devia crescer naturalmente, mas a não-observância dos estatutos impediu-lhe o desenvolvimento. A Regra é o centro da vida de uma sociedade, que se expandirá se o centro for ardente, avigorado, conservado.

Que a exclamação natural, ao ver-vos, seja: "Eis aí religiosos que, na verdade, observam sua Regra". Sois o fruto da Sociedade e assim como se conhece a árvore pelos seus frutos, assim também por vós ela será julgada. Sois seus raios; brilhai com sua luz e atraireis outros a ela.

3.º – Deveis, finalmente, concorrer para realizar o fim da Sociedade, isto é, glorificar a Deus pelas obras de caridade junto à classe operária, e fazer com que o alcance felizmente. Se não estimardes vossa Regra, que fareis por Deus? Só o poderei glorificar de acordo com o espírito de fundação e com a Graça que lhe e própria, Graça essa que Deus só concede uma vez.

O grande perigo que ameaça os institutos nascentes é menosprezar a Graça inicial. Haverá sempre quem queira modificar isso, acrescentar aquilo, culpando ao modo de agir até hoje empregado. Poderão ter talento, experiência, influência; eu, porém, vos digo que são traidores, voluntária ou involuntariamente, que dividem a Graça inicial, a Graça de Fundação, a idéia do Fundador, e que serão a ruína da Sociedade que lhes prestar ouvidos!

Não faltará quem se considere chamado para reformar seu Fundador, fazendo melhor que ele! Mas Deus só abençoa a quem escolheu em primeiro lugar, e nunca a quem lhe for de encontro. O exemplo de Frei Elias e de São Francisco é bastante conhecido. Elias queria acrescentar, diminuir, glosar, e o Santo repetia sempre, por ordem de Deus: "Sem glosa, sem glosa, sem glosa". Elias separou-se, foi para a Alemanha, onde morreu miseravelmente tomando o lado do imperador cismático para sustentar o antipapa.

Não, Deus nunca abençoa fora da Graça inicial. Com o tempo, e à medida que assim pedirem as circunstâncias, esta poderá ser desenvolvida, sendo possível extrair dela todo o suco, mas será sempre vedado alterá-la, ou nela introduzir algo em contrário. Deus só dará vigor à primeira semente, sem nunca conceder outra.

E se, por acaso, nos afastarmos dela, será preciso a ela voltarmos pura e simplesmente: *"Prima opera fac"*, retomai vossas primeiras obras, volvei à pureza de vossa Graça inicial, senão eu vos desprezarei. *"Sin autem, venio tibi, movebo candelabrum tuum de loco suo"* (Ap 2,5). À vista disso, guardai-vos de jamais deixar introduzir em vossa Regra algo de novo, de estranho e respondei, como um Santo Fundador respondia sempre: "Que permaneçam como estão, ou que desapareçam de todo!" Grande é o perigo e cumpre vigiar.

Finalmente, observai a vossa Regra e guardai-a religiosamente pelo respeito devido a Deus. Foi Ele quem a ditou. Seria o homem capaz de compor por si mesmo uma Regra? Não, nem a virtude, nem a santidade bastariam para isso. É preciso uma escolha, um chamado especial de Deus. É Ele quem a inspira e o Fundador apenas vo-la transmite, escrevendo-a por entre lágrimas e sofrimentos. Que homem poderia infundir luz e santidade numas poucas linhas escritas do próprio punho? A Regra traz consigo a Graça, santifica; ora, só Deus pode dar a Graça e a virtude de santificar.

A Regra é para vós o que o Evangelho é para a Igreja: o livro de Vida, o livro da Palavra de Deus, de sua Verdade, de sua Luz, de sua Graça, de sua Vida. Ousaríeis trocar uma sílaba desse Evangelho, deixar cair uma única palavra? Nunca! Todas elas vos sejam sempre sagradas!

Atendei às ameaças de São João, no remate do seu Apocalipse e aplicai-as ao livro santo de vossa Regra:

"Que todo aquele que ler a profecia deste livro, preste atenção; se alguém quiser acrescentar, seja o que for, que Deus o atormente com os males que aí estão descritos. E se retirar uma só palavra, que Deus apague o seu nome do Livro da Vida e o exclua para sempre da Cidade santa!"

Dos Votos

"Elegi abjectus esse in domo Dei mei: magis quam habitare in tabernaculis peccatorum."

I

Um dia, movido pela Bondade, Deus bateu à porta do vosso coração e, cheio de Amor, disse à vossa alma, como à Esposa dos Cânticos: "Abri, minha irmã, minha amiga, abri!" Reconhecestes a voz do Bem-Amado, abristes-lhe a porta, pedindo-lhe para entrar e tornar-se senhor de vosso lar, de vós mesmos, de todos os vossos bens.

Em troca, Nosso Senhor vos prometia seus bens, suas Graças, a posse Dele mesmo. Hoje cumpre assinar esse contrato divino pela profissão dos Votos.

O que se passa aqui, reproduz-se na mesma hora no Céu, ou antes, nós apenas registramos as promessas que vós fazeis ao próprio Deus, que as recebe no Céu. É o Pai celeste que vos aceita da parte de seu Filho, que acolhe vossos sacrifícios e vossa pessoa, prometendo-vos em troca a Pessoa de Jesus Cristo, seu Filho, bem como todas as suas Graças. O notário desse contrato é o

Soberano Pontífice, representado pelo Superior que recebe, em seu nome, os vossos Votos.

Ide, pois, dar vossa palavra: Refleti bem, pois ainda estais livres de recusá-la. Uma vez, porém, assinado o contrato, ninguém o poderá anular.

Bem sei que o Papa pode invalidar os Votos, mas só o fará dificilmente e a contragosto, porquanto ele sabe que um Voto, anulado na terra, nem sempre o será no Céu. É um acordo entre a alma e Deus, e só Deus penetra no recôndito dos corações e sabe se as razões alegadas, para quebrar a corrente de amor, são sinceras ou não. A Igreja julga apenas o exterior: a absolvição só vale se a exposição for fiel. Dúvida terrível que o infeliz liberto arrasta sempre consigo!

É com o sangue que se sela o contrato dos Votos e essa primeira gota derramada reclama e exige a efusão do que ainda resta nas veias. A Deus não se engana. Ele exigirá o cumprimento exato dos Votos que lhe foram feitos, e antes não os fazer do que os quebrar.

Qual, por conseguinte, a Profissão que ides fazer?

II

É, como acabo de dizer, um contrato de doação, um contrato divino entre o religioso e o próprio Deus. Ora, qualquer acordo pede uma contribuição de lado a lado. Qual será a vossa? Será o dom cabal e incondicional de vós mesmos. As condições, por encobrirem reservas e obstarem a sinceridade do dom, desagradam a Deus, que quer tudo ou nada.

Dai-vos inteiramente: o mundo e seus bens, uma vez que, mesmo sem o possuir, poderíeis sempre a eles aspirar. Renunciai a esse poder de desejar e de ter. Renunciai a qualquer ambição de posição ou de futuro. Renunciai, numa palavra, a tudo quanto poderíeis amar, ter ou receber, dando-o de antemão. Dai – este dom a tudo compreende – até a faculdade e o poder de jamais vos tornar o fim do que quer que seja. Dai-vos para sempre, corpo, alma, espírito e coração, resolvidos a nunca retomá-los.

Qual a parte que pedis a Nosso Senhor nesse comum contrato? Ah! penso que vos haveis de contentar com o cêntuplo prometido a São Pedro, mas, com Santo Tomás de Aquino, exclamareis: "Peço-vos, ó meu Senhor e meu Deus, a vós mesmo e só a vós!", e ser-vos-á ainda concedido o cêntuplo.

Por quanto tempo assinais o contrato? A Regra, inspirada pela prudência, pede-vos apenas um compromisso de poucos anos, um ou três. Mas será possível que vosso coração diga: "Vamos ver! Dar-me-ei por esse lapso de tempo e depois verei se devo continuar!" Ah! o coração faz Votos Perpétuos! Se não quiserdes pertencer a Deus para sempre, não sois dignos de lhe pertencer por um ano. Refleti bem. Não se faz experiência à custa de Deus. Duvidar de Deus, de seu socorro, de sua Graça, de seu Amor, é injuriá-lo.

O que constitui a grandeza, a nobreza do amor, é justamente a renúncia à liberdade presente e futura, a entrega de si mesmo, para sempre, sem sequer admitir a possibilidade de uma ruptura.

Não podereis mais dizer: "Daqui a um ano hei de reaver minha liberdade, pois não sabia disso, não esperava aquilo". Deus vos preserve! Traçai um círculo, que é a imagem do infinito, e abrigai-vos nele com Deus, de forma a não poder mais traspassá-lo. Em tudo, portanto, e para sempre com Deus, para Deus. Assim fala e procede o amor.

Demais, vossa dádiva é pouca coisa e ainda assim é devida mais a Deus que a vós, pois sem sua Graça que seria dela? E também não olheis tanto para o que destes, isto compete a Deus, que não o deixará passar despercebido, mas vede somente a Graça que Ele vos concedeu, a Misericórdia infinita de que não éreis dignos.

Se o santo rei Davi se considerava mais feliz e mais honrado, estando no meio dos últimos servos da casa de Deus, que o reinado no paço sobre um povo imenso, qual não é a honra que vos é concedida de entrar para a Família escolhida é privilegiada da Igreja e de Nosso Senhor! Estimai, se fordes capazes, essa Graça em seu justo valor.

Dai qualquer mérito já adquirido pelas virtudes, bem como os que vierdes a adquirir mais tarde pelas ações, pelos trabalhos, pelos sofrimentos de toda a vida. Se não tendes merecimento, pedi a Nosso Senhor e à Santíssima Virgem que vos revistam das suas virtudes e dos seus méritos; pedi a essa boa Rebeca que vos dê a veste de Jesus, seu Filho querido, a fim de que possais agradar ao Pai celeste e receber sua Bênção; que ela vos revista do próprio Jesus, e então vossas misérias, vossos deméritos, vossas imperfeições, serão encobertos pela infinita Santidade de Jesus Cristo.

Não vos esqueçais, todavia, de que, uma vez religiosos, não estareis livres de tentações. O demônio instará junto a vós por todos os modos para recobrardes o que já entregastes e, sendo preciso, semeará o ouro por onde passardes; mas, como Santo Antônio, não lhe deis crédito, repeli-o com violência. Já não vos pertenceis, e isto não admite revisão. O amor, quando dá, dá para sempre e sem pesar.

III

A Profissão Religiosa é também uma consagração. As coisas profanas são oferecidas e consagradas a Deus pelos ritos e pelas orações da Igreja, e daí em diante são destinadas a seu exclusivo culto. Na Lei antiga as vítimas destinadas ao Senhor eram separadas do mais, deixavam de fazer parte daquilo que servia ao uso comum, que pertencia aos homens, para se tornarem a coisa de Deus, uma coisa santificada e consagrada.

A Profissão Religiosa é a consagração das vítimas da nova Lei. O religioso torna-se, em virtude dos Votos, a vítima e o holocausto do Senhor. Ela vos separará, por conseguinte, do profano, de tudo o que se destina ao uso comum, de toda a propriedade humana, e vos afastará até de vós mesmos. Não tendes mais nem nome, nem lugar, nem dignidade, nem destino algum no mundo, mas sois coisa e propriedade de Nosso Senhor, uma pessoa que lhe é consagrada.

A Profissão Religiosa, para chegar a tanto, vos santificará e vos enobrecerá, tornando-vos dignos de servir tão excelso Mestre. O servo veste a libré do amo; a Igreja vos dará a libré de Jesus Cristo. Aceita os vossos Votos, tornando-os Votos públicos, dependentes só de sua autoridade. Depois de vos ter feito pessoa sua, ela vos envia para o Serviço do seu real Esposo. Pertenceis à Igreja, sois pessoa sagrada, e o contato humano não vos poderá macular sem que haja sacrilégio.

Honrai, por conseguinte, vossa Profissão e conservai a Graça que vos é dada. Compete ao servo salvaguardar a honra do senhor e das librés que veste. Estas enobrecem os servos do Rei, que se tornam como que a extensão e o reflexo da dignidade real. Pois bem, os religiosos são a nobreza e a aristocracia da Igreja. Mas, assim como a nobreza do reino é seu maior sustentáculo, estando sempre em primeiro lugar para defender a pessoa do príncipe e a honra do país, assim como se expõe, destemida, a todos os perigos, demonstrando não levar em conta a vida, assim também os religiosos se devem postar em primeira linha para defender a Pessoa sagrada de Jesus Cristo e a Igreja, seu Reino. Devem estar sempre às suas ordens, à sua disposição, para que os espalhe por toda parte. Depois de terem renunciado a tudo, que poderão eles perder? Da mesma forma, a Igreja agirá com os religiosos, e, aceitando-os, os fará missionários e apóstolos; enviá-los-á sempre na vanguarda, colocá-los-á nos lugares mais difíceis e, por meio deles, ganhará o mundo e o salvará. Não admira! Ao poder do sacerdócio, juntam o poder da consagração religiosa; abandonam, de antemão, tudo o que os poderia deter, ou os impedir de voar para a conquista das almas. Assim é que o sacerdote-religioso é essencialmente um conquistador, ao passo que o secular é antes um pastor, o guarda do rebanho – infelizmente muitas vezes o guarda de túmulos.

IV

A Profissão é, finalmente, um pacto de sociedade com Nosso Senhor, que vos associa a Ele. De agora em diante não devereis ter senão um mesmo fim em mira, visar um mesmo alvo em tudo quanto fizerdes. Ele vos fornecerá a Graça e os fundos necessários à associação e vos pedirá em troca o trabalho e o sacrifício. É preciso ligar-vos a Ele indissoluvelmente, dedicar-vos de corpo e alma a seus interesses e a sua obra.

A Profissão é um juramento, juramento de trabalhar sempre para Nosso Senhor, por mais que custe, juramento solene e irrevogável, pois obriga para a vida e para a morte.

O juramento é a força principal das sociedades que se organizam por todos os lados para obrar o mal. Ligam-se uns aos outros, abdicam de sua liberdade, cortam, por meio de compromissos abomináveis, toda retirada, e se outorgam uns aos outros direitos de vida e de morte.

Faz tremer! Enlaçaram-se e não mais se poderão desintricar desse cativeiro diabólico. Quando não vivemos do amor de Deus, vivemos do terror! Pois bem, jurai, também vós, e dai a Jesus Cristo direito sobre vós, de vida e de morte. Alegais amá-lo. Urge prová-lo. A Profissão é um compromisso que tomamos de levar a cabo a imolação pelo amor. E, caso seja preciso passar pelo martírio para servir a Nosso Senhor e provar fidelidade ao vosso compromisso, não vos furtareis. Hoje mesmo oferecei vossa vida, aceitando a morte por amor a Deus, se lhe aprouver vo-la pedir.

Morrer no campo de batalha da Igreja é envolver-se na glória de Nosso Senhor. Feliz daquele a quem Ele escolhe para testemunhar a Fé pelo sacrifício de sua vida em alguma missão perigosa! Felizes também daqueles que se consomem nas lidas diárias, pois Nosso Senhor lhes abrirá os braços.

Que vossa profissão seja a de um mártir de pobreza, de castidade, de obediência. Lembrai-vos para todo o sempre deste dia – o dia do vosso amor! Não haverá outro mais belo em toda a vossa vida!

Índice

Introdução	5
Prefácio à Primeira edição francesa	7
Retiro pregado aos religiosos da Sociedade do Santíssimo Sacramento	11
Do fim do retiro: purificar-se	16
Dos benefícios da vida religiosa	27
Da vocação eucarística	34
Da renúncia a toda propriedade	47
Do pecado, ofensa a Deus	55
Dos efeitos do pecado venial	63
Da expiação do pecado em Nosso Senhor	72
Do inferno	83
Da Misericórdia de Jesus	90
Da Família do Santíssimo Sacramento	98
Do amor, princípio do combate espiritual	109
Do espírito da penitência	117
Da mortificação dos sentidos	123
Do dom de si mesmo	134

Do fazer bem cada coisa	144
Da santidade pela Regra	149
Da oração, meio de nossa santidade	157
Da caridade fraterna	164
Da simplicidade	171
Da seriedade da vida	178
Frutos e resoluções do retiro	185
Retiro pregado às Servas do Santíssimo Sacramento	192
Da necessidade de sempre se converter	197
Do Amor eterno de Deus	201
Da direção espiritual	204
Do Céu, para o qual Deus nos criou	210
Do Céu, privilégio do coração puro	216
Do exame de consciência	222
Da necessidade de viver da Misericórdia	230
Do amor virginal de Jesus	235
Da Confissão	243
Da entrega a Jesus da nossa personalidade	252
De Jesus e Maria, modelos do dom de si	258
Da educação interior da adoradora	272
Do espírito dos Votos e do dom de si	278
Da humildade de amor, virtude do dom de si	288
Da vida sobrenatural	295
Da pureza do amor	301
Da paciência e da humildade	313

Da confiança e do repouso em Deus só 324

Retiro pregado aos membros da Sociedade
dos Irmãos de São Vicente de Paulo 332

Das Graças do Retiro para o religioso 334

Do Serviço de Deus 343

Do estado religioso 348

Da oração, sua necessidade, seu caráter 353

Da oração, dom do nosso espírito 360

Da oração, dom do nosso coração 367

Da oração, dom da vontade 371

Amar-me-á Deus? 381

Amo eu a Deus? 388

Do amor de perdão 393

Da Eucaristia, princípio de santificação
do religioso 400

Jesus na Eucaristia, modelo dos três Votos 406

Da humildade 414

Da mansidão 421

Da Regra, santidade do religioso 428

Dos Votos 436

Fons Sapientiae

Distribuidora Loyola de Livros Ltda.
Rua Lopes Coutinho, 74 - Belenzinho
03054-010 São Paulo
Tel.: (11) 3322-0100
www.distribuidoraloyola.com.br